128,-/4.90
ab 01.07.30 148,-

Hans Joliet
Anzeigen wirksam gestalten, texten, plazieren

Hans Joliet

Anzeigen wirksam gestalten, texten, plazieren

Das aktuelle Standardwerk der Anzeigenwerbung

Redaktionelle Mitarbeit: Jacqueline Joliet

CIP-Kurztitelaufnahme

Joliet, Hans:
Anzeigen wirksam gestalten, texten, plazieren / Hans Joliet. –
Landsberg/Lech: Verl. Moderne Industrie, 1990
ISBN 3-478-21040-2

Alle Angaben nach bestem Wissen, aber ohne Gewähr.

© 1990 verlag moderne industrie AG & Co., Buchverlag, D-8910 Landsberg/Lech.
Alle Rechte, insbesondere das Recht der Vervielfältigung und Verbreitung sowie der Übersetzung, vorbehalten. Kein Teil des Werkes darf in irgendeiner Form (durch Fotokopie, Mikrofilm oder ein anderes Verfahren) ohne schriftliche Genehmigung des Verlages reproduziert oder unter Verwendung elektronischer Systeme gespeichert, verbreitet, vervielfältigt oder verbreitet werden.

Schutzumschlag: Thomas Rücker, 8911 Thaining
Satz: Fotosatz Reinhard Amann, 7970 Leutkirch
Druck und Bindearbeiten: Druckerei Schoder, 8906 Gersthofen
Printed in Germany 210040/390253
ISBN 3-478-21040-2

Inhaltsverzeichnis

Anzeigen – Ausdruck der Persönlichkeit 9

Sieben Winke zum richtigen Weg 11

Werbung in Zahlen 13
34,7 Milliarden für die Werbung 1988 13
Mediengattungen der 39 werbeintensivsten Branchen 14
Die größten Werbungtreibenden in den klassischen Medien 15

Die Anzeige als entscheidender Teil des gesamten Werbekonzeptes 17

Die verschiedenen Zielgruppen 21
Checkliste: Leserinteresse genutzt? 23

Die Rolle des Anzeigenformates 25

Ideen, Schlagzeilen, Texte 29
Checkliste: Werbeidee richtig oder falsch? 31
Anzeigenideen – kommentierte Beispiele 32

Möglichst wenig wiederholen 43

Wann packen Schlagzeilen? 45
Checkliste: Schlagzeilen packend oder zum Vergessen? 48

Anzeigen texten – ein Feld für Überzeugungskünstler 49
Checkliste: Anzeigentext langweilig oder fesselnd? 51
Schlagzeilen und Texte – kommentierte Beispiele 52

Fotos verkaufen 65
Checkliste: Fotos richtig eingesetzt? 67
Fotos in Anzeigen – kommentierte Beispiele 68

Illustrationen in Anzeigen 81
Checkliste: Wann wirken Illustrationen? 82
Illustrationen – kommentierte Beispiele 82

Computergrafik als Blickfang 93
Checkliste: Computergrafik als Gestaltungselement? 94

Die Typografie 95
Checkliste: Erfolgsregeln der Typografie beachtet? 98
Typografie in Anzeigen – kommentierte Beispiele 98

Redaktionell gestaltete Anzeigen 111
Checkliste: Redaktionelle Anzeigen richtig redigiert? 113
Redaktionelle Anzeigen – kommentierte Beispiele 114

Einflußgröße Farbe 129
Checkliste: Farbe oder nicht? 130

Testimonial-Anzeigen 131
Checkliste: Testimonial-Anzeigen angesagt? 133
Testimonials – kommentierte Beispiele 134

Vom Produktnamen bis zum Händlerhinweis 145
Produktnamen – wo plazieren? 145
Firmenlogo – ja oder nein? 149
Anschriften in Anzeigen 151

Händlerhinweis – heute verkaufsfördernder denn je 153
Checkliste: Darf der Händlerhinweis fehlen? 155
Namen und Hinweise – kommentierte Beispiele 156

Coupons willkommen 167
Checkliste: Coupons richtig integriert? 169
Coupon-Anzeigen – kommentierte Beispiele 170

Beilagen und Beihefter 181
Checkliste: Beilagen / Beihefter gesondert gestaltet? 183

Erfolg der Kennziffer 185
Checkliste: Kennziffer-Anzeigen konsequent genutzt? 187

Anzeigen für Markenartikel 189
Checkliste: Anzeigen für Markenartikel – Traum oder Trauma? 191
Markenartikel-Anzeigen – kommentierte Beispiele 192

Fachanzeigen treffsicher konzipieren 203
Checkliste: gegen Langweiler-Fachanzeigen 205
Fachanzeigen – kommentierte Beispiele 206

Lob der Dienstleistung 217
Checkliste: Dienstleistungsanzeigen erfordern besondere Denkprozesse 219
Dienstleistungs-Anzeigen – kommentierte Beispiele 220

Mit Anzeigen gemeinschaftlich werben 231
Checkliste: Gemeinschaftsanzeigen – ein hartes Stück Arbeit 233
Gemeinschaftsanzeigen – kommentierte Beispiele 234

Anzeigen fürs Image 247
Checkliste: Wie das Image profilieren? 250
Image-Anzeigen – kommentierte Beispiele 250

Resonanz-Beispiele für Anzeigenerfolge 261

In der Zeitung werben 267
Checkliste: Anzeigen zeitungsgerecht gestaltet? 270
Anzeigen in Zeitungen – kommentierte Beispiele 270

Stellen anzeigen 281
Checkliste: Stellenangebote erfolgreich formuliert? 284
Stellenangebote – kommentierte Beispiele 284

Die Antworten auf die Kernfragen 295

Die Basis-Wirkungsforschungs-Methoden 297

Die Blickaufzeichnung 299

Lesegewohnheiten und ihr Wandel 307

Mehr über die Medien 309
Die Zeitung 309
Die Publikumszeitschrift 311
Die Fachzeitschrift 312
Special Interest 314
Faszination Stadtillustrierte 314

Themen-Produktnähe der Zeitschriften 317

Printmedien in Europa 323

Die Medien-Werbewelt 329

Was praktisch tun, um richtig einzuschalten? 345

Transparenz für Fachmedien 353

Aktueller Adreßverteiler 355

Quellen und weiterführende Literatur 363

Stichwortverzeichnis 365

Anzeigen – Ausdruck der Persönlichkeit

„Königin der Werbemittel" hat man die Anzeige einst genannt. Wahrscheinlich ist sie es heute noch. Bestimmt – denn konnten TV-Spots, Großflächenplakate oder Direct-Mailings sie je entthronen?

Anzeigen – das ist das Werbemittel, das jeder schnell selbst gestalten zu können glaubt, das Kreativen zu höchstem Glück verhilft, wie zu tiefer Verzweiflung führt, das nach wie vor als wirkliches Maß aller Werbedinge gilt.

Laufend steigen die Werbeaufwendungen – auch die für Anzeigen. Die Zahl der jährlich neu erscheinenden Print-Medien kann mit der sich auffächernden TV-Programmvielfalt spielend Schritt halten. Zeitungen, Zeitschriften, Anzeigenblätter sind nun mal zielgruppengenauer einzusetzen. Und der Faszination bewegter bunter Bilder auf dem TV-Schirm setzen sie andere Qualitäten entgegen. Davon später...

Wer würde wirklich ein anderes Kommunikationsmittel kennen, das so variabel, interessant und hautnah ist wie eine Anzeige. Nasenschilder am Regal, Leuchtdias in Flughäfen, Prospekte in Briefkästen? Alles ist wichtig und erfüllt seine Aufgabe, Anzeigen aber können Unsterblichkeit erlangen.

Wozu benötigen Sie Anzeigen? Sie sind Personalchef, der neue Leute sucht; Imbißhallen-Inhaberin, die kaufwillige Hungrige ansprechen will; Product-Manager, der die Grenzen des europäischen Marktes ausleuchtet; Verkaufs-Ingenieur, der für seine neuen Maschinen interessieren möchte; Texterin, Grafikerin, Werbeberaterin, die davon lebt, daß sie bessere Anzeigen macht als alle anderen; Mediaplaner, der die richtigen Anzeigen in die richtigen Medien bringt; oder Sie sind Verkäuferin von Anzeigenraum, die dafür sorgen muß, daß Verlagsinhaber und alle Mitarbeiter leben können; sind Sie gar der vielumworbene Endverbraucher, der Anzeigen benötigt, um sich zu informieren?

Dieses Buch wird Ihnen auch dazu dienlich sein, von Grund auf das Anzeigengestalten und -einschalten zu erlernen. Es befähigt Sie zur klareren Beurteilung der Ihnen vorgelegten Entwürfe. Und wenn Sie selbst Anzeigen entwickeln oder planen, wird Ihnen das Werk manchen zusätzlichen, nützlichen Hinweis geben können. Allein das Thema Gestaltung läßt zunächst viele Wege offen. Jeder Auftraggeber weiß, was ihm gefällt und daher wirkt. Jeder Texter, jede Grafikerin erst recht. Die Frage sei vorab erlaubt: Kann man überhaupt Richtlinien oder gar Regeln geben, wie Anzeigen gestaltet werden sollen? Wie groß im Format, mit Foto oder Illustration, kurzem oder langem Text, kleinem oder großem Markenzeichen, verstandesbetonter oder gefühlsreicher Schlagzeile, schwarzweiß oder farbig – um einige Gestaltungsfaktoren zu nennen, die zusammen wirken müssen, damit sie zum Erfolg führen.

Das vorab zur Gestaltung. Aber was ist zu beachten, um die richtigen Zeitungen und Zeitschriften zu finden, oder das gleiche Anzeigenmotiv oft genug, aber nicht zu oft einzuschalten. Und um welche Angaben bitten Anzeigenabteilungen ihre Kunden grundsätzlich? Welche Testmöglichkeiten gibt es, um Entwürfe vor Erscheinen zu beurteilen und zu verbessern; ist das überhaupt realistisch?

Dieses Buch gibt – geordnet nach Wirkungsbereichen und Gestaltungsfaktoren, unterstützt durch eine Fülle von Bildbeispielen – die Antworten, um den rationellen Weg zu überzeugenden Anzeigen entscheidend leichter zu machen.

Über drei Jahrzehnte Praxis des Autors in der Gestaltung von Anzeigenkampagnen, in Medienwahl und Erfolgsmessung sind die Basis bei der Entstehung dieses Buches. Die Fülle der Erfahrungen sowohl auf Agenturseite als auch auf der des Auftraggebers sind das sichere Fundament, vom Stellenangebot bis zur doppelseitigen Farbanzeige, von der Fach- bis zur Imagekampagne hier weit über theoretisches Rüstzeug hinaus die klare Sprache des Anzeigen-Alltags zu finden und daraus zu profitieren.

Sie sind Verbandsgeschäftsführer und sollen beurteilen, ob Anzeigen der gangbare Werbeweg sind, um das Image der Branche zu heben; hier können Sie es nachlesen. Sie sind Product-Manager und müssen einordnen, ob eine begrenzte Anzahl farbiger Doppelseiten oder eine flotte Fülle schwarzweißer Einzelseiten Ihre Ware besser an die Frau bringt: hier stehen die Kriterien. Sie sind Einzelhändler und wollen wissen, ob es genügt, in Ihre Tageszeitung lediglich Ware, Preis und Anschrift zu setzen: das Buch gibt Ihnen die klare Antwort. Sie sind Diplom-Ingenieur und Ihnen werden Anzeigen zur Beurteilung vorgelegt, die neben reinrassiger Technik sogar menschliche Züge beinhalten: schlagen Sie das Kapitel über Fachanzeigen auf. Sie sind Agenturkreativer und Ihre Anzeigen sollen getestet werden, wogegen Sie sich natürlich heftig sträuben: hier lesen Sie, was Sie wissen müssen, um beim Test auf jeden Fall mitreden zu können. Anzeigen sind Ausdruck der Persönlichkeit: des Produktes, des Auftraggebers, des Texters und Gestalters. Zeigen Sie stets Charakter.

März 1990 Hans Joliet

Sieben Winke zum richtigen Weg

1. Anzeigen können nicht so groß sein wie Plakate, nicht so bewegt wie TV-Spots, nicht so informativ wie Prospekte. Aber so spannend wie gute Redaktion.

2. Anzeigen zu gestalten ist theoretisch einfach: man zeige das Produkt und sage, was der Kunde davon hat – nicht der Hersteller, oder was letzterer glaubt, daß der Kunde davon hätte.

3. Warum Kunden ihre Produkte letztlich wirklich kaufen, bleibt vielen Herstellern stets ein dunkles Geheimnis. Daher wirken viele Anzeigen als Informations-Verhinderer. Weil sie so, wie sie sind, Käufer nicht interessieren können.

4. Anzeigen sind aktuelle Dokumente der Gegenwart: kein Dichter hat sie geschrieben – aber ein Texter; kein Maler gab ihnen das Aussehen – aber ein Gestalter; kein Mäzen zahlt sie – aber jemand, der es dem Wettbewerb zeigen will.

5. Die Gestaltung ist weniger wichtig als das, was Anzeigen inhaltlich vermitteln sollen. Und das Medium ist wichtig – die Plazierung wieder weniger.

6. Anzeigen können sogar entschieden spannender sein als redaktionelle Artikel. Dazu braucht man sie nicht einmal redaktionell zu tarnen. Voraussetzung dazu ist, sie treffen voll das Interesse des Lesers. Nehmen Sie das als einzig gültigen Maßstab, nicht Gags oder überdrehte Kreativität – nicht Ihr eigenes Interesse. Und das ist das Schwierigste beim Gestalten und Beurteilen von Anzeigen.

7. Anzeigen sind heute wichtiger Bestandteil der Lektüre. Oft sind sie besser als schlechte redaktionelle Artikel. Sie bilden einen unverzichtbaren Teil der aktuellen Lesekultur. Manchmal erheben sie sogar den Anspruch, Kunst zu sein. Mal mehren sie den Informationsmüll.

Werbung in Zahlen

34,7 Milliarden DM für die Werbung im Jahr 1988

Die deutsche Wirtschaft hat 1988 insgesamt 34,7 Milliarden DM in die Werbung investiert. Das waren 3,9 Prozent mehr als im Vorjahr. Diese Zahlen veröffentlichte der Zentralausschuß der Werbewirtschaft (ZAW). Die Summe umfaßt alle Ausgaben, die für Werbung aufgebracht wurden: Honorare, Gehälter, Werbemittel und -streuung.

Rund 60 Prozent dieser Aufwendung (20,6 Milliarden DM) stehen für die Verbreitung der Werbemittel bei den Medien auf der Einnahmenseite. Der Rest verteilt sich auf die Materialkosten (22 Prozent) und die Werbeverwaltungskosten (18 Prozent).

Netto-Werbeeinnahmen erfaßbarer Werbeträger 1985 bis 1988 in Mio. DM
ohne Produktionskosten/mit Veränderungen in Prozent

Werbeträger	1985	Prozent	1986	Prozent	1987	Prozent	1988	Prozent
Tageszeitungen	6508,0	+ 1,9	6803,9	+ 4,6	7022,6	+ 3,2	7148,4	+ 1,8
Publikumszeitschriften	2640,1	− 1,4	2587,1	*)	2748,4	+ 6,2	2818,4	+ 2,5
Direktwerbung	1846,8	+ 5,0	1961,3	+ 6,2	2069,2	+ 5,5	2234,7	+ 8,0
Fernsehwerbung	1461,0	+ 7,7	1495,8	+ 2,4	1617,8	+ 8,2	1834,1	+13,4
Anzeigenblätter	1220,0	−	1310,0	+ 7,4	1406,0	+ 7,3	1644,0	*)
Fachzeitschriften	1426,2	+ 7,8	1498,9	+ 5,1	1567,9	+ 4,6	1641,6	+ 4,7
Adreßbuchwerbung	995,1	*)	1063,5	+ 6,9	1139,8	+ 7,2	1198,6	+ 5,2
Hörfunkwerbung	526,9	− 1,4	580,0	+10,1	625,8	+ 7,9	792,8	*)
Außenwerbung	461,0	+ 1,3	514,0	+11,5	534,5	+ 4,0	587,0	+ 9,8
Wochen- und Sonntagszeitungen	312,4	+31,5	276,1	−11,6	274,1	− 0,7	337,3	*)
Zeitungssupplements	−	−	−	−	−	−	211,3	**)
Filmtheaterwerbung	119,4	+ 2,3	139,9	+17,2	169,7	+21,3	187,3	+10,4

Netto = nach Abzug von Mengen- und Malrabatten sowie Mittlerprovisionen, sofern nicht anders bezeichnet
*) Nicht vergleichbar mit Vorjahr wegen struktureller Bereinigung der Erhebungsbasis
**) 1988 erstmals erhoben

Quelle: ZAW

Mediengattungen der 39 werbeintensivsten Branchen/%-Anteile

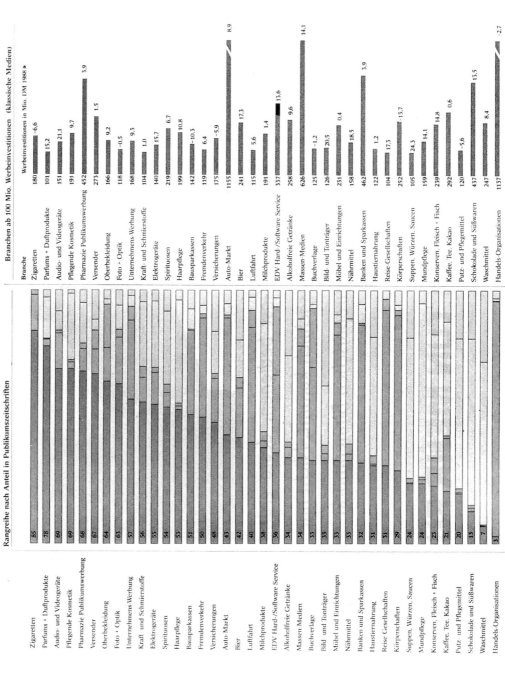

Quelle: w&v werben und verkaufen 7.4.89

Die größten Werbungtreibenden in den klassischen Medien

Ein Textilhandelskonzern führte in der Bundesrepublik Deutschland auch 1988 die Liste der 25 größten Werbetreibenden in den klassischen Medien (Zeitungen, Zeitschriften, Werbefernsehen und -hörfunk) an. Die Nielsen-Werbeforschung S + P, Frankfurt, gibt folgende Rangreihe an:

1.	C & A Brenninkmeyer, Düsseldorf	240 Mio. Mark
2.	Volkswagen AG, Wolfsburg	148 Mio. Mark
3.	Procter & Gamble, Schwalbach	144 Mio. Mark
4.	Adam Opel AG, Rüsselsheim	137 Mio. Mark
5.	Deutsche Bundespost, Bonn	133 Mio. Mark
6.	Jacobs Suchard, Bremen	130 Mio. Mark
7.	Karstadt, Essen	115 Mio. Mark
8.	Nestlé-Maggi-Gruppe, Frankfurt	115 Mio. Mark
9.	Effem, Verden	109 Mio. Mark
10.	Ferrero, Frankfurt	101 Mio. Mark
11.	Beiersdorf, Hamburg	101 Mio. Mark
12.	Ford-Werk, Köln	97 Mio. Mark
13.	BMW, München	95 Mio. Mark
14.	Union Deutsche Lebensmittelwerke, Hamburg	92 Mio. Mark
15.	Daimler Benz AG, Stuttgart	84 Mio. Mark
16.	Coca-Cola, Essen	80 Mio. Mark
17.	Fiat Automobile, Heilbronn	79 Mio. Mark
18.	Kaufhof, Köln	76 Mio. Mark
19.	Deutscher Sparkassen- und Giroverband, Bonn	75 Mio. Mark
20.	Henkel, Düsseldorf	72 Mio. Mark
21.	Toyota Deutschland, Köln	68 Mio. Mark
22.	Blendax, Mainz (nicht in P & G enthalten)	66 Mio. Mark
23.	Hertie	59 Mio. Mark
24.	Lever, Hamburg	58 Mio. Mark
25.	Elida-Gibbs, Hamburg	57 Mio. Mark

Die Anzeige als entscheidender Teil des gesamten Werbekonzeptes

Zeitungen, Zeitschriften, Jahrbücher und Kataloge sind voll von Anzeigen. Warum? Es gibt so viele andere Werbewege. Fernsehen, Hörfunk, Plakatsäulen, Direkt- und Postwurfsendungen, Messen, Leuchtreklame und Werbegeschenke – um nur einige Beispiele zu nennen.

Warum hatten allein in der Bundesrepublik Deutschland 1988 die Anzeigen mit einem Insertionsvolumen von rund 15 Milliarden DM einen entscheidenden Vorsprung z. B. vor dem Werbefernsehen mit seinen etwa 2 Milliarden DM, gefolgt vom Hörfunk mit unter 1 Milliarde DM – um klassische Werbeaufwendungen zum Vergleich zu stellen?

Zugegeben – auch in unserem traditionellen Print-Land beginnen sich die Verhältnisse zu verschieben. Hatten die Zeitungen 1988 im Vergleich zum Vorjahr einen Anzeigen-Zuwachs von nur 1,8 %, die Publikumszeitschriften von 2,5 %, die Fachzeitschriften von 4,7 %, so sprang das Werbefernsehen um 13,4 %, der Hörfunk um 9,8 % nach vorn. Im ersten Halbjahr 1989 hielt die Aufwärtsentwicklung an. Das Fernsehen steigerte den Werbeumsatz um 28,1 %; die Hörfunksender erreichten 8,4 %, die Zeitungen 7,7 % und die Publikumszeitschriften 5,9 % mehr.

Das Zeitalter der elektronischen Medien läßt sich nicht aufhalten. Und trotzdem: die Anzeige bleibt auf absehbare Zeit mit Abstand wichtigstes Werbemittel. Darum gilt ihr im Rahmen der Werbekonzeption größte Aufmerksamkeit. Der Anzeigenanteil am Werbe-Etat hängt ab vom Ergebnis der konzeptionellen Überlegungen und wird beim Markenartikel wahrscheinlich groß, beim Investitionsgut eher zurückhaltender ausfallen. Soweit die Tradition – es muß nicht so bleiben.

Was ist nun eine Werbekonzeption? Etwas scheinbar sehr Einfaches. Im Grunde ist es die Beantwortung von zwei Fragen:
1. Was will die Werbung erreichen?
2. Wie will sie es erreichen?

Wenn Sie jetzt sagen, „zu 1: mehr verkaufen" und „zu 2: durch Anzeigen", so haben Sie zwar den Nagel auf den Kopf getroffen, aber sie wären der Problemstellung einer Werbekonzeption nur ausgewichen. Denn Sie hätten keine Basis für die praktische Arbeit. Darum erweitern Sie die Forderungen an die Werbekonzeption:

1. Welche Werbeziele sind zu erfüllen?

Das kann die Bekanntmachung eines neuen Produktes sein, der Mehrverkauf in einer bestimmten Region, die Imageanhebung eines Unternehmens, das Anwerben qualifizierter Nachwuchskräfte, die Bestätigung getätigter Käufe. – Sie können die Aufzählung selbst beliebig fortführen.

2. Wer zählt zur Zielgruppe?

Ist es die Hausfrau, die ein umweltfreundliches Waschmittel kaufen soll; der Konstrukteur, dem ein spezieller Werkstoff vorgeschlagen wird; der qualifizierte Arbeitnehmer, den man gern einstellen möchte; der Meinungsmacher, der positiv über unser Unternehmen denken soll; der Motorradfan, der einen neuen Helm braucht... sind es mehrere dieser Gruppierungen? Der Medienteil dieses Buches gibt weiterführende Zielgruppen-Informationen.

3. Was ist die Werbebotschaft?

Ist es das Hochgefühl, das die neue Zigarette vermittelt; die Geschwindigkeit, mit der ein Computer arbeitet; die Sicherheit, die ein Auto begleitet; die Solidität, die ein Bauunternehmen gewährleistet; die schöne Frau, die in der Bar bedient; der Erfolgsnachweis, den ein Beratungsunternehmen führen kann... sind es mehrere Gründe?

4. Wie wird die Zielgruppe erreicht?

Ist es die Anzeige, das Plakat, der Fernsehspot, das Werbegeschenk, der Prospekt, der Messestand, der Fachzeitschriftenartikel, der Werbebrief, der Funkspot... sind es mehrere Werbewege, und in welcher Gewichtung?

5. Welche Gestaltungsrichtung ergibt sich?

Aus Werbeziel, Zielgruppe, Werbebotschaft und Medien gemeinsam resultiert die möglichst einheitliche Gestaltung der Werbemittel: emotional oder rational, viel oder wenig Information, Foto oder Illustration, große oder kleine Formate, ein Argument oder mehrere – um Gestaltungsfaktoren zu nennen.

Wenn Werbekonzeption nicht nur ein Schlagwort bleiben soll, muß sie schriftlich fixiert werden. Und zwar unzweifelhaft eindeutig, keinesfalls verschwommen nach allen Seiten auslegbar. Sie kennen sowas – ein beliebter Ausweg, um flexibel zu bleiben. Aber auch hier gilt: „Entscheidungsschwäche ist die Grundlage der Flexibilität." Mit klaren Worten: nach einem solchermaßen dehnbaren Werbekonzeptionsmodell kann keiner arbeiten. Oder jeder – und die Ergebnisse sind entsprechend. Nur die klar verständliche Werbekonzeption aber kann gestalterisch erfolgreich übersetzt werden.

Und eine klare eindeutige Konzeption ist nur brauchbar, wenn sie von allen Beteiligten als verbindlich akzeptiert wurde. Das schiebt vielen Beurteilungsirrtümern von vornherein einen Riegel vor. Nehmen wir die Anzeige – das Thema dieses Buches; das Werbemittel, für das bei uns ein volles Drittel aller Werbeaufwendungen eingesetzt wird: jede der an einer Anzeige beteiligten Personen hat dabei eine ureigene individuelle Zielsetzung, die ohne Werbekonzeption sofort ins kreative Chaos führt.

Der auftraggebende Unternehmer will z. B. Anzeigen möglichst ähnlich so, wie die erfolgreiche Konkurrenz sie hat, nur eben noch kreativer. Die Texterin war gerade in N.Y. und übersieht in ihrer Begeisterung, daß die zielgruppengerechte Hausfrau nicht dort war. Dem Grafiker schwebt als erstes Anzeigenziel die Art-Directors-Club-Prämierung vor. Der Fotograf hat gerade seine Weichzeichner-Phase. Der Etatdirektor drückt aus Kostengründen aufs kreative Tempo. Und dem Mediaplaner wurde gerade die neueste Zielgruppen-Philosophie eng ans Herz gelegt.

Wenn es da keine Werbekonzeption gibt – nach dem Kundenbriefing im allgemeinen von der Werbeagentur erarbeitet –, die alles ins akzeptable Lot rückt, sehen die Anzeigen so aus, wie eben viele heute so aussehen. Dieses Buch will Abhilfe schaffen. Und zwar zunächst, indem es mit grundlegenden Irrtümern aufräumt und die Anzeige in das ihr gemäße Umfeld erfolgreich integriert.

Die verschiedenen Zielgruppen

Leserinteresse nutzen

Die richtige Definition der Zielgruppe und ihrer speziellen Interessen ist ein entscheidender Schlüssel zum Werbeerfolg. Nur zu oft hängen Inhalt der Anzeige vom Glauben des Unternehmers und Wahl des Mediums von der Überzeugungskraft des Verlags-Repräsentanten ab.

Strategische Kommunikations-Konzepte aber stellen die Zielgruppe, ihre Meinungen und Wünsche in den Mittelpunkt der Absatzbemühung, der werblichen Ansprache. Das sind Binsenweisheiten, die jeder kennen sollte. Leider werden sie oft sträflich vernachlässigt, wie es Zeitungen, Zeitschriften, vor allem Fachmedien täglich dokumentieren.

Geht es um den Einsatz von Werbemillionen, steht am Beginn aller Arbeit nach der kreativen Unternehmer-Idee der Produktinnovation die quantitativ breit und qualitativ intensiv angelegte Marktforschungsstudie. Sie schließt den potentiellen Käuferkreis, seine finanzielle Einsatzbereitschaft, seine Kaufmotivation und die aus allem resultierenden Absatzchancen ein. Aus diesem profunden Wissen erwächst die Werbekonzeption, schließlich die professionelle Gestaltung. Sie richtet sich nicht nach Zufallsmeinungen. Maßstab allein sind die mit gesundem Menschenverstand interpretierten Ergebnisse der Marktforschungsstudie.

Wer käme in Frage als Käufer einer neuen Nudelsuppe aus dem Beutel mit den Geschmacksalternativen von Käse- bis Wurstbeilage? Wer kann den neuen Personal-Computer brauchen, der gleich grob in sieben weitere Sprachen übersetzt? Wer reist mit dem Helikopter-Schnellservice von einer Stadt zur anderen? Wer stellt sich die Maschine hin, die zwanzig Fliegenfallen auf einen Streich produziert? Wer kauft die neuen Autofelgen, die auch bei hohen Geschwindigkeiten auf die Rollgeräusche dämpfend wirken?

Es gibt im Grunde so viele verschiedene Zielgruppen wie Produkte. Die klare Definition entscheidet absolut über den Werbeerfolg. Überlegen Sie selbst den Unterschied: Irgendein zufälliger Anzeigentermin veranlaßt Sie, Texter und Grafiker zu beauftragen: „Macht mal 'ne Anzeige für X, Hauptsache schnell und pfiffig – wäre uns fast durch die Lappen gegangen." Die machen dann auch – im Handumdrehen und mit Schwung. Jeder routinierte Gestalter schafft eine Anzeige in zehn Minuten. Einschließlich Standard-Gag, wenn er denn sein soll. Zielgruppe? Sind in diesem – wie in so vielen anderen Fällen – Auftraggeber und Druckterminer. Hätten sie die Seite doch einfach weiß gelassen. Das wäre ästhetischer gewesen und hätte die umworbene Marke weniger runtergemacht, statt sie wie beabsichtigt aufzupolieren.

Die Denkarbeit vor Beginn der Gestaltung ist wichtiger als die Gestaltung selbst. Halten Sie sich diesen Grundsatz stets vor Augen, wenn er im Alltag unterzugehen droht. Anzeigen am Rande des Geschehens entstehen zu lassen ist leider alltägliche Praxis, aber eine Geld- wie Chancen-Verschwendung im großen Stil.

Wenn Sie Texter und Grafiker rechtzeitig und mit allen Details informieren, haben Sie eher die Chance, nicht nur einen großen kreativen, sondern darüber hinaus dem Absatz nützlichen Anzeigenentwurf zu erhalten. Wichtig dabei, wie der Produktnutzen für den Verbraucher, ist die klare Beschreibung der Zielgruppen und ihre durch Markterhebungen methodisch erfaßte Erwartenshaltung dem Produkt gegenüber.

Es gibt die grob gestrickte Einteilung von Zielgruppen nach den sozio-demographischen Daten: Geschlecht, Alter, Einkommen, Wohnortgröße. Das reicht natürlich nicht aus. Berufszugehörigkeit, frei verfügbares Geld, persönliche Vorlieben, Charaktereigenschaften, Lebensgewohnheiten sind weitere Kriterien, die Zielgruppen prägen. Hinzu kommt der persönliche Besitz in vielen Details – ob es um Kameras, Spülmaschinen oder Badezimmer-Ausstattungen geht. Sind Fotoapparate im Haushalt vorhanden? Wie viele, wie alt, wie oft genutzt, bevorzugte Motive? Steht schon eine Spülmaschine in der Küche? Was faßt sie, wie oft wird sie in Betrieb genommen, was wird vor allem darin gereinigt, welche Spülmittel werden genommen, wie alt ist die Hausfrau, wie viele Kinder hat sie, welche Berufe haben sie und ihr Mann? Drittes Beispiel: das bundesdeutsche Badezimmer. Wie groß ist es, was enthält es, wie alt ist es schon, welcher Duschen- und Wannentyp wird bevorzugt, wieviel ist man bereit, für die Modernisierung auszugeben?

Das Wissen um die Beantwortung dieser Fragen und vieler mehr in den drei Beispielen steht mit am Anfang aller Marketingüberlegungen, der Kommunikations-Strategien, der Werbekonzeptionen. Es ist das Resultat von sekundär-statistischen Erhebungen und eigenen Marktforschungsergebnissen.

Alle großen, führenden Verlage bieten weitgehend kostenlos und laufend aktuell detaillierte Leseranalysen, die bereits im Vorfeld der Mediaplanung sinnvolle Ergänzung eigener marktspezifischer Daten sind und oft Anstöße zu weiterführenden Überlegungen beinhalten. Da die Qualität dieser Verlagsdaten häufig genug Basis für die spätere Vergabe der Mediamittel ist, kann sich der Nutzer darauf verlassen, darauf aufbauen, seine individuelle Strategie entwickeln.

Was können Sie von den Verlagen erwarten? Im Rahmen der großen Illustrierten steht Ihnen ein breites Spektrum an Fakten, Trends und Entwicklungen aus dem täglichen Leben zur Verfügung. Die oben angeführten Beispiele Fotoapparat, Spülmaschine und Badezimmer wären mit anderen Themen beliebig fortzusetzen. Spezial- und Fachzeitschriften auf dem Bausektor zum Beispiel setzen natürlich andere Akzente. Diese Verlage bieten Ihnen z. B. Zahl der Baugenehmigungen nach Regionen, Auftragseingängen im Baugewerbe, Zahlen über Wohnungs- und Nichtwohnungsbau, Prognosen – aktueller, schneller und dazu marktnäher, als die allgemeine Statistik es kann. Nur das Wissen um die Marktfakten einerseits und die tatsächlichen Lebensgewohnheiten, Vorlieben und Sehnsüchte der Zielgruppe andererseits sowie die Wahl der sie effektiv erreichenden Medien zusammen können eine erfolgreiche Werbe- und damit Anzeigengestaltung ermöglichen. Alle anderen laienhaften Versuche von Text und Grafik gleichen dem berühmten Tappen im Nebel.

Checkliste: Leserinteresse genutzt?

1) Steht die Zielgruppe, ihre Meinungen und Wünsche, wirklich im Mittelpunkt der Absatzbemühungen – oder etwa die Meinungen und Wünsche der Anzeigengestalter und -beurteiler?

2) Liegt eine aktuelle, zuverlässige Meinungs- und Motivationsstudie dazu vor?

3) Haben Sie alle weiteren verfügbaren sekundärstatistischen Daten zusammengetragen?

4) Haben Sie aufgrund genauer Kenntnisse von Markt und Käufern die Zielgruppen und ihre Medien festgelegt?

5) Haben Sie von den Verlagen, deren Medien Sie nutzen wollen, alle verfügbaren Informationen über die Leser angefordert?

6) Haben Sie aus den Verlagserhebungen die Wünsche und Meinungen Ihrer Zielgruppe klar herausgefiltert?

7) Haben Sie diese Ergebnisse an Ihre Kreativen weitergegeben, damit die unterschiedlichen medienspezifischen Anzeigen erarbeitet werden können? Haben Sie als Kreativer darauf bestanden?

8) Haben Sie Texter und Grafiker rechtzeitig und über alle weiteren inhaltlichen Details informiert, die mit der Anzeigenerarbeitung in Verbindung stehen? Haben Sie als Gestalter vor Beginn Ihrer Arbeit darauf bestanden?

9) Halten Sie sich an den Grundsatz, daß die Denkarbeit vor Beginn der Gestaltung wichtiger ist als die Gestaltung selbst?

10) Haben Sie die erarbeiteten Anzeigenvorschläge konsequent an den bekannten Wünschen und Meinungen der Zielgruppe gemessen – nicht an Ihren eigenen, nicht an denen des Auftraggebers?

Die Rolle des Anzeigenformates

Kleine Anzeige – kleine Wirkung, große Anzeige – großer Erfolg: diese Gleichung wäre zu einfach. Im Kern steckt natürlich etwas Wahres. Aber die zweizeilige Wortanzeige in der Tageszeitung wie die vielseitige IBM-Anzeige in der Illustrierten haben ihren angestrebten Erfolg. Erstere bringt das gebrauchte Bett an den nächsten Mann, letztere hebt das Image des Computer-Giganten.

Von der Kleinanzeige über die Viertel-, Halbe-, Ganz- und Doppelseite mit Zwischenformaten bis hin zur Vielseiten-Anzeige erstrecken sich die Alternativen. Die Entscheidungs-Verwirrung könnte groß sein, aber die Formatauswahl beschränkt sich bei genauerer Betrachtung.

Probat und beliebt sind die Wortanzeigen in den Tageszeitungen für alle Informationsfälle des normalen, täglichen Lebens. Der Anruf bei der Zeitung oder der Besuch in der Anzeigenabteilung mit dem Ausfüllen eines Formulars – man ist gern behilflich – genügt, und für ein paar Mark hat man üblicherweise einen oder mehrere Interessenten für sein Angebot gefunden.

Selbst kleine Inserate von Auto- und Immobilienfirmen, die scheinbar zu uninteressanten Anzeigenfriedhöfen themen- und seitenweise zusammengefaßt sind und sich gegenseitig zu erschlagen drohen, finden erfolgreich ihre Leser, weil sie von Interessenten gesucht, gelesen und verglichen werden. Wer sie darüber hinaus zielgruppengerecht gestaltet, hat also gleich den größeren Werbeerfolg.

Auch eine Vielzahl von Fachzeitschriften hat treue Inserenten, die ihre Maschine, ihr Spezialkabel oder ein Sonderschloß immer wieder innerhalb von 1/32 Seite Anzeigenformat anbieten. Für die Verlage wiegt naturgemäß die Freude über die Aufträge – auch jede kleine Anzeige zählt – schwerer als die Schwierigkeiten der Unterbringung: faßt man die Kleinanzeigen wieder zu etwas unübersichtlichen Seiten zusammen, oder verteilt man sie durchs Heft und stört damit die Gestaltungsgroßzügigkeit. Die Verlage lösen das Problem unterschiedlich, stellen aber offensichtlich ihre Anzeigenkunden zufrieden. Denn diese werben mit kleinen Formaten weiter – und haben Erfolg.

Viertel- und halbseitige Anzeigen heben – so sie sinnvoll wirken sollen und nicht reiner Kontaktpflege dienen – die Anforderungen an die Gestaltungsqualifikation entscheidend. Zur Imagebildung für Produkt oder Unternehmen sind sie oft zu klein. Natürlich reicht die Größe, um die eigenen Vertreter in ihren Verkaufsbemühungen zu motivieren oder in schriftlichen Händlerinformationen einen Anzeigenplan daraus zu fixieren. In der Gestaltungspraxis aber sind sie leider meist so vollgepfropft mit Bilddetails und Texten, daß eine Lupe mit Sortiervorrichtung zur ständigen Ausrüstung des Lesers zählen müßte. Beschränkung auf die wesentlichen Bild- und Textinformationen ist hohe Werbekunst bei seitenteiligen Anzeigen.

Natürlich gilt das auch für die klassischen Ganz- und Doppelseiten. Zunächst: nur scheinbar bergen sie die Gefahr des Übersehen- oder Überblättertwerdens in sich, weil bei theoretisch reinem Leserverlangen nach journalistischen Informationen die Anzeigen als traditionsgemäß ausschließlich mit Auftraggeberinteresse behafteten Reklameflächen größer sind, je schneller sie ohne Hinzuschauen zu überbrücken sind.

Dem stehen mehrere Tatsachen entgegen: enthalten die großen Anzeigen deutlich erkennbare Informationen, die das persönliche Interesse des Lesers berühren, fesseln sie ihn auch. Natürlich sind ganze Seiten, mehr noch Doppelseiten ein optimales Werbemittel, um Größe, Können und Glaubwürdigkeit zu vermitteln. Das gilt gleichermaßen für Produkte, Firmen, Institutionen und Gemeinschafts-Aktionen. Wer noch stärker beeindrucken will, schaltet eine dritte Seite vor. Vier Anzeigen hintereinander pflegen mehr den Eindruck eines Einhefters zu vermitteln. Aber wer viel zu sagen hat...

Ein deutliches Wort muß auch zur unterschiedlichen Betrachtung von redaktionellem Teil und Anzeigen gesprochen werden. Beide mit unterschiedlicher Zielsetzung erarbeiteten Kommunikationsfelder haben ihre eigene ursächliche Bedeutung, wirken mit- und nebeneinander, bedingen einander. Langjährige Lesegewohnheiten lassen Redaktion und Inserate in einem Medium erwarten. Ausfälle von Zeitungslieferungen bei Druckerstreiks führten schließlich nachweisbar zu großen Umsatzeinbrüchen beim Einzelhandel und anderen traditionellen Anzeigenkunden.

Woraus resultiert die Meinung, daß redaktionelle Artikel in Zeitschriften tatsächlich und moralisch wichtiger wären als die neben ihnen stehenden Anzeigen? Strahlt etwa das Image des Journalisten heller als das des Werbungtreibenden? Faktisch geben beide Kommunikationswege dem Leser Informationen und Lebenshilfen. Vorausgesetzt, sie sind verständlich und fesselnd aufgemacht. Anscheinend gibt es mehr gute Artikel als gute Anzeigen. Sonst gäbe es das unterschiedliche Ansehen nicht. Und genau hier liegt der Hebel für gute Werbung, für erfolgreiche Anzeigen. Sie brauchen keineswegs schlechter zu sein als Redaktionelles. Sie können genauso informativ geschrieben sein, genauso übersichtlich überzeugen.

Bei aller Unterschiedlichkeit in der Absicht wie in der Machart sind Artikel und Anzeigen zusammen die Schlagleute im Ruderboot des Zeitungs- und Zeitschriftenmachens. Das in die Praxis umzusetzen heißt, manche nebensächliche Gestaltungsfrage im Keime zu ersticken, heißt Plazierungsvorschriften gegenstandslos werden zu lassen, heißt Vorrangigkeit von Redaktion oder Anzeigen vorsichtig zu behandeln.

Wer sich das bewußt gemacht hat, verschwendet keine Zeit mehr mit Konkurrenzdenken, mit dem Schnorren redaktioneller Berichte, mit dem Hacken auf der rechten Seite im vorderen Heftteil. Er lernt einfach aus guten Artikeln und macht bessere Anzeigen; Idee und Inhalt sind hier gemeint, nicht die sklavische Nachahmung mit kleinem Hinweis „Anzeige" am Kopf der Seite.

Umgekehrt gilt es auch: schlechte Redaktion kann von guten Anzeigen lernen, wie man Leser fesselnd informiert. Ein nachfolgender Teil dieses Buches geht auf aktuelle Testergebnisse ein, die auch die unterschiedliche Wirkung verschiedener Anzeigengrößen aufzeigen.

Ideen, Schlagzeilen, Texte

Was ist die Idee?

Es ist unmöglich, Anzeigen von der übrigen Werbegestaltung isoliert zu betrachten. Im Gegenteil: meist haben Anzeigenideen Leitfunktion für die gesamte einheitliche Werbekampagne, zumindest in den europäischen Ländern. In den USA mit einem Schwergewicht der Fernsehwerbung mag es anders gelagert sein.

Woher also resultiert die tragende Idee der Werbekampagne, der Anzeigenserie und damit weitgehend identisch der im Rahmen der Öffentlichkeitsarbeit wirksamen Kommunikationsmittel wie Prospekte, Messestände, TV-Spots? Es gilt, von der ausgearbeiteten und gemeinsam verabschiedeten Werbekonzeption auszugehen und bei der Ideen-Beurteilung stets zu ihr zurückzukehren. Was sind die Vorteile, die im Produkt liegen, die es vom Wettbewerb abheben, die Käufer gewinnen? Denn *Produkt-Vorteile gewinnen Kunden, nicht Werbeideen.* Lange Jahre galt in der Werbung der Grundsatz, daß Gags, kreative Purzelbäume von spaßig bis schreckend, Leser fesseln und zum Kauf veranlassen müßten: „Hingerichtet sind alle Augen auf...". Natürlich können Sie sowas auch heute noch beobachten. Werblich ungeschulte Auftraggeber wie angebliche Werbeschaffende bringen diese alten und absolut falschen Hüte immer mal wieder.

Schauen Sie sich jedoch aufmerksam die erfolgreichen – nicht immer identisch mit preisgekrönten – Anzeigenkampagnen an!

So basiert die Kreativität eng verbunden mit dem Produktnutzen absolut auf der Erwartungshaltung der sorgfältig ausgewählten Zielgruppe.

Mit anderen deutlichen Worten: *Werbeideen, die losgelöst vom Produkt oder ihm zwangsweise zugeordnet erst mal die Aufmerksamkeit des Lesers fesseln und ihn dann zur Produktaussage führen sollen, sind falsch!* Natürlich ist das wieder eine Binsenweisheit, deren Nichtbefolgung Sie aber in jeder Zeitschrift in Fülle begegnen können.

Die eigentliche kreative Arbeit liegt also darin, jedem Produkt seinen individuellen Nutzen zu geben, der gleichzeitig als eigenständiger Vorteil vom Käufer erkannt wird. Den entscheidenden Teil der Absatz-Kreativität schafft also bereits der Hersteller selbst – und so entstanden schließlich auch die Ursprungsbetriebe vieler heutiger Weltunternehmen.

Natürlich wirken Werbeagenturen wie Unternehmensberatungen daran mit, daß laufend neue Produkte entstehen und bestehende erkennbar verbessert, den sich laufend ändernden Lebensgewohnheiten angepaßt werden. Teil zwei des Weges, der Agenturarbeit sichtbar macht und Inhalt dieses Buches ist, besteht in der überzeugenden, verständlichen Umsetzung des Produktnutzens in die Form der Anzeige. Hier scheiden sich die Geister, sondert sich weiter die Spreu vom Weizen, zeigt sich die Qualität von Werbeberatern, Konzeptionstextern und Gestaltern.

Denn selbst wenn man den bisherigen Überlegungen Folge leistet, so überrundet ab jetzt oft genug die Praxis die fundierte Theorie. Und viele fallen zurück in werbliche Aberglaubens-Irrwege vergangener Jahrzehnte. Es ist auch nicht einfach, das übliche Denkschema des überholten Werbe-Images zu verlassen, wonach möglichst verfremdete Gags die Krone der Kreativität sind und – im Gegenteil – sich zunächst von sehr nüchterner Sachlichkeit bei der Überlegung lenken zu lassen, warum welche Zielgruppen wirklich kaufen. Um dann allerdings mit ernsthaftem Engagement wie voller Freude an der textlichen und gestalterischen Umsetzung zu arbeiten oder arbeiten zu lassen, bestimmte Menschen zu packen, zum Kauf zu lenken oder ihre Meinung im angestrebten Sinne zu beeinflussen. Das ist dann die kreative Arbeit, von der wir auf den folgenden Seiten reden werden. Wobei überdeutlich zu sehen ist, daß *oft Werbeideen dem Verkaufserfolg geradezu im Wege stehen*. Weil sie den Produktvorteil nicht sofort vermitteln, auf sogenannte kreative Umwege setzen, vom Leser verlangen, sich mit der Anzeige zu beschäftigen, statt ihm direkt zu sagen, worum es geht.

Somit entfällt auch das oft gehörte Argument, Anzeigen müßten schnell sein. Selbstverständlich entscheidet der Leser im Bruchteil einer Sekunde, ob ihn die Anzeige interessiert oder nicht. Aber wenn Sie ihn bei Ihren Konzeptions-Überlegungen der Zielgruppe zugeordnet haben, wenn Sie wissen, was ihn bewegt, wenn Sie die Anzeige daraufhin richtig konzipiert haben – wird er beginnen zu lesen. *Nicht Schnelligkeit, sondern auf Zielgruppe und ihre Erwartungshaltung konzipierte Kreativität ist der Wirkungshebel von Anzeigen.*

Halten Sie sich immer vor Augen: kein Mensch kann blitzschnell mitbekommen, was Sie ihm sagen wollen, und dann noch gleichzeitig von Ihrer Werbebotschaft überzeugt sein. Sie können nur eins: den Leser bei seinem individuellen, persönlichen Interesse packen. Dann liest er!

Natürlich steht das konträr zur Idee der weltweit einheitlichen Werbekampagne. Der Europamarkt wird dazu verführen, es zumindest einheitlich auf unserem Kontinent zu versuchen. Diese Versuche werden viel Geld kosten und manchen Flop produzieren. Denn es gibt wenige Ausnahmen: wenn die Produkte absolut problemlos sind und die Kommunikation an die Urmentalität der Menschen appelliert. Mit gewaltigem Finanzeinsatz gelingt es bei dem einen oder anderen Soft-Getränk, der einen oder anderen Zigarette. Schon wenn Sie ein Waschmittel bewerben, ein Wohnmöbel-Programm oder gar Fertigungstechniken, müssen Sie national vorgehen, oft regional. Es geht noch weiter: eigentlich braucht jede Zeitschrift ihre individuelle Anzeigenserie; letztendlich sind Unikat-Anzeigen – also jede Anzeige nur ein einziges Mal geschaltet – die wahre hohe Kunst der Kommunikation.

Checkliste: Werbeidee richtig oder falsch?

1) Hat das zu bewerbende Produkt einen absolut eigenständigen Vorteil für den Käufer?

2) Kann man ihm einen solchen Vorteil wenigstens psychologisch vermitteln?

3) Ist der Produktvorteil tragfähig für eine Werbekampagne?

4) Wenn sogar mehrere wirkliche eigenständige Vorteile vorhanden sind, welchen davon stellt man heraus; oder welche Kombination der Vorteile ist tragfähig für eine Kampagne?

5) Welches ist die klare Zielgruppe für dieses Produkt: Alter, Einkommen, Wohnort, Familienstand, Beruf und Freizeitverhalten, Herkunft, Vorlieben, Besitz, Lebensziele, Probleme?

6) Ist die Zielgruppe nicht nur ausgedacht, sondern durch sekundärstatistische Daten belegt und durch eigene Erhebungen erwiesen?

7) Sind die Argumente auch durch zumindest stichprobenartige professionelle Marktforschungserhebungen erhärtet?

8) Trifft die Werbeidee das belegte Interesse der Zielgruppe?

9) Macht die Werbeidee Umwege zu Interesse der Zielgruppe und Produktnutzen?

10) Ist die Werbeidee sofort verständlich oder zumindest so packend, daß sie das individuelle Interesse der Zielgruppe trifft und Neugier erweckt?

11) Können wenige gestaltete Anzeigen für alle geplanten Medien wirklich jeweils die Individualität der Zielgruppe treffen und damit zum größtmöglichen Werbeerfolg führen?

12) Standen Produktnutzen, Zielgruppe, Medien und Werbeziel vor der Gestaltungsarbeit wirklich fest, entspricht die Werbeidee allen vier Einflußgrößen auf die Werbekonzeption?

Anzeigenideen – kommentierte Beispiele

Doppelseitige Farbanzeigen vorwiegend in den meinungsbildenden Medien unter der *kreativen Devise*: „Um die Außenzielgruppen effektiv anzusprechen, muß die Image-Werbung für Düsseldorf den Innenzielgruppen entsprechen und damit den Bürgern, die die Stadt als solche ausmachen." Eine lebendige Kampagne, die für positiven Wirbel sorgt und bereits in ihrem Konzeptionskern erfreulicherweise zweimal das Wort Zielgruppe verwendet.

Kreative Perfektion, die kommunikatives Lehrwissen scheinbar auf den Kopf stellt: Alles, was man sonst so zur Tapete abbildet, ist weggelassen: die Muster, die Farben, das Interieur, die glücklichen Bewohner, der stolze Hund – nichts davon. Nur der fast leere Raum und der klassische Slogan: „Was fehlt, ist die Tapete von Rasch." So wird das Nicht-Gezeigte, aber Genannte zur Hauptsache. Halt – ein Mensch befindet sich im leeren Raum, als Architekt und Designer namentlich genannt. Also zugleich eine Testimonial-Anzeige.

Es geht erfreulicherweise nicht um Sommer, Sonne, Strand, sondern um *lebendiges Urlaubs-Erleben* in Fernost, dargestellt an drei verheißungsvollen, abwechslungsreichen Bildbeispielen. Schon die Anzeige ist ein Erlebnis, das Begeisterung und Neugier auslöst, das Reisewünsche weckt.

UNZÄHLIGE WETTKÄMPFE

MILLIONEN AUFREGENDER ENTDECKUNGEN

JAHRHUNDERTEALTE KULTUREN

Die Faszination Malaysia. Wo Sie geheimnisvolle Traditionen hautnah erleben, wenn z.B. "Drachen" – zu Ehren eines Dichters – über das Wasser peitschen. Wo Sie sich in den größten Höhlen der Welt dem Abenteuer der Abenteuer stellen. Wo Sie den ganzen Reichtum an Kultur und Tradition des Fernen Ostens entdecken können. Und vieles, vieles mehr. Wie das reizvolle Völkergemisch von Malayen, Chinesen, Indern und anderen Rassen. Denn faszinierende Menschen heißt faszinierende Kulturen und Feste. Besonders im "Visit Malaysia" – Jahr 1990. Wann immer Sie auch 1990 nach Malaysia kommen, Sie werden fasziniert sein.

MALAYSIA

Ja, ich möchte mehr über Malaysia wissen.
Malaysisches Fremdenverkehrsbüro (Ministerium für Kultur und Tourismus)
Roßmarkt 11, 6000 Frankfurt am Main 1, Bundesrepublik Deutschland. Telefon: (069) 28 37 82/83. Telex: 4 189 674 tdc d. Fax: (069) 28 52 15.

Name: _____ PLZ/Ort: _____
Straße: _____

Produktidee gleich Werbeidee: die technisch neuartige Lichtquelle mit einer Fülle von Vorteilen gegenüber der herkömmlichen Glühbirne. Allerdings erstens ungewohnt aussehend, zweitens erheblich teurer. Zwei Kaufhemmnisse, die nach und nach überwunden werden wollen. Da helfen keine schönen Worte, sondern nur ein deutlicher Vergleich. Und der ist lobenswert gelungen.

ABRECHNUNG MIT DER GLÜHBIRNE.

Auch Firmen, die keine Großabnehmer für Glühlampen sind, sollten die Kosten-Nutzen-Rechnung ihrer Lampen einmal neu durchrechnen.

Denn seit es die DULUX® EL gibt, lassen sich damit erhebliche Gewinne erzielen. Nehmen wir einmal an, bei Ihnen brennen nur 200 Glühlampen je 60 Watt. Im Schnitt 15 Stunden am Tag.

Das ist zwar in der Anschaffung günstig. Aber die Quittung kommt mit der Stromrechnung.

Denn eine DULUX® EL braucht nur 11 Watt, wozu eine Glühlampe 60 Watt braucht. Und sie brennt 8000 Stunden statt 1000 Stunden wie die Glühbirne.

Das ergibt bei Ihren 200 Lampen und einem Strompreis von 0,25 DM pro kWh in 8000 Stunden eine Stromkostenersparnis von 19.600,– DM.

Die Glühlampen müßten Sie in der Zeit außerdem etwa siebenmal erneuern. Kostenpunkt ca. 2.350,– DM.

Für das Auswechseln müssen Sie laut Erfahrungswert 7 Minuten Arbeitszeit rechnen. Das sind 5,60 DM an zusätzlichen Personalkosten. Macht 7.840,– DM.

Ziehen Sie dann von der Stromkosten-Ersparnis (19.600,– DM) und von den ersparten Auswechslungskosten (7.840,– DM) die Mehrkosten ab für die DULUX® EL, bleibt ein Gewinn von immerhin rund 18.000,– DM.

Hinzu kommt, daß die DULUX® EL zwar das schöne, warme Licht der Glühbirne hat. Nicht aber ihre Hitze. Und daß sie daher auch die Klimaanlage kalt läßt.

Bleibt unterm Strich nur eins: Wer rechnet, muß die Glühlampe allmählich zum Luxus rechnen.

HELL WIE DER LICHTE TAG   

 OSRAM, WI, Postfach 90 06 20, 8000 München 90, Btx ✳ 21423 #

Wer's kräftig liebt, kommt hier voll auf seine Kosten. Dramatische *Produktabbildung* Packung/Tabak/Zigarette, das streng retuschierte Feuerzeug zwar dabei (drei Dinge braucht der Mann), aber optisch zurückgedrängt. Die Schlagwort-Schlagzeile „Geschmack pur" unterstreicht die bildliche Argumentation in seltenem Einklang von Anzeigen-Elementen.

Deutliches Gegenbeispiel die Wettbewerbsanzeige für ‚Drum' auf der folgenden Seite. Vergleichen Sie. Wirkt der Gag mit der Riesenzigarette quer im Rucksack überzeugender? Packt die Produkt-Story „One for the road" mehr?

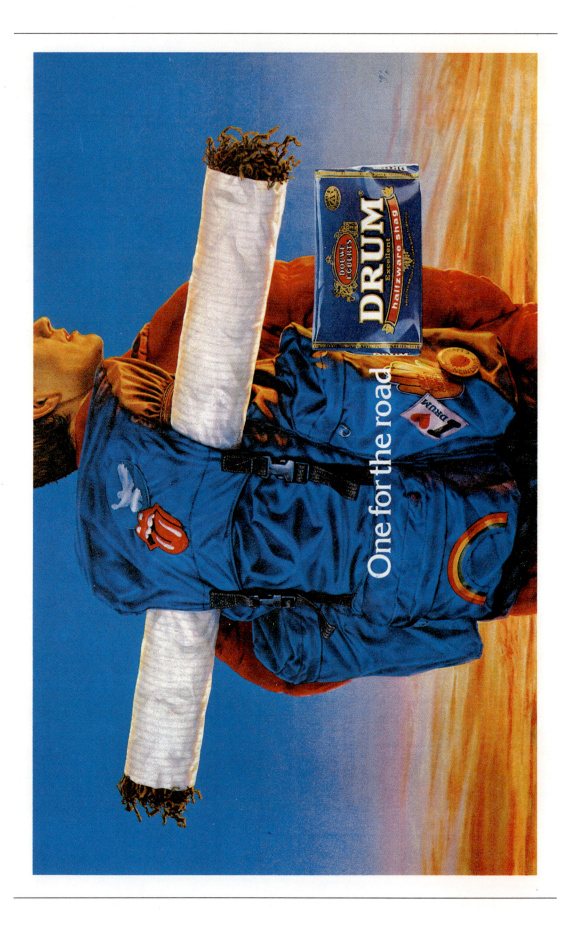

Möglichst wenig wiederholen

Wenn wir die Tatsache ernst nehmen, daß größtmöglicher Werbeerfolg nur zu realisieren ist, wenn die Angehörigen klarer Zielgruppen möglichst individuell zu überzeugen sind, weil eben jeder ein Individuum ist, dann wird es unmöglich, mit einer Handvoll von Anzeigenmotiven alle Individuen dieser Zielgruppe bestmöglich zu überzeugen.

Aber die Gestaltungskosten? Aber es war immer so? Aber woher die Kreativen nehmen, die das können? Hier liegt der Hase im Pfeffer: Es ist höchste Zeit, traditionelle Werbe-Denkschemata über Bord zu werfen. Nicht die rationelle weltweite Einheitsgestaltung ist angesagt, sondern die medien- und zielgruppengerechten individuellen Lösungen sind es.

Es gibt keine Informationsüberflutung durch Anzeigen, sondern eine Überflutung durch informationslose Anzeigen. Und je einheitlicher sie für die unterschiedlichsten Medien gestaltet sind, desto wirkungsloser müssen sie werden.

Lernen wir fürs Anzeigengestalten von den Blattmachern und Journalisten: laufend wird daran gearbeitet, die Zeitschriften individueller zu gestalten, sie voneinander abzuheben. Anzeigen sind feste Bestandteile dieser Zeitschriften, aber Werber folgen ihren Medien nicht. Es ist einfacher, angeblich kostengünstiger, und es war immer so, überall die gleichen Anzeigen zu schalten. Ohne Rücksicht auf redaktionelles Umfeld, ohne Rücksicht auf individuelle Leserstrukturen, ohne Rücksicht auf individuelles Zielgruppeninteresse. Und es war schon immer falsch.

Dabei gibt es doch nur ein gemeinsames Interesse aller Beteiligten – der Auftraggeber, der Agenturen, der Verlage: größtmöglicher Werbeerfolg. Dann wachsen Produktabsatz, kreative Aufgaben und Zahl der Anzeigenseiten miteinander. Anzeigengestalter trauen oft sich und ihren Lesern so wenig zu, daß sie lieber auf penetrante Wiederholung der Motive setzen, statt sich klarzumachen: Anzeigen sind ein Informationsmittel von vielen. Redaktionelle Artikel oder Fernsehsendungen sind andere. Was würden Werbeleute sagen, wenn sie monatelang in den gängigen Illustrierten stets dieselben Artikel lesen müßten.

Spätestens bei der dritten Fernsehwiederholung beginnt die Verärgerung der Zuschauer. Darüber, daß Leser bei Anzeigenwiederholungen die Wahrnehmung zu verweigern beginnen, scheint es keine Verwunderung zu geben.

Mißtrauen Sie den überlieferten Gesetzen der Werbung, die Ihnen wie vor Jahrzehnten einreden wollen, ständige Wiederholung sei das Nonplusultra der Werbung. Schaffen Sie für zwölf Einschaltungen auch zwölf Motive, und vermitteln Sie damit Ihren Kunden die Botschaft, daß Ihr Angebot Ideen und Kreativität bietet.

„Der Leser liest, was ihn interessiert. Manchmal ist es eine Anzeige", lautet ein bekannter Ausspruch. Machen Sie Ihre Anzeige so interessant, daß der Leser sie liest. Jede! Um so nachdrücklicher können Sie ihn doch von Ihrem Produkt überzeugen.

Wann packen Schlagzeilen?

Die Antwort ist einfach, und Sie kennen sie schon: Schlagzeilen fesseln, wenn sie das individuelle Interesse des Lesers berühren, eine Saite in seiner Seele zum Klingen bringen, eine angenehme Erinnerung wecken, eine erwartete Bestätigung geben, ihm persönlich eine Problemlösung ankündigen, mit einem Wort: auf sein persönliches Leben eingehen.

Schlagzeilen packen nicht, weil sie dem Anzeigen-Auftraggeber gefallen, oder seiner Frau, oder dem witzigen Texter selbst, oder dem Söhnlein eingefallen sind. Klar kann man die alle drucken lassen – wer das Geld hat, darf es ausgeben, wofür immer er will. Nur Werbewirkung bekommt er halt nicht dafür.

Schlagzeilen packen auch nicht, weil sie lang oder kurz sind, nur in Großbuchstaben gesetzt, negativ auf schwarzem Grund, quer stehen oder auf dem Kopf, ob mit Fragezeichen versehen: allein ihr Inhalt ist die Botschaft! Der Rest ist modisch-zufällige Spielerei.

Schlagzeilen packen auch nicht, weil sie die Wurst loben (statt zu sagen, *warum* sie schmecken wird), weil sie die Größe eines Unternehmens herausstellen (statt zu sagen, was das für die Zielgruppe bedeutet), weil sie abgewandelte Sprichwörter sind (statt klar zu argumentieren), weil sie witzig-geschliffen formuliert zu sein scheinen (statt dem Leser direkt klar zu sagen, worüber er in dieser Anzeige informiert wird).

Steigen wir ein in die formalen Alternativen des Schlagzeilenschreibens, wobei wir uns darüber klar sind, daß dies in der Wichtigkeit nachrangig ist. *Das Bedeutendste bleibt die Botschaft!*

1. Die einfache Behauptung

„Unsere X-Wurst ist jetzt 2 cm länger." Für diejenigen Hausfrauen und -männer, die schon X-Wurst kaufen, ist das unter Umständen eine tolle Botschaft. Hatten sie doch gelegentlich einer Käuferbefragung dieser Herstellerfirma anonym kundgetan, daß Geschmack und Durchmesser ihrer Wurstmarke weitestgehend ihren Wünschen entsprechen. Nur eben länger müßten sie sein, damit ein starker Esser davon satt wird; oder zwei Durchschnittsesser auch. Das Unternehmen hat dieses wichtige Ergebnis seiner Marktbefragung diskutiert, hinterfragt und durchleuchtet. Schließlich kam grünes Licht für die längere Wurst. Erstens, damit die bestehende Kundschaft bei der Stange – also bei der X-Wurst – bleibt. Und zweitens: wenn unseren Käufern ihr dringender Wurst-Wunsch erfüllt wird, kommen sicherlich neue Kunden hinzu. Hatten die doch bisher X-Wurst nicht erworben, weil sie ihnen zu kurz war. Gesagt – getan. Grünes Licht und rosige Aussichten für die längere X-Wurst. Die nächste Möglichkeit:

2. Die nette Frage:

„Wollen Sie längere X-Würste?" Für den Kunden, dem seine Kurz-Wurst bisher ein kleines Ärgernis darstellte, sicherlich eine konkrete Ansprache. Die langweilige Standardformulierung „Wußten Sie schon, daß..." taucht eigentlich nie mehr in Anzeigen auf.

3. Die Steno-Form:

„X-Würste jetzt länger." Eine Freude für den Grafiker. Diese Schlagzeile kann er je nach persönlicher Vorliebe ganz groß in Versalien absetzen lassen, und sie bleibt dabei sogar noch halbwegs lesbar. Oder er kann sie klein und fein in die Ecke drängen, wobei sie dann keine Schlagzeile mehr sein dürfte, sondern eine scheinbar beiläufige Botschaft.

Insgesamt aber gilt für diese Steno-Form: liebenswürdiger wäre netter. Machen Sie es nicht so herzlos, sprechen Sie mit Ihren Lesern sogar in Schlagzeilen wie mit lebendigen Menschen, die auch gern so behandelt sein möchten.

4. Der gequälte Witz:

„X-Wurst – jetzt länger als die nächste Woche." So was natürlich nie. Auch wenn es Ihrem besten Freund beim sechsten Bier eingefallen ist und Sie ihm noch etwas schuldig sind. Humorvolle Schlagzeilen sieht Ihre Anzeigen-Zielgruppe eben selten nach dem sechsten Bier. Lassen Sie's immer! Kalauer haben hier nichts zu suchen.

5. Die Komplett-Story:

„Unsere Kunden wünschten längere X-Würste. Ihr Wunsch war uns Befehl." Warum nicht. Eigentlich schon ganz ordentlich, ein bißchen stelzig vielleicht. Persönlicher wäre besser: „Sie als unser Kunde wünschten sich..." oder „Weil Sie zu unseren Kunden gehören, die sich wünschen..." Wenn Sie also ein großes Anzeigenformat haben und damit genügend Platz, ist die Schlagzeilen-Form der Komplett-Story durchaus eine ernsthafte Alternative. Nur: Zu lang darf sie wiederum nicht werden, und die Botschaft selbst ist wie immer das Wichtigste.

6. Die Ein-Wort-Headline:

„Länger". Zunächst sei hier gesagt, daß „Headline" die gängige, unter Kommunikationsfachleuten übliche Bezeichnung für „Schlagzeile" ist. Wenn Sie ganz „in" sein wollen, genügt schon „Head". „Subhead" oder „Subheadline" wäre dann die zugeordnete „Unter-Schlagzeile". Zurück zu „Länger" für die X-Wurst-Anzeige. Auch immer eine brauchbare Alternative. Sie sagt ohne Umschweife, worum sich die Botschaft dreht, bedingt aber eine sehr sorgfältige Durcharbeitung der übrigen Anzeigenelemente – Bilder, Lauftext, Markenzeichen, Fond, Farbe – die eine liebenswürdige, appetitliche Anmutung ausstrahlen müssen, damit die Ein-Wort-Botschaft nicht schlicht als kurz angebunden empfunden wird.

7. Der Umweg:

„Esser kommen zu kurz." Anzeigenschlagzeilen, die einen Haken schlagen, zählen zu den beliebtesten Texter-Spielwiesen. Hier müssen sich Pseudo-Profis oft beweisen, weil Auftraggeber auch heute noch glauben, Werbung solle irgendwo ein wenig witzig sein, das sei pfiffig, das würde gefallen, das müßte schließlich erfolgreich sein. Ein Umweg aber bedeutet immer Informationsverlust. Die Werbebotschaft kommt zu kurz, das Leserinteresse erlahmt – lassen Sie so was!

Schlagzeilen-Form-Varianten gibt es wie Sand am Meer. Überzeugen Sie sich selbst – suchen Sie selbst. Halt – hier fehlt noch die Krönung des Ganzen:

Das Optimum:
„In dieser Anzeige lesen Sie alles über…" Vergessen Sie hier die X-Wurst und setzen Sie bitte statt der drei Pünktchen Ihren eigenen Namen ein. Und Sie werden die ganze Anzeige bis zum letzten Punkt lesen. Garantiert. Dieses Beispiel wird übrigens immer erzählt, wenn die übliche Diskussion „lange oder kurze Texte" im Gang ist.

Anzeigen brauchen Schlagzeilen!

Es gibt eine eiserne Anzeigenregel, an die Sie sich bitte halten: eine Anzeige braucht ihre Schlagzeile – sonst fehlt ihr etwas Entscheidendes. Das schönste Bild, der eleganteste Text können die packende Kurzform der Werbebotschaft nie ersetzen, an der sich der Leser erst wie am Wegweiser durch Ihre Information orientieren muß. Oft bestimmt die Schlagzeile die Anzeige. Weil sich in ihr die Idee, die Botschaft, die Aussagen über die Produktvorteile konzentrieren und ausdrücken sollen. Fehlt sie ganz, ist sie nur ein zufälliges Schlagwort, ist sie umständlich oder nur dem Texter und Auftraggeber verständlich, wurde wieder der entscheidende Fehler gemacht: das Maß aller Dinge waren erneut Meinung und Wunsch von Anzeigenmacher und Auftraggeber, nicht die Interessen der Zielgruppe. Wo doch der Köder dem Fisch schmecken soll, hingegen weniger dem Angler, wie man weiß.

Checkliste: Schlagzeile packend oder zum Vergessen?

1) Enthält die Schlagzeile einen Hinweis auf die Produktbotschaft?

2) Ist sie kongruent mit der Bildidee?

3) Spricht die Schlagzeile klar und liebenswürdig an?

4) Vermittelt sie ohne Umweg eine Information?

5) Wurde sie für eine klare Zielgruppe formuliert?

6) Ist sie in lesbaren Buchstaben gesetzt?

7) Packt ihre Botschaft das Leserinteresse?

8) Dient sie als Blickfang und Wegweiser zum Informationsgehalt der Anzeige?

9) Ist sie flott oder gestelzt formuliert?

10) Stellt die Schlagzeile das Kundeninteresse oder die Herstellerabsicht heraus?

11) Ist sie nur ein abgewandeltes Sprichwort, das witzig und pfiffig wirken soll?

12) Ist die Formulierung überdreht bis gedrechselt?

13) Hebt die Schlagzeilenbotschaft das Produkt vom Wettbewerb ab?

14) Ist die Schlagzeilenbotschaft nur in eine hingequälte Konzeption gepreßt?

15) Kann die Zielgruppe die Schlagzeile auf Anhieb verstehen – ohne Nachdenken, ohne Duden, ohne Wörterbuch?

Anzeigen texten – ein Feld für Überzeugungskünstler

Jedes einzelne Element einer Anzeige – auch der Text ist eins – basiert hinsichtlich Erfolg oder Mißerfolg, schwierigem Erarbeiten oder scheinbar leichtem Tun stets auf den gleichen Fakten:

Gibt es eine klare Unternehmens-, Produkt-, Marketing- und Werbekonzeption – sowie alle wichtigen Informationen über Marke, Wettbewerb, Zielgruppe und Medien? Ist der Anzeigentext eine logische Folgerung aller dieser erfüllten Bedingungen und daher schnell, richtig und erfolgreich zu schreiben?

Die leidvolle Werbepraxis zeigt, daß dieser normal scheinende Weg zum Werbeerfolg weitgehend Utopie bleibt.

Hartnäckig hält sich auch die Legende, es gebe nur wenige wirklich gute Texter. Die Wahrheit ist: die Werbewelt ist voll von ihnen, gibt ihnen aber zu wenig Chancen, weil ihnen oft das vorenthalten bleibt, was sie als Rüstzeug brauchen: Klarheit über Konzeption, Markt, Produkt, Zielgruppe, Wettbewerb. Beweis gefällig? Der Konzeptionsteil bei Präsentationen kaut immer noch oft genug 90 % von dem wieder, was der Kunde beim Briefing gesagt hat. Die restlichen 10 % sind Routine-Phantasie der Agentur.

Was kann der Texter schreiben? Das, was alle schreiben. Nur mit mehr Pfiff, mehr Gags, gefälligeren Worten, sozusagen kreativer halt, ohne klare Maßstäbe, in der Beurteilung der Zufallsmeinung wie den Deutschkenntnissen gerade amtierender Vorgesetzter wie der Tages-Werbenorm auf Kundenseite preisgegeben.

Es gibt einen Ausweg für ehrgeizige Werbetexter: Lernen, allerdings weniger von den branchenbekannten Formulierungskünstlern. Denn fertiges Formulieren ist Berufsroutine, von untergeordneter Bedeutung. Begabte Werbetexter sollten bei guten Journalisten in die Schule gehen. Weil sie wie Journalisten oft Einzelkämpfer sind und sich viele Informationen besorgen müssen, die ihnen aus Inkompetenz, Gleichgültigkeit oder Intrige vorenthalten werden. Welcher Texter kennt nicht diese Floskel: „Über das Produkt und den Markt möchte ich Ihnen gar nicht viel erzählen, ich will Ihre Kreativität nicht beeinflussen."

Die traditionellen Fehlhaltungen zum Thema Anzeigentext werden dokumentiert in der Überflutung durch informationslose Anzeigen.

Es geht auch anders. Die in hartnäckigen, fleißigen Eigen-Recherchen erhaltenen Informationen gilt es in lesbare Tatbestände umzusetzen – wie beim guten Journalismus gelernt. Was auch die alte Streitfrage ad absurdum führt: „Kurze oder lange Werbetexte?" Weil Werbetexte entweder so inhaltsreich und fesselnd sind, daß sie gelesen werden – oder eben nicht. Ganz gleich, ob sie kurz oder lang sind. Stilvarianten, sich gemäß der Konzeption auszudrücken, gibt es genug. Hängen wir uns hier einfach mal an die Schlagzeilenbeispiele mit der längeren X-Wurst. Wobei es nur um den Stil gehen kann – nicht um den Inhalt.

1. Behauptung, einfach

„Unsere X-Wurst ist jetzt 2 cm länger. Weil viele Kunden es wünschten. Der gute Geschmack war ihnen zu kurz. Nun gibt's Wurst satt für jeden starken Esser. Und für zwei Schlankheitsbewußte auch. X-Wurst müssen Sie jetzt kennenlernen: 2 cm mehr kräftigen Wurstgeschmack."

2. Frage, nett

„Wollen Sie längere X-Würste? Ihr persönlicher Geschmack ist jetzt getroffen. Für Sie wurde die X-Wurst volle 2 cm länger! Jetzt wird jeder satt. Greifen Sie zur längeren X-Wurst. Das stand doch auf Ihrem Wochenend-Wunschzettel?"

3. Kurzform

„X-Wurst jetzt länger. Volle 2 cm. Ihr Händler hat sie."

4. Witz, gequält

„X-Wurst jetzt länger als die nächste Woche. Wer den Hals sonst nicht vollkriegt – mit X-Wurst schafft er's. Bei dieser Länge ziehen Sie nie den kürzeren." (Vergessen Sie's!)

5. Die Story, komplett

„Unsere Kunden wünschten längere X-Würste. Ihr Wunsch war uns Befehl. Jetzt sind alle X-Würste volle zwei Zentimeter länger. Denn bei diesem Geschmack wollte einfach niemand mehr zu kurz kommen: der kräftige Esser, dem es sowohl auf die einmalige Zusammenstellung aromatischer Fleisch- und Gewürzdüfte als auch einige Appetithappen mehr ankam, ist hochzufrieden; das Paar, das bisher mit einer X-Wurst pro Mahlzeit nicht ganz hinreichte, dem aber zwei davon zuviel waren, kennt keinerlei Unstimmigkeiten mehr beim Aufteilen von Wurstportionen. Waldi, der Familiendakkel, hat jetzt größere Chancen, einen längeren Zipfel vom X-Wurst-Ende zu erwischen."

6. Zur Headline die Body-Copy

Hier sei statt Text-Beispiel erklärt: wer zur Schlagzeile „Headline" sagt, nennt den Lauftext „Body-Copy". Oder auch nur „Copy". Bei letzterem müssen Sie darauf achten, daß die Betonung auf der ersten der beiden Silben liegt. Sonst sprechen Sie etwas aus, was es in der Werbung nicht geben darf: Kopie. Weil jede Konzeption, jede Anzeige, jeder Text einmalig, eigenständig und unverwechselbar sein sollte. Machen Sie die Probe aufs Exempel, und decken Sie bei dieser und jener Anzeige unten rechts den Firmen- oder Markennamen ab, und fragen Sie mal diesen oder jenen, wofür die Anzeige werben könnte. Sehen Sie – schreiben Sie nie solche üblichen und verwechselbaren Anzeigentexte.

7. Der Umweg
(Nur mit roter Lampe!)

„Esser kommen zu kurz. Die internationale Wurst-Liga informiert: Immer wieder kam es in zahlreichen Familien nach Mahlzeiten zu Hause wie im Unterwegs-Bereich bei Müttern, Kindern und Vätern zu laut knurrenden Mägen, obwohl viele Würste verzehrt worden sind. Aber die waren deutlich zu kurz. Darum sind X-Würste jetzt 2 cm länger."

Wer den Informations-Umweg beschreitet, traut sich, seinem Produkt, seinem Markt, seiner Zielgruppe nicht. Er schlägt Haken und gerät in die Irre.

Anzeigen können Geschichten erzählen, in Dialogen geschrieben sein, auf die Historie zurückgreifen, die Zukunft schildern, die Welt in Frage stellen, zum Nachdenken oder zur Aktion veranlassen, Leid oder Freude zum Anlaß nehmen, eine lebendige Kurzreportage sein, ein Mini-Drama darstellen, nur eins dürfen sie nie: für die Zielgruppe langweilig sein. Und eins müssen sie: ein hautnahes Thema der Zielgruppe in den Mittelpunkt stellen.

Checkliste: Anzeigentext langweilig oder fesselnd?

1) Sagt der Text ohne Umschweife, warum das Produkt / das Unternehmen der Zielgruppe welche Vorteile bietet?

2) Hat der Text einen vermeidbaren längeren Anlauf, bis er zum eigentlichen Thema kommt?

3) Werden dem Text Nachrichten angequält, die keinen Bezug zur Produktbotschaft haben?

4) Ist der Text liebenswürdig für den Leser oder erzählt er nur von bezugslosen Großtaten des Inserenten?

5) Reicht der Textinhalt überhaupt für eine Anzeige aus, oder ist er eigentlich ohne Information für den Leser?

6) Versucht der Text, witzig zu sein, und schafft er das natürlich nicht?

7) Wirkt der Text anbiedernd, spricht er gewollt z. B. Jugendliche in deren Sprache an, und wirkt das – wie meist – skurril?

8) Sind die Sätze lesbar lang?

9) Sind unbekannte Wörter weitgehend vermieden?

10) Könnte man das gleiche kürzer sagen?

11) Müßte man den Textinhalt deutlicher und damit länger erklären?

12) Liegen die Aussagen mehr im Zielgruppen- oder Auftraggeber-Interesse?

Schlagzeilen und Texte – kommentierte Beispiele

Eine zwar *ellenlange Headline*, die aber gelesen wird, weil sie aussagekräftig ist und informiert. Schließlich ist die umweltfreundliche Bleifrei-Möglichkeit noch immer nicht in jedermanns Kopf, weil sich jahrzehntelange Gewohnheiten nur langsam ändern. Das Esso-Eigenlob wird sympathisch geschickt gebracht, die Aussage „praktisch jeder" ist so vorsichtig wie stimulierend. Der umgehängte Lorbeerkranz passend zur Aussage „stolz sind wir schon" veranlaßt eher beifälliges Schmunzeln als Gedanken: „Die geben aber an."

Ein bißchen stolz sind wir schon darauf, daß jetzt praktisch jeder Bleifrei fahren kann.

Esso Super Plus Bleifrei ist der beste Kraftstoff, den Sie je bei uns tanken konnten. Denn er erreicht die hohe Klopffestigkeit von 98 Oktan ohne die sonst notwendige Zugabe von Blei-Tetraäthyl.

Super Plus entspricht damit voll der seit August gültigen neuen DIN 51607 und hat darüber hinaus den ausdrücklichen Segen der Autohersteller.

Das schafft den Durchbruch zum Bleifrei-Tanken für praktisch alle Autos, vor allem für die meisten Super-verbleit-Fahrzeuge. So können jetzt noch mehr Autofahrer die vom TÜV erforschten Bleifrei-

Vorteile in Anspruch nehmen: Doppelte Lebensdauer von Kerzen und Auspuff, deutlich weniger Verschleiß an Zylindern und Ventilführungen.

Ganz abgesehen davon, was jeder Liter Esso Super Plus Bleifrei der Umwelt und Ihrem Geldbeutel erspart.

Wenn es jemals einen Grund gab, auf Bleifrei umzusteigen, dann jetzt.

**Esso Super Plus Bleifrei.
Unser bester Kraftstoff.**

Kurze Schlagzeile, die den Kern trifft und Pfiff hat, das gelingt nicht immer. Der *lange Text* ist ein gutes Beispiel für die These, daß ausführliche Beschreibungen selbstverständlich gelesen werden, sofern sie Information für eine klare Zielgruppe bedeuten. Könnten Sie die Anzeige überblättern, wenn Sie vor der Wahl einer neuen Waschmaschine stünden?

SIEMENS

Sparsamkeit hat Oberwasser.

Unsere Energie- und Wasservorräte werden immer weniger und damit immer kostbarer. Statt aus dem Vollen zu schöpfen, sollten wir mit den Reserven haushalten.

Der SIWAMAT PLUS ist auf diese Entwicklung voll eingestellt. Mit einem besonderen Waschsystem, das bemerkenswert viel Wasser, Strom und Zeit spart: Aqua-Tronic mit dem Oberwasser-System. Dabei liegt die Wäsche nicht mehr nur im Wasserbad. Jetzt bekommt sie zusätzlich Oberwasser. Auf diese Weise wird die Wasch- und Spülkraft noch erhöht.

Und wo wenig Wasser gebraucht wird, benötigt man auch wenig Waschmittel. Das macht ihn sparsamer und schonender für die Umwelt.

Mit dem neuen, besonderen Eco-Wähler können Sie alle Programme noch individueller und wirtschaftlicher nutzen. Ganz nach Wunsch oder Wäscheart. Wobei ein SIWAMAT PLUS so leicht zu bedienen ist, daß man fast nichts mehr verkehrt machen kann. Ein vorausgegangenes Programm z.B. läßt sich einfach wiederholen. Ein Druck auf den Mikrowahlschalter genügt.

Doch dieser Waschvollautomat bietet noch einen beruhigenden Vorteil. Wenn Sie das Haus verlassen, wäscht er alleine weiter. Ohne, daß Sie mit einem Wasserschaden rechnen müssen. Das Sicherheitssystem Aqua-Stop schützt Sie zuverlässig vor den Folgen geplatzter Schläuche oder undichter Stellen im Gerät. Siemens haftet dafür. Für die Lebensdauer des Gerätes.

Schauen Sie sich den SIWAMAT PLUS mal näher an. Sie finden ihn in allen guten Fachgeschäften und Fachabteilungen der Warenhäuser.

Aqua-Tronic mit dem Oberwasser-System.

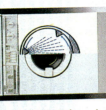

**SIWAMAT PLUS
Das Plus von Siemens.**

Spart 40% Strom, 50% Wasser und in den Kurzprogrammen 50% Zeit gegenüber mehr als 10 Jahre alten Waschmaschinen.

Lange Schlagzeile, bekannter Zungenbrecher, trifft die Herzen der Zielgruppe und stellt mit dem liebenswerten Bild eine freundliche Einheit dar. Der *Text erklärt deutlich*, was es mit Erdgas und Wärme auf sich hat. Eine Anzeigenserie, die sich durchsetzte.

Der Slogan ist die Schlagzeile – längst zum geflügelten Wort geworden. Oder war es schon vor der Werbekampagne eins? Wie auch immer – es mindert nichts an der Kraft der Aussage. Der *Tütentext* reizt – fremde Briefe liest man gern. Obwohl man selten Tütenpost verschickt.

PS: Hier stimmt der kreative Pfiff – nämlich die Aufschrift auf der Tüte, daß Absagen nicht in die Tüte kommt.

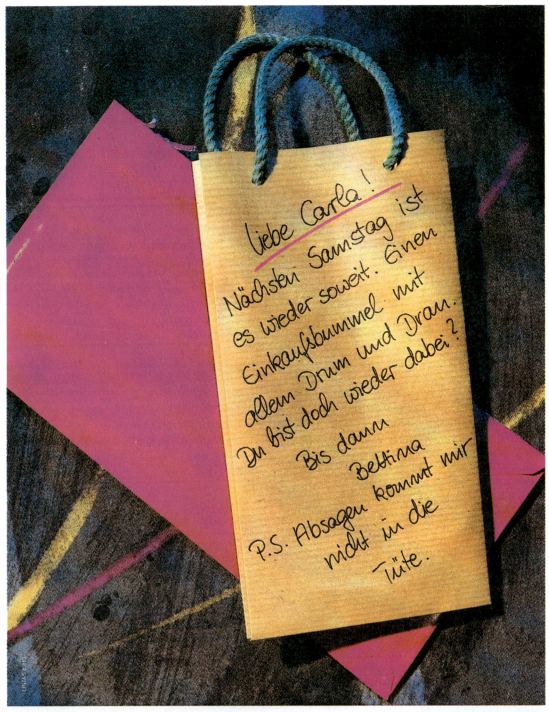

Die Schlagzeile ist der Text – und was für einer. In diesen zehn Wörtern steckt die faszinierende Atmosphäre, die Chivas Regal mit sich bringt. Ganz zu schweigen von der Leistung, die lange Whisky-Lagerzeit als tragende Aussage mit untergebracht zu haben. Sie werden lange suchen müssen, bis Sie eine solche *perfekte Kurzstory* in der Werbung wiederfinden.

Man plaudert und plaudert, und plötzlich sind 12 Jahre vorbei.

Daß es durchs Dach tropft – verstanden. Daß hier die LBS was bietet – auch o.k. Können Sie die *Schlagzeile* problemlos lesen, nachdem Sie sie erst einmal geortet haben? Wirkt sie wie ein trennender Doppelbalken zwischen Illustration und Text? Wäre nicht hier schon ein Verzicht auf die Versalien-Mode ein besserer Problem-Lösungs-Ansatz?

KEIN PROBLEM: MIT DER KRANKEN-VERSICHERUNG FÜR IHR HAUS.

Als LBS-Bausparer haben Sie immer gut vorgesorgt. Für alle Fälle, die Ihrem Haus das Leben schwer machen. Denn auch Ihr Haus hat hin und wieder mal ein Problem: Instandhaltung, Renovierung oder Reparaturen.

Kein Problem, wenn Sie LBS-Bausparer sind – die Krankenversicherung für Ihr Haus übernimmt die Kosten. **Kommen Sie zur LBS oder ☰ Sparkasse.**

Fotos verkaufen

Ein Bild sagt mehr als tausend Worte – mag sein. Es kommt aufs Bild an. Und auf die Worte natürlich. Es gibt Bilder, die um die Welt gehen. Das sind dann weniger Werbe- als vielmehr Pressefotos. Warum eigentlich? Werbefotos wollen in erster Linie verkaufen – Pressefotos informieren. Obwohl sie eigentlich auch dazu dienen, das Produkt Zeitung oder Zeitschrift zu verkaufen. Wir sind wieder beim Thema: Werbefotografen können oft von der ersten Garde der Pressefotografen eine Menge lernen. Weil es ja nicht mehr in erster Linie darum gehen kann, die Suppentüten oder das Maschinenteil dramatisch naturgetreu abzulichten. Sondern, weil das Produkterlebnis zu vermitteln ist. So weit, so gut. Aber was sehen Sie meist?

Beim Vergleich der Möglichkeiten im Bildausdruck ist das Foto sicherlich optisch am stärksten. Es vermittelt Realität und Wahrhaftigkeit. Es dokumentiert, überzeugt schneller. Was wie im richtigen Leben wirkt, bleibt greifbar, ist schnell zu erfassen. Fotos stellen dar, was ist. Auch wenn Lichtverhältnisse, Blickwinkel, Farben und Perspektiven veränderlich sind und genutzt werden können, um Absichten deutlich werden zu lassen.

Das packende Pressefoto geht deshalb unter die Haut, weil es bekannte und menschlich bewegende Themen nutzt und dem Betrachter deutlich vor Augen führt. Das übliche Werbefoto wirkt weitaus weniger, weil es ein Produkt und eine Szenerie verbindet, die die Welten der Absender (Hersteller und Werber) vermitteln will, mit der Welt des Verbrauchers aber leider oft weniger zu tun hat. Obwohl es einzig und allein darauf ankäme.

Was tun? Die Antwort bleibt stets die gleiche, und man darf sie einfach nie aus den Augen verlieren: aus Werbekonzeption mit klarer Zielgruppe und Botschaft ergibt sich ohne Umwege und kreativen Übermut zwangsläufig das richtige Werbefoto. In welchem Winkel die Katze zur Tierfutter-Packung den Schwanz zu heben hat – darüber sollen sich dann die Möchtegern-Experten streiten.

Es ist egal. Ob sie überhaupt mit drauf soll, wen ihre Abbildung und warum anspricht – das ist unser Thema. Zweitrangig wieder, ob die Katze von vorn, oben oder schräg abgelichtet ist. Wenn das Produkt stimmt, die Botschaft und das Medium, stimmt auch die Katze.

Leider läuft die Praxis oft anders. Weniger das grundsätzliche konzeptionelle Denken, sondern die geschmäcklerische Diskussion – fälschlicherweise oft auch Konzeptionsabstimmung genannt – steht im Vordergrund. Vermeiden Sie weitgehend dieses Zeitverschwenden um Nebensächlichkeiten.

Wenn der bei einer Anzeigenkampagne fürs kreative Denken Zuständige das Foto ‚Katze mit Futterpackung' vorschlägt, hat er die Sicherheit zu diesem Vorschlag aus dem Denken und den Wünschen der Zielgruppe Katzenfreunde, aus dem Produktversprechen „Tiernahrung ist Tiergesundheit" sowie dem redaktionellen Umfeld im Medium genommen. Mißtrauen Sie grundsätzlich allen Fotovorschlägen, die mit Überraschungs- und Aha-Effekten arbeiten. Das kann gut gehen, geht meist jedoch ins Auge. Weil sich zwar Klein Fritzchen so das Nonplusultra der Werbung vorstellt, das aber mit den realistischen Wirkmechanismen wenig zu tun hat.

Natürlich liegen Welten zwischen dem Amateurfoto vom hauseigenen Kater und der Serie alternativer Licht-, Schatten- und Farbenspiele im Angebot des Profis. Daher zuckt jeder Laie erst zurück, wenn er das Preisgefälle zwischen seinem 80-Pfennig-Fotoabzug und dem 2000-Mark-Tagessatz plus Modell, Requisiten, Spesen, Fahrtkosten und Material des Werbefotografen erfährt. Aber das Ergebnis sollte den Aufwand rechtfertigen. Auch wenn manchen Werbefotografen die Begeisterung fürs Produktumfeld so weitgehend beeinflußt, daß er vergißt, das mit abzulichtende Produkt selbst dazu aufs Bild zu bannen. Man hat von solchen Fällen gehört. (Dann gibt's natürlich nur eins: die kostenlose Wiederholung.)

Auch Fotokonzeptionen wandeln sich mit der Werbemode. Solange sie nicht den Grundregeln der Kommunikation widersprechen, kann man sie begrüßen. Beispiel für Grenzfälle ist das Hartkopieren normaler Fotos: die Zwischentöne verschwinden, bis nur Konturen sichtbar sind. Die Varianten-Mischung von Foto und Grafik tritt aus dem facettenreichen Standard-Programm immer mal wieder als Mode zutage. Und solange sie nicht der zielgruppen- und produktgerechten, vorher festgelegten Gestaltungskonzeption schadet, sei sie durchaus gestattet. Sie kann reizvoll und erfolgreich sein im Rahmen von Kampagnen für technische Güter, wird jedoch weniger wirken bei Kosmetika oder Damenoberbekleidung. Sie sehen den Weg: nur der Produkterfolg, nicht der zufällige Gestaltungsgeschmack kann Maßstab sein.

Modell-Agenturen und Künstlerdienste vermitteln Damen und Herren oder auch deren einzelne Körperpartien (Hände z.B.) für Werbefotos. Eine Anzahl gutsortierter Bildagenturen hat Tausende von Fotos vorrätig, deren Veröffentlichungsrechte Sie erwerben können und die Ihnen die wesentlich höheren Kosten der eigenen Aufnahmen sparen helfen.

Der BFF, Bund Freischaffender Foto-Designer e.V. mit Sitz in Stuttgart, brachte auch 1989 im 20. Jahr seines Bestehens wieder ein Jahrbuch mit diesmal fast 600 Seiten heraus. Es stellt als wichtigstes Anliegen die Mitglieder dieses Verbandes vor – fast immer mit Porträtfoto und Arbeitsproben, nennt ihre speziellen Fachgebiete: Action/szenische Fotos, Akt, Architektur/Interieur, Autos, AV/TV/Video/Film, Beauty, Editorial/Bildjournalismus, Experimentelle Fotografie/Künstlerische Entwicklungen, Fotografik, Industrie, Kinder, Landschaft, Lehre/Forschung, Infobild, Mode, People/Porträts, Sport, Stillife, Theater/Tanz, Tiere, Werbung, Wissenschaftliche Fotografie.

Als eigener Berufsstand wird in dem Werk der Foto-Designer beschrieben. Gemeint ist der Meisterfotograf – im Unterschied zum Fotografenmeister des Handwerksverbandes; kurzum der technisch perfekte, fotografische Künstler, der mit eigenen Ideen und eigenem Stil – von Industrieunternehmen oder Werbeagenturen beauftragt – Aufnahmen schafft, die eine überzeugende Wirkung auch der werblichen Aussagen über das erwartete Maß hinaus erzielen.

Fotos also sind wesentliches Element vieler Anzeigen, tragen die Gestaltung, entscheiden mit über den Erfolg. Bilder werden nicht nachträglich nach Meinung und Laune integriert, sondern müssen die Idee der gesamten Konzeption beinhalten und auf die Zielgruppe übertragen. Wer heute in seiner Werbung auf Fotos verzichtet, muß schon gewichtige Gründe dafür haben. Entscheidungsschwäche darf nicht der Grund für simples Fortlassen wegen Meinungsverschiedenheiten oder Schwierigkeiten allgemein akzeptierter Darstellungsformen sein. Heute sind die Spielarten der Fotografie und ihre Anwendungen in der Werbung weder durch technische Probleme noch durch zeitgenössische Sehweisen begrenzt. Nun gut, man kann Ideen mit weiteren Gestaltungsmöglichkeiten symbolisieren. Davon gleich mehr.

Checkliste: Fotos richtig eingesetzt?

1) Geht es bei der Diskussion um das Foto mehr um den Inhalt als um die Gestaltungsdetails?

2) Werden für Foto-, Modell- und Requisiten-Honorare die Maßstäbe einer zufälligen Sonntags-Nachmittags-Familienausflugs-Aufnahme angelegt?

3) Arbeiten Sie mit Fotografen zusammen, die kommunikative Leistung bieten – und nicht, weil sie billig sind?

4) Wird der Fotograf so rechtzeitig in die Anzeigenkonzeption mit einbezogen, daß Sie seine Berufserfahrung für die Gestaltungsdiskussion nutzen können?

5) Wird der Fotograf über die Ihnen vorliegenden Zielgruppendetails informiert, damit er das Produktumfeld mediengerecht mitgestalten kann?

6) Ist das Foto lediglich eine wenig zum Kauf stimulierende, naturgetreue Ablichtung des produzierten Gegenstandes?

7) Beinhaltet das Foto deutlich Werbebotschaft und Zielgruppenwünsche?

8) Lassen Sie sich beraten bei der oft entscheidenden Auswahl des richtigen Bildausschnittes?

9) Nähert sich das Anzeigenfoto in der Überzeugungskraft einem dokumentarischen Pressefoto?

10) Vermittelt das geplante Anzeigenfoto ein Produkterlebnis?

Fotos in Anzeigen – kommentierte Beispiele

Eindrucksvolles, *großformatiges Foto* des Dirigentenkopfes mit Händen und Taktstock quer über die Doppelseite in Szene gesetzt. Produktname und Slogan „Living for Music" sind unübersehbar: welcher Musikliebhaber könnte widerstehen und sich dem erklärenden Anzeigentext mit den Abbildungen der Boxen voller perfekter Abspieltechnik entziehen? Und warum auch?

Hier haben Sie zwei *beispielhaft fotografierte* Katzen. Aber nicht etwa zum üblichen Thema Katzenfutter, sondern als eindrucksvolle Visualisierungen der Produktidee „Sony mit einzigartiger Lichtempfindlichkeit." Die elegant-kühle Technik der Kamera im Vordergrund, dazu zwei Musterexemplare natürlicher Anmut in Schwarz und Weiß, der Negativ-Text sich gerade noch in lesbaren Grenzen haltend, die großzügige Gestaltung einer Doppelseite – als Vorbild empfohlen.

Fotos dominieren in der Werbung des Unternehmens, das eigenständige und unkonventionelle Wege geht. Die abgebildete Anzeigenstrecke „Men – Kids – Collection" erschien in der gleichen Zeitschriftenausgabe auf drei hintereinanderfolgenden rechten Seiten – unter völligem Verzicht auf weitere Textaussagen. Es heißt, Esprit bringe keine professionellen Fotomodelle, sondern stets eigene Kundinnen oder Mitarbeiter. Die Wirkung: *sympathisch, lebendig, lebensecht.*

Dynamik war zu zeigen und die *Fotomontage* der Weg hierfür. Eine Szene, wie aus Action-Filmen bekannt, beherrscht die Anzeige: das kleine Auto auf dem großen Sprung über den tiefen Abgrund. Klar, daß er gelingt – dafür bürgt der neue Superstoff. Das Bild so sympathisch übertrieben, daß der Leser es gedanklich glaubhaft in Markeninformation umsetzen kann.

Irgend etwas muß
wohl dran sein,
an unserem Superstoff.

Haben auch Sie inzwischen schon festgestellt, daß sich Supershell plus mit M 2000 deutlich von unseren anderen Kraftstoffen abhebt?

Denn Supershell plus bringt volle Leistung. Weil es 98 Oktan hat. Genau wie unser verbleites Super. Und unser Superstoff ist natürlich umweltfreundlicher. Weil er bleifrei ist.

So können Sie quasi im fliegenden Wechsel zu Bleifrei übergehen. Ohne die Zündung umstellen zu müssen.

Damit kann endlich jeder Bleifrei tanken. Das garantieren wir Ihnen. Schriftlich.* (Nur wenige müssen hin und wieder Verbleit tanken.)

Supershell plus entspricht der neuen DIN 51 607.

*Bleifrei-Garantie an allen Shell Stationen. Oder Telefon 0130/7780 zum Ortstarif.

Dieses Motiv entstammt der *klassisch gewordenen* Diebels-Serie. Nicht das Glas Alt steht groß im Vordergrund, sondern die harmonische Gemütlichkeit, zu der es beiträgt. Die typische Diebels-Farbe bestimmt die gesamte Anzeigenserie.

Illustrationen in Anzeigen

Die große Zeit der illustrativen Darstellungen in Anzeigen ist vorbei. Sie lag naturgemäß in den Jahrzehnten vor der Foto-Domäne. Blättern Sie die aktuellen Zeitungen, Zeitschriften und Kataloge durch – auf Illustrationen werden Sie seltener treffen. Ihre Zahl nimmt allerdings zu, je kleiner die Anzeigenformate werden. Muß auf beschränktem Raum etwas Charakteristisches vermittelt werden, kann das eine aufs Wesentliche reduzierte Illustration offensichtlich besser als ein Foto, das Fläche braucht.

In dieser Chance, durch die treffende Illustration die Seele des Produktes, die Kommunikationsbotschaft, deutlich übermitteln zu können, liegt zugleich auch eine brauchbare Gestaltungsalternative. Wahrscheinlich wird sie heute zu wenig genutzt. Fotos sind eben Gestaltungsmode.

Viele hervorragende Illustratoren gibt es, und jeder hat seinen eigenen bekannten oder noch unbekannten, meist unverwechselbaren Stil. Unterschiedlich dicke Handbücher zeigen die grafische Handschrift der einschlägigen Künstler des In- und Auslandes. Man kann den oder diejenige aussuchen, deren Arbeitsproben den Stil widerspiegeln, den man braucht. Oft sind die Künstler über ihre Agenten zu erreichen. Die Auftragsabwicklung ist meist unkompliziert und angenehm. Dauer und Erfolg hängen im Grunde nur von der klaren Aufgabenstellung ab. In wenigen Tagen können schnelle und brauchbare, in wenigen Wochen hervorragende Werke entstehen. Die Preise sind mit denen qualifizierter Werbefotos vergleichbar. Das Geld spielt also keine Rolle in der Abwägung Foto oder Illustration. Oft ist ohnehin nur eine naturalistische Zeichnung möglich – z. B. bei Produkt oder Packung, die vorerst nur auf dem Papier existieren.

Kombinationen beider Darstellungstechniken können hochinteressante Effekte erzielen. Gebräuchlichste Variante dabei ist wohl die Einblendung des Produktfotos in die Anmutungs-Illustration des Produktversprechens: der fotografierte Ski in der hauchzart aquarellierten Winterlandschaft.

Von Zeit zu Zeit erscheint die Anzeigenwelt mit einer weiteren Möglichkeit der Nutzung von Illustrationstechniken: Werke berühmter Künstler, meist Im- und Expressionisten, dominieren auf den Seiten. In ihrem Glanz möchten werbende Unternehmen und ihre Angebote sich sonnen: wer Bildern dieser beliebten, anerkannten Maler huldigt, ist Kenner und fertigt bestimmt einwandfreie Erzeugnisse. Wenn Firmen- und Produktbotschaft mit der künstlerischen Aussage identisch sind – in Ordnung. Wenn nur über sogenannte pfiffige Schlagzeilen der Bezug hergestellt wird – Papierkorb. Viele Leser werden auch Kunstkenner sein und es zumindest in ihrem Inneren spüren, daß hier wieder die große Werbequäle stattfindet – fernab von der Realität funktionierender Kommunikationstechniken.

Checkliste: Wann wirken Illustrationen?

1) Haben Sie Handbücher, die Ihnen die verschiedenen Illustrations-Stile zeigen, die Künstler und ihre Agenten nennen?

2) Sie wissen, daß erstklassige Werbefotos und hervorragende Illustrationen im Grunde preisgleich sein können, Sie jeweils mit einigen tausend Mark zu rechnen haben und dabei einen realistischen Gegenwert erhalten?

3) Will die Anzeigenkonzeption der Leserphantasie Spielraum lassen und führt zur Illustration?

4) Legt Raumbeschränkung eine stilisierte illustrative Darstellung nahe?

5) Könnte Foto-Realität in der Darstellung überzogen wirken, und ist die Illustration der bessere Gestaltungsweg?

6) Soll die Anzeigenserie sich gestalterisch abheben, und nutzen dazu Illustrationen statt der üblicherweise eingesetzten Fotos?

7) Bringt die Kombination von Foto und Illustration einen erfrischenden Gestaltungseffekt?

8) Sind die Produkte, für die Sie werben wollen, noch nicht verfügbar, und ermöglicht daher der Gestaltungsweg über die Illustration die rechtzeitige Information der Interessenten?

9) Könnte die zeitweilige Modeerscheinung der Verwendung bekannter Gemälde – meist leicht verfremdet – Ihren Anzeigen wirklich Überzeugungskraft verleihen?

10) Sind Illustrationen in Ihren Anzeigen nicht nur beliebiges Stilelement, sondern logischer Teil des Kommunikationskonzepts?

Illustrationen – kommentierte Beispiele

Motiv aus der klassischen, doppelseitigen Farbanzeigen-Serie, an der eben keiner vorbeikommt. Die Anzeigen lassen mit Schlagzeilen, die zugleich der Text sind, und mit *Illustrationen*, die Produktabbildungen überflüssig machen, die anheimelnde Welt des traditionellen, frischen Bieres hoher Braukunst entstehen. Mehr geht nicht.

Ausgezeichnetes Beispiel für gelungene *Illustrationstechnik* in Kombination mit außergewöhnlicher Schlagzeile und informativ ansprechendem Text. Eine eigenständige Werbekonzeption für ein Produkt innerhalb eines Marketingbereiches, der sich werblich üblicherweise mit glücklich frühstückenden Familien/begeisterten Ehemännern/Müttern, lobenden Kindern bescheidet.

Schmeckt verboten nach Paradies.

ParaFruja! Die exclusive Entdeckung vom Amazonas.

Der exotische Fruchtaufstrich für Genießer. Die herbfruchtige Geschmackssymphonie mit der erfrischend aromatischen Note. Schmeckt einfach verboten nach Paradies. Die Sensation aus dem südamerikanischen Urwald ist eine raffinierte Komposition mit der exotischen Rosella. Und reich an Ballast- und Mineralstoffen.

Die paradiesischen Drei.

Und genauso sensationell neu wie ParaFruja sind die beiden exotischen Fruchtgenüsse <u>Anden-Himbeeren</u> und <u>Orient-Orangen</u>. Dreimal Weltpremiere des guten Geschmacks. Drei Genüsse, die uns so leicht keiner nachmacht.

Aus vielen Büchern der eigenen Kindheit in guter Erinnerung – *Illustrationen zum Thema Winter*. Ein treffendes Beispiel für die Verwendung dieser grafischen Technik in der Markenwerbung: die Familie, die Winterfreuden erlebt. Sogar mit Verwendung des Produktes, um das es geht: hier beißt der Winterfrost nicht in die Lippen. Die grafische Grundausstattung der ganzen Anzeige entspricht dem Farbton der Markenausstattung.

Als Umrahmungen von Anzeigen für Produkte zur gesunden Ernährung bieten sich *Illustrationen* an, wie man sie aus einschlägigen Lehrbüchern kennt. Das weckt bei der Zielgruppe eindeutige positive Assoziationen, vollzieht Vertrauen zu dokumentiertem Wissen nach, untermauert die textlichen Informationen. Die Anzeige zeigt grafisch geschlossen das Produkterlebnis der fertigen Mahlzeit, ausgehend vom Produktversprechen der Packung.

Man mag sagen, die Anzeige sei grafisch zu gleichförmig, ihr fehle die eindeutige Schlagzeile (sie hat gleich zwei) und das blickfangende Bildmotiv (sie zeigt drei davon). Aber auf die Idee kommt es an und die ist auf Dialog angelegt. Die beispielgebenden Skizzen der Frühstückstisch-Szene, die in Aussicht gestellten, persönlichen Urkunden für alle Einsender, Veröffentlichung und Ausstellung der schönsten Motive bringen Action statt Werbemonolog.

Die Kunst des Frühstücks.

Senden Sie uns Ihr schönstes Frühstücksmotiv mit Meggle FrühstücksButter!

Die Kunst des Frühstücks, der Genuß am Morgen mit Meggle FrühstücksButter – senden Sie uns dazu eine Skizze, ein Bild oder ein Foto. Ein bildhaftes Beispiel für die Kunst des Frühstückens.

Die schönsten Motive werden ausgestellt und veröffentlicht.

Die 200 interessantesten und attraktivsten Motive werden in Hamburg und München ausgestellt. Davon werden 50 in großen Publikumszeitschriften veröffentlicht. Alle Einsender erhalten eine persönlich gewidmete Urkunde. Einsendeschluß ist der 7. Januar 1990. Mit der Einsendung gehen die Nutzungsrechte an die Firma Meggle über.
Meggle, Megglestr. 12, 8090 Wasserburg 2.

MEGGLE
Ideen mit Butter.

Computergrafik als Blickfang

Mit dem Siegeszug des Computers werden auch die ihm innewohnenden faszinierenden grafischen Möglichkeiten Modell nach Modell verfeinert. Immer schneller, immer variantenreicher, immer farbgetreuer. Fast sind Computergrafiken Fotos, fast sind sie Handillustrationen. Zweimal fast – das macht den Unterschied. Mit Computergrafiken können Sie die kühnsten, fantasievollsten Bilder zaubern, aber die Seele, die in packenden Fotos oder Illustrationen steckt, berühren Sie nicht.

Computergrafiken sind heute nicht mehr wegzudenken aus einer Vielzahl positiver Anwendungen: informative statistische Darstellungen, Zukunftssimulationen in technischen Prospekten, in verständliche Teile zerlegte technische Details – um einige Beispiele zu nennen. Die Verwendungsgebiete: überall dort, wo man genaue, eindrucksvolle Abbildungen braucht. Ob Overhead-Präsentation, Sales Folder oder Prospekt – das breite Spektrum der Werbemittel bis hin zum Fernsehspot lebt heute mit der Computergrafik. Als dokumentarische Bildgrafik in die Anzeigengestaltung integriert, kann sie natürlich Leser überzeugen. Als Hauptblickfang wirkt sie kühl und widerspricht meist der Regel, daß Anzeigen auch emotional ansprechen sollten. Werbekampagnen für Automobile versuchen hin und wieder, mit der Computergrafik als beherrschendem Element technisch empfindende Leser zu fesseln. Ob es so weit gelingt, wie es beabsichtigt, eigentlich erforderlich und mit anderen Mitteln möglich wäre, sei bezweifelt und dahingestellt.

Schauder rieseln manchen Rücken herunter, wenn das oft verwendete Bild „Computerhand drückt Menschenhand" zu sehen ist. Es zeigt wohl am deutlichsten den Unterschied zwischen Foto und elektronischer Grafik, indem es beide Techniken zu einer Darstellung verbindet, somit gleichzeitig Stärken und Schwächen klar offenbart. Hand aufs Herz: Möchten Sie eine solche Computerhand drücken? Und Ihre Zielgruppe soll es tun?

Sinnvoll eingesetzt, bedeutet Computergrafik aber zeitgemäßen, optischen Eindruck, aktuelles Kommunikations-Design. Diese Technik macht Unterschiede deutlich, verknüpft aber auch Zusammenhänge sichtbar miteinander. Computergrafik kann Farben so einsetzen, daß sie sachliche Stimmung hervorrufen und zu verständlichem, lernfähigem Sehen motivieren.

Millionen von Farbnuancen stehen theoretisch und praktisch zur Verfügung. Die rechnergestützte und digital gespeicherte Gestaltung entsteht am Bildschirm. Sie ist im Laufe der Entstehung jederzeit zu ändern. Während des Bildaufbaus sind die Verbesserungsmöglichkeiten zu erkennen und einzubeziehen. Wie bekannt, ist die Computergrafik anderen Techniken in der Aktualität überlegen: ganz zum Schluß können noch vorher unbekannte Datenanpassungen vorgenommen werden – ohne Zeitverzug. Belichtungen erfolgen z. B. auf Großdias 18 × 24 cm, mit 8000 × 8000-Zeilen Auflösung. Diese Vorlagen garantieren die Chance erster Druckqualität.

Vertiefend anzumerken wäre, daß Computer-Hersteller selbst in ihren Image-Anzeigen selten bis nie Computer-Grafiken verwenden.

Checkliste: Computergrafik als Gestaltungselement?

1) Packt die Computergrafik wirklich die Seele Ihrer kommunikativen Botschaft?

2) Kann die technisch wirkende Computergrafik Ihr Anliegen vermitteln?

3) Wäre eine kleine Computergrafik als zurücktretendes Anzeigendetail nicht die bessere Lösung?

4) Kennen Sie die vielfältigen grafischen Möglichkeiten, die Computer heute bieten?

5) Was läßt sich von Ihren Erfahrungen mit Computergrafiken, die Sie für Overhead-Folien, technische Prospekte, Salesfolder oder filmische Einblendungen nutzen, auf Ihre Anzeigen übertragen?

6) Prüfen Sie bei Kombinationen von Computerbild und Realfoto die Empfindungswelt des Anzeigenbetrachters?

7) Sitzen Sie mit vor dem Bildschirm des Grafikcomputers, um sich innerhalb kürzester Zeit einen Eindruck zu verschaffen von den vielen Alternativen Ihres Motivs hinsichtlich Größe, Ausschnitt, Dimensionswahl und Farbenvielfalt – um Beispiele zu nennen?

8) Betrachten Sie die Computergrafik in Ihrer Anzeige als rein dokumentarisch?

9) Beziehen Sie die Möglichkeit, unter Zeitdruck arbeiten zu können und im letzten Moment aktuelle Änderungen einzufügen, in Ihre Entscheidungsfindung mit ein?

10) Können Sie die konzipierte Computergrafik in die Gestaltung Ihrer anderen Werbemittel mit einbinden?

Die Typografie

Jede Anzeige mit Text – und es gibt erfreulicherweise kaum andere – weist die Typografie als Gestaltungselement auf. Die „Grafik der Buchstaben" bedeutet das Wort im Versuch der freien Übersetzung. Seit der Erfindung des Buchdrucks durch Johannes Gutenberg wird die Kunst ausgeübt. Die Abbildung eines Seitenteils seiner berühmten 42-zeiligen Bibel – entstanden 1452/55 – mag einen Eindruck davon vermitteln, was Typografie bedeuten kann. Der direkte Vergleich mit im 20. Jahrhundert praktizierter aktueller Anzeigen-Typografie kann zeigen, welche Verbesserungsmöglichkeiten sich beim Rückgriff auf die Gestaltung in der Vergangenheit eröffnen:

Bringen Sie Ruhe in Anzeigen – nicht zu verwechseln mit Langeweile. Nur wenige Menschen sind von Natur aus Hektiker – die anderen bevorzugen feste Haltepunkte. Geben Sie ihnen einen – mit Ihrer Anzeige.

Heute, in einer Zeit, wo die Bilder dominieren und die Texte in den Anzeigen scheinbar auf Platz zwei verwiesen haben, nimmt so mancher Gestalter die Typografie auch nicht mehr so wichtig. Das rächt sich sofort. Wenn Bild, Text, Firmenzeichen und andere Elemente nicht ein harmonisches Ganzes bilden, leiden Eindruck und damit Werbeerfolg gewaltig. Die Zeitungen und Zeitschriften sind voll von diesen typografischen Sünden. Gute Gestalter müssen schon während ihrer Ausbildung Schriften nachzeichnen, am besten selbst neue entwickeln, um den Charakter und die Kraft zu spüren, die in Buchstaben stecken können. Natürlich sind Schriften der Mode ihrer Zeit unterworfen. Mal ist klare Nüchternheit gefragt, mal taucht verspielter Jugendstil neu auf, mal zeigt sich schwer entzifferbare Pop-Art als „in".

Eine klare traditionelle typografische Erfolgsregel wird allzu häufig mißachtet: Versalien (die Wörter nur in Großbuchstaben gesetzt) höchstens dann, wenn eine Schlagzeile aus wenigen kurzen Wörtern besteht. Heute feiern viele Anzeigen wahre Versalien-Orgien: die Lesbarkeit wird der vermeintlich besseren Gestaltung völlig untergeordnet. Die aktuelle Typografie steht somit weitgehend der Verständlichkeit und damit dem Anzeigenerfolg im Weg.

In der Regel neutralisieren sich die Versalien-Headline-Anzeigen gegenseitig. Die Nase weit vorn haben die Anzeigen, bei deren Gestaltung der Großbuchstaben-Mode kaum gehuldigt wird. Menschen sind es gewohnt, beim Lesen unterschiedliche Groß- wie Kleinbuchstaben blitzschnell zu Wörtern und Sätzen zusammenzufügen. Wer diese Gewohnheit gedankenlos durch Versalien-Serien unterbrechen will, zwingt den Leser zu ungewohntem Tun, baut ihm eine Barriere auf, mißachtet den geübten Weg des Aufnehmens gedruckter Schriftinformationen. Nicht ungestraft, wie wir wissen.

Vorsicht bei Negativ-Schriften

Es gilt die einfache Regel: richtig ist, was den Lesegewohnheiten entspricht. Seien Sie mißtrauisch bei allen mehr oder weniger eleganten oder aufdringlichen schrifttechnischen Varianten, die Ihnen Gestalter begeistert aufdrängen wollen. Das gilt auch für Negativ-Texte – also weiße Schrift auf schwarzem Grund. Diese beliebte Unsitte mag den Unkundigen zunächst bestechen. Sie ist aber nichts als ein seit längerem gepflegter grafischer Versuch, um jeden Preis aufzufallen. Der Preis ist Leseunlust der Zielgruppe. Über Kleinigkeiten – z. B. die ebenfalls beliebte Balken-Headline (dicker schwarzer oder farbiger Balken, Schrift negativ drin) oder kleine Negativ-Blöckchen mögen Sie noch hinwegsehen – Kompromisse in Nebensachen machen oft den Weg frei für das Wesentliche: schlägt man Ihnen vor, in Anzeigen viel Text negativ in schwarzen oder farbigen Fond zu setzen, sollten Sie zumindest erstens um die grundsätzliche Problematik wissen, zweitens die Kenntnis zur Hand haben, daß es sich um uralte grafische Hüte handelt, die selten passen.

Schriften bilden Familien

Die unterschiedlichen Schriftarten haben verschiedene Charaktere, drücken voneinander abweichende Inhalte aus. Es gibt zwei große Schriftfamilien, die heute im Einsatz sind. Zum ersten die Grotesk-Schriften: klare Formen, unverschnörkelt, ohne jede Verzierung. Man wird sie bevorzugen z. B. bei technisch-sachlichen Anzeigen, bei Werbekonzeptionen, die auf Ratio setzen. Die zweite große, gebräuchliche Schriftenfamilie: die Antiqua. Die Buchstabenenden sind mit kleinen Ausläufern, mit Serifen versehen. Die strenge Sachlichkeit der Groteskschrift ist hier gebrochen. Man sagt den Antiqua-Schriften die bessere Lesbarkeit nach. Jede gebräuchliche Schriftart ist in unterschiedlichen Dicken bzw. Stärken vorhanden sowie in Kursiv-Charakteren, also wie bei Handschriften schrägliegend. Der moderne Fotosatz erlaubt nahezu alle beliebigen Vergrößerungen, Verkleinerungen und Modifizierungen ohne Umwege.

Längere Anzeigentexte vertragen Zwischenüberschriften. Sie erhöhen die Lesbarkeit, heben das Wesentliche hervor, unterteilen die Gedankengänge in verständlichere Abschnitte. Auch die Breite der Satzspalten spielt eine nicht zu unterschätzende Rolle in der Anzeigentypografie. Sie darf sich ebenfalls nie dem Zufallsgeschmack des Gestalters unterordnen, sondern muß stets die Lesegewohnheit des Betrachters berücksichtigen. Zeilen, die z. B. über die volle Breite einer großen Anzeige gezogen werden, sind sicher zu vermeiden. Besser ist, die Texte werden in zwei oder drei schmaleren, überschaubaren Spalten abgesetzt.

So breit auch das Spektrum der verschiedenen Schriften ist: typografisches Können erweist sich durch Konzentration auf eine Schriftenfamilie, auf eine Schriftart, auf möglichst wenige Schriftgrößen. Vielfalt verwirrt nur. Lauftexte stets in einheitlicher Größe, die Zwischenüberschriften nur durch halbfette Stärke hervorgehoben, die

Schlagzeile deutlich dominierend – dies ist die klare typografische Erfolgsregel.

Den guten Gestalter erkennt man unter anderem daran, daß er für die Schlagzeile die gleiche Schriftart wählt, wie sie auch sonst in der Anzeige vertreten ist. Er entscheidet sich für eine Größe und Stärke, die dem Blickfang-Charakter einer Headline angemessen ist: sofort deutlich erkennbar und lesbar. So groß wie nötig also, um den Leser unmißverständlich ohne Suchen zu informieren. Aber nicht so erdrückend, daß der Rest der Anzeige optisch vernichtet erscheint. Auch hierfür gibt es genügend Beispiele.

Die Qualifikation des Gestalters ergibt sich keinesfalls aus dem kühnen Vorschlag, für die Schlagzeile eine ausgefallene Schrift zu wählen oder gar von ihm eine eigene entwickeln zu lassen. Auffallen – gegebenenfalls um einen hohen Preis – steht lediglich der Absicht entgegen, die Lesegewohnheiten der Zielgruppe zu nutzen. Und eine gute neue Schrift zu entwickeln bedeutet stets ein Meisterwerk der Gestaltungskunst, ist für eine Anzeigenserie aber viel zu langwierig und zu teuer.

Natürlich gibt es auch Anzeigen, die nur oder überwiegend aus Schrift, aus typografischer Gestaltung bestehen. Oft wollen sie den Charakter einer redaktionellen Seite vermitteln. Dann muß am Kopf der Seite der Hinweis „Anzeige" stehen. Meist sind sie im Stil von Boulevard-Zeitungen aufgemacht, im Stil journalistischer Kurz-Information, die von der Abwechslung lebt. Wenn ihre Inhalte den Interessen ihrer Zielgruppe entsprechen, sind sie stimmig. Obwohl hier die Grenzen zwischen Werbung und Journalismus fließend werden.

Checkliste: Erfolgsregeln der Typografie beachtet?

1) Bringen die einzelnen Elemente der Typografie ruhige Spannung oder optische Hektik in Ihre Anzeige?

2) Hat Ihr Gestalter auf die Details der Typografie die gleiche Sorgfalt verwendet wie auf die anderen Elemente der Anzeige?

3) Sind normal lesbare Schriften verwendet worden oder schwer entzifferbare Varianten?

4) Bestehen Schlagzeilen oder sogar Texte aus grafisch eleganten, aber schlecht erfaßbaren Versalien-Zeilen?

5) Ist aus der Anzeige der Trend zu erkennen, zwar gestalterisch wirkungsvolle, der Leselust Ihrer Zielgruppe aber eine dicke Sperre vorschiebende Negativ-Schriften in schwarzem oder dunkelfarbigem Fond zu verwenden?

6) Ist Ihr Gestalter bei einer einzigen Schriftenfamilie geblieben und nutzt deren Varianten in mager und fett, gerade und kursiv, groß und klein, oder mixt er unfachlich die verschiedensten Schriftcharaktere?

7) Beschränkt sich Ihr Gestalter auf wenige Schriftgrößen der gleichen Schriftenfamilie, oder verwendet er zu viele davon?

8) Haben längere Anzeigentexte Zwischenüberschriften, damit sie ohne Augenermüdung erfaßbar bleiben?

9) Halten die Satzspalten lesbare Breiten ein?

10) Sollte Ihre Anzeige nur wenig Text enthalten: ist er mühelos lesbar oder klein in eine Ecke gesetzt oder sogar senkrecht stehend an den Rand verbannt?

Typografie in Anzeigen – kommentierte Beispiele

So informativ und *typografisch vorbildlich können reine Textanzeigen* sein. Die einfarbige Doppelseite hat das Firmenlogo als einziges Bildzeichen. Der graue Fond der linken Seite und unter der Headline rechts unterstreicht die Bedeutung der Aussagen. Mit soviel Luft zwischen den Zeilen und Absätzen lassen sich alle Informationen quer über die volle Seitenbreite ziehen. Beispiel einer klassischen Textanzeige, die durch Ruhe, Ordnung und sachliche Information überzeugt. Die Serie ist vielfach preisgekrönt.

Sind zwei Jahre früher rechtzeitig genug?

Tatsache: McDonald's Verpackungen waren schon FCKW-frei, als anderswo erst die Diskussion begann.

Anfang 1988 verdichteten sich die Indizien zum Beweis, daß Fluor-Chlor-Kohlenwasserstoffe (FCKW) für das Ozonloch über der Antarktis verantwortlich sind.

Drei Monate später gab es bei McDonald's keine mit FCKW aufgeschäumten Verpackungen mehr – zwei Jahre vor dem mit dem Bundesumweltministerium vereinbarten Zeitpunkt.

Während vielerorts noch auf den endgültigen, unwiderlegbaren Beweis gewartet wurde, daß FCKW wirklich die vor UV-Strahlen schützende Ozonschicht unserer Atmosphäre schädigt, arbeiteten wir zusammen mit unseren Verpackungsherstellern mit Hochdruck an einer umweltfreundlichen Lösung.

Dem »Montrealer Protokoll«, das den endgültigen Ausstieg der EG-Länder aus der Verwendung von FCKW für 1995 vorsieht, sind wir also um 7 Jahre zuvorgekommen.

Aber, werden Sie vielleicht einwenden, warum verpackt McDonald's seine Big Mäc überhaupt noch in Polystyrol statt z. B. in Papier?

Erstens, weil Papier nicht so schön warm hält.

Zweitens, weil die Herstellung von Polystyrol mit weniger Rohstoffeinsatz und mit weitaus geringerer Belastung von Wasser und Luft verbunden ist als die Papierproduktion. Eine Big-Mäc-Verpackung wiegt gerade mal 5 Gramm!

Drittens, weil Polystyrol, vor allem das FCKW-freie, weder bei der Verbrennung noch auf der Deponie irgendwelche Schadstoffe freisetzt.

Viertens, weil Polystyrol die strengen Hygiene-Auflagen der Lebensmittelgesetze am besten erfüllt.

Dennoch geben wir uns auch damit nicht zufrieden. Zusammen mit verschiedenen Forschungseinrichtungen arbeiten wir intensiv an neuen Recycling-Verfahren. Mehr darüber lesen Sie in einer der nächsten Folgen dieser Informationsreihe.

Wie immer sind Sie herzlich eingeladen, uns zu den angesprochenen Themen zu schreiben: McDonald's Deutschland Inc, Kunden-Information, Drygalski Allee 51, 8000 München 71

Wenn schon *Versalien-Headline* und dazu noch negativ, dann so: zwei kurze Wörter, groß, lesbar. Männer, die was für sich tun wollen, werden lesen, Frauen, die was für ihre Männer tun wollen, auch. Wenn eine Body-Copy kurz ist, kann sie durchaus negativ gebracht werden. Die Kombination von Produktdarstellung mit Gutschein: vorbildlich.

FÜR MÄNNER.

Testen Sie jetzt kostenlos das Pflegeprogramm für den Mann. Erleben Sie selbst, wie mit BASIC HOMME Alltägliches auf einmal zur Pflege wird. Ohne Mehraufwand, gleich morgens beim Duschen oder Rasieren. Mit speziellen Wirkstoffen für die Männerhaut und einem erfrischenden Duft.

BASIC HOMME VON VICHY.

Jetzt in Ihrer Apotheke

GUTSCHEIN

für ein kostenloses *Test-Set* mit 4 wertvollen BASIC HOMME-Proben:

Feuchtigkeits-Emulsion · Aftershave-Balsam · Dusch + Shampoo · Gesichts-Peeling-Gel

Gültig in allen Apotheken der Bundesrepublik mit dem BASIC HOMME-Aufkleber an Tür oder Schaufenster, solange Vorrat reicht. Kostenlose Abgabe in Berlin wegen der Standesrichtlinien leider nicht möglich.

Zwei Schriftgrößen – einheitliche Typografie. Schlagzeile und Text sind jeweils klar in den Raum der Seite gestellt. Die Schriftgrößen wirken in lesefreundlichen Dimensionen. Hier springen die Wörter nicht den Leser an, wollen ihn nicht optisch überrumpeln. Die Aufteilung der Anzeige *strahlt Ruhe aus* – und packt dadurch überzeugend.

Fliegen Made in Germany.

Über 240.000 Starts und Landungen, 18 Mio. Fluggäste und 300 Mio. Flugkilometer jährlich. Damit dabei die Qualität nicht auf der Strecke bleibt, denken und arbeiten wir typisch deutsch: Unsere Sicherheits- und Wartungs-Vorschriften gelten als die strengsten der Welt. Unsere Flugzeug-Flotte zählt mit durchschnittlich 6,8 Jahren zu den jüngsten unter den großen. Und mit der neuen Boeing 747-400 stellen wir in Kürze das zur Zeit modernste Großraumflugzeug der Welt in Dienst. Wir wären übrigens keine gründlichen Deutschen, wenn wir nicht auch Tag für Tag alles versuchen würden, Ihnen einen guten Service zu bieten. Erleben Sie es doch einfach mal selbst: Fliegen Sie Made in Germany.

Negative Headline als eindringlicher Appell in richtiger Größe. Ein Aufruf an die Solidarität, der sich abhebt vom Einzahlen in viele anonym wirkende Spendentöpfe. *Body-Copy* in dieser Größe *auch in voller Zeilenlänge* quer über die Anzeige ist ein lesbares Gestaltungselement.

Frauen, helft den Frauen der 3. Welt.

**Hilfe zur Selbsthilfe.
Spendenbeispiel:
Frauen-Projekte.**

Frau zu sein und dazu noch arm, das heißt in der Dritten Welt: Ausbeutung und Erniedrigung, täglicher Überlebenskampf. Unterstützen Sie deshalb mit der Deutschen Welthungerhilfe Selbsthilfeprojekte von Frauen für Frauen, damit sie ihre Probleme gemeinsam lösen können. Helfen Sie mit, ihnen die tägliche Schwerstarbeit zu erleichtern. Spenden Sie für Ausbildung und Beratung, für bessere Arbeitsgeräte und Gesundheitsprogramme. Zeigen Sie sich solidarisch. Damit diese Frauen selbstbewußter und stärker in eine bessere Zukunft gehen.

**DEUTSCHE WELTHUNGERHILFE
Spendenkonto Sparkasse Bonn: 111**

Einzahlungen bei allen Postämtern, Sparkassen und Banken. Oder senden Sie Ihren Euroscheck direkt an uns, dann erhalten Sie sofort Ihre Spendenquittung: Deutsche Welthungerhilfe · Adenauerallee 134 · 5300 Bonn 1 · Telefon: 02 28 / 22 88 0

Die beiden Schriftenfamilien, auf die es in der Regel ankommt: Grotesk und Antiqua. Die Grotesk – klar, streng und ohne jeden Schnörkel – steht für distanzierende Kühlheit, für sachlich-technische Anmutung. Die Antiqua hingegen – mit Serifen an den Buchstabenenden – spricht nicht nur emotionaler an, sondern man sagt ihr auch die bessere Lesbarkeit nach. Mehr oder weniger ähnlich den beiden abgebildeten Grundtypen sind die meisten weiteren Schriften.

„Passer, deliciae meae puellae, quicum ludere, quem in sinu tenere, cui primum digitum dare adpetenti et acris solet incitare morsus, cum desiderio meo nitenti karum nescioquid lubet iocari et solaciolum sui doloris, credo, tum gravis acquiescet ardor. tecum ludere sicut ipsa possem et tristis

‚Passer, deliciae meae puellae, quicum ludere, quem in sinu tenere, cui primum digitum dare adpe tenti et acris solet incitare morsus, cum desiderio meo nitenti karum nescioquid lubet iocari et solaciolum sui doloris, credo, tum gravis acquiescet ardor. tecum ludere sicut ipsa possem et tristis

Passer, deliciae meae puellae, quicum ludere, quem in sinu tenere, cui primum digitum dare adpetenti et acris solet incitare morsus, cum desiderio meo nitenti karum nescioquid lubet iocari et solaciolum sui doloris, credo, tum gravis acquiescet ardor. tecum ludere sicut ipsa possem et tristis animi levare curas!

Passer, deliciae meae puellae, quicum ludere, quem sinu tenere, cui primum digitum dare adpetenti et acris solet incitare morsus, cum desiderio meo nite ti karum nescioquid lubet iocari et solaciolum sui doloris, credo, tum gravis acquiescet ardor. tecum ludere sicut ipsa possem et tristis animi levare curas!

Passer, deliciae meae puellae, quicum ludere, quem in sinu tenere, cui primum digitum dare adpetenti et acris solet incitare morsus, cum desiderio meo nitenti karum nescioquid lubet iocari et solaciolum sui doloris, credo, tum gravis acquiescet ardor. tecum ludere sicut ipsa

Passer, deliciae meae puellae, quicum ludere, quem in sinu tenere, cui primum digitum dare adpetenti et acris solet incitare morsus, cum desiderio meo nitenti karum nescioquid lubet iocari et solaciolum sui doloris, credo, tum gra acquiescet ardor. tecum ludere sicut ipsa

Passer, deliciae meae puellae, quicum ludere, quem in sinu tenere, cui primum digitum dare adpetenti et acris solet incitare morsus, cum desiderio meo nitenti karum nescioquid lubet iocari et solaciolum sui doloris, credo, tum gravis acquiescet ardor. tecum ludere sicut ipsa possem et tristis animi levare curas! Tam gratum

Passer, deliciae meae puellae, quicum ludere, quem in sinu tenere, cui primum digitum dare adpetenti et acris solet incitare morsus, cum desiderio meo nitenti karum nescioquid lubet iocari et solaciolum sui dolori credo, tum gravis acquiescet ardor. tecum ludere sicut ipsa possem et tristis animi levare curas! Tam gratum

(Grotesk)

(Antiqua)

Typografie-Beispiel aus der berühmten 42-zeiligen Gutenberg-Bibel, Mainz 1452–55, im Besitz des Gutenberg-Museums Mainz. Es handelt sich um den Anfang des Johannes-Evangeliums. Die Initialen wurden mit der Hand ausgemalt. Gutenberg ist der Erfinder des Buchdrucks; entscheidende Idee war die bewegliche Bleiletter. Auch ein halbes Jahrtausend später ist die Kraft dieser Typografie unübertroffen und darf als ideeller Maßstab des gestalteten Textteils jeder Anzeige gelten.

gentes: incipientibus ab iherosolima. Uos aūt testes estis horū. Et ego mittam pmissum patris mei in uos: uos aūt sedete in ciuitate: quoadusq; induamini uirtute ex alto. Eduxit aūt eos foras in bethaniam: ¬ eleuatis manibus suis benedixit eis. Et factū est dū benediceret illis recessit ab eis: ¬ ferebatur in celum. Et ipsi adorantes regressi sunt in iherusalem cum gaudio magno: et erant semper in templo laudantes et benedicentes deum amen. Explicit euangeliū scdm lucā Incipit pologus in euangeliū scdm iohannem

Hic est iohannes euangelista unus ex discipulis dni: qui uirgo a deo electus ē: quē de nuptijs uolentem nubere uocauit deus. Cui uirginitatis in hoc duplex testimoniū datur in euangelio: qz et pre ceteris dilectus a deo dicit. Et huic matrem suam de cruce commendauit dns: ut uirgine uirgo seruaret. Deniq; manifestans in euangelio qz erat ipse incorruptibilis uerbi opus inchoans. solus uerbū carnē factum esse: nec lumen a tenebris cōprehensū fuisse testatur: primū signū ponens qd in nuptijs fecit dns ostendens qz ipse erat: ut legentibz demonstraret qz ubi dns inuitatus sit deficere nuptiarū uinum debeat: et ueteribus immutatis. noua omnia que a cristo instituunt appareāt. Hoc aūt euangeliū scripsit in asia. postea qz in pathmos insula apocalipsim scripserat: ut cui i pricipiū canonis icorruptibile pricipiū pnotat in genesi: ei etiā incorruptibilis finis p uirginē i apocalipsi redderet dicēte cristo ego sum alpha et o. Et hic ē iohannes: qui sciens superueisse diem recessus sui. Conuocatis discipulis suis in epheso. per multa signorū experimenta pmens cristū descendens i defossū sepulture sue locū facta oratione. positus est ad patres suos: tam extraneus a dolore mortis qz a corruptione carnis inuenitur alienus. Tamen post omnes euangeliū scripsit: ¬ hoc uirgini debebat. Quorū tamen uel scriptorū temporis dispositio uel librorū ordinatio ideo a nobis per singula non exponitur: ut sciendi desiderio collato et querentibus fructus laboris: ¬ deo magisterij doctrina seruetur. Explicit plog' Incipit euangeliū scdm iohannem

IN principio erat uerbū: ¬ uerbū erat apud deū: et de' erat uerbū. Hoc erat in principio apud deū. Omia p ipm facta sunt: ¬ sine ipo factum est nichil. Quod factū est in ipo uita erat: ¬ uita erat lux hominū: et lux in tenebris lucet. ¬ tenebre eā nō comphenderūt. Fuit homo missus a deo: cui nomē erat iohānes. Hic uenit i testimoniū ut testimoniū phiberet de lumine: ut omnes crederent p illū. Nō erat ille lux: sed ut testimoniū phiberet de lumine. Erat lux uera: que illuminat omnē hominem uenientem in hūc mundum. In mūdo erat: ¬ mūdus p ipm factus est: et mūdus eū non cognouit. In ppria uenit: ¬ sui eū nō receperūt. Quotq; aūt receperūt eū: dedit eis potestatem filios dei fieri: hijs qui credūt in nomine ei'. Qui nō ex sanguinibz neq; ex uoluntate carnis. neq; ex uolūtate uiri: sed ex deo nati sunt. Et uerbū caro factum est: et habitauit in nobis. Et uidimus gloriā ei': gloriam quasi unigeniti a patre: plenū gratie ¬ ueritatis. Johannes testimonium phibet de ipo. ¬ clamat dicens. Hic erat quē dixi: q post me uenturus est. ante me factus est:

Redaktionell gestaltete Anzeigen

In einer Zeit, da oft genug Sponsoring zwischen Redaktion gerät – sei es auf dem Bildschirm oder in gedruckten Spalten – und das Informationsgemenge nicht immer unterscheiden läßt zwischen Dichtung und Wahrheit, Offenheit und Absicht, dürfte die klassische Trennung „Hier Werbung – dort Public Relations" eigentlich die Basis historischer Betrachtung bieten. Also können Sie ohne Scheu Anzeigen der Redaktion gestalterisch nähern, wenn es Ihren Zielen dient.

Sie müssen dabei nur wissen, daß Sie sich dabei in einem noch nicht ganz zweifelsfreien Feld bewegen. Zur Zeit machen pflichtgetreue Public-Relations-Fachleute Front und sprechen von bewußter Irreführung. Es geht dabei nicht um Anzeigeninhalte, sondern um die klare Kennzeichnung als „Anzeige" zur Unterscheidung von „Redaktion".

Wie zweischneidig und schwierig die Gesamtthematik ist, wird erst klar, wenn man bedenkt, welche finanziellen Mittel ihrer Kunden PR-Fachleute einsetzen, um ihrerseits mit von ihnen gesteuerten Informationen direkt in die redaktionellen Spalten zu gelangen – am liebsten, um von ihnen gelieferte Artikel komplett abgedruckt zu sehen. Und das ist ja völlig legitim und Tagesgeschehen.

Wie auch immer: die bundesdeutsche Rechtsprechung verpflichtet Sie, redaktionell gestaltete Anzeigen klar zu kennzeichnen.

Die Themenseiten

Hier geht es nicht um bezahlte Weltreisen, die Journalisten gnädig stimmen, oder um Schlemmer-Wochenendfahrten, zur Verfügung gestellte Autos und ähnliche schöne Dinge, die im Arbeitsfeld der Public Relations liegen. Es geht um offiziell angebotene Redaktionsdienste, die wie Anzeigen nach gekauftem Platz bezahlt werden. „Maternseiten" war einstmals der Begriff, getreu jenen Spezialpappe-Prägungen, die als Abdruck vom Bleisatz ausgegossen wurden zur runden Druckform. Kommunikations-Unternehmen bieten Redaktionsseiten zu bestimmten Themen wie „Haushalt heute" oder „Gärtnern – aber mit Liebe" an und fassen entsprechende Artikel der Auftraggeber zusammen. Diese kompletten Seiten werden Zeitungen – meist Heimatblättern mit durchaus interessantem Leserkreis – zum kostenlosen Abdruck angeboten. Davon profitieren eigentlich alle drei Partner: das Redaktionsbüro, dessen Broterwerb es darstellt; der Kunde, der praktisch als Vollredaktion aufgemachte Werbung erhält; die Zeitung, die ohne finanziellen Aufwand durchaus gut gestaltete Redaktionsseiten druckt. Die Verbreitung erfolgt meist auf dem Land und in kleineren Städten. Eine mit wirklichen Informationen gefüllte Redaktionsseite wird wahrscheinlich von den Lesern weder ganz als neutrale Information noch als bezahlte Werbebotschaft wie Anzeigen akzeptiert – letzteres liegt ja auch nicht in der Absicht des Unternehmens, im Gegenteil. Und die pressemäßig werbungtreibenden Unternehmen könnten zwischen die Stühle geraten, weil sie nicht einerseits im Rahmen von „Maternseiten" bezahlen können, was sie andererseits von weiteren Zeitungen als kostenlose journalistische Leistung unter Zugrundelegung einer Presse-Information erwarten. Wer also als Teilnehmer von Veröffentlichungen bezahlter Redaktionsseiten beginnt, muß sich der möglichen Zweischneidigkeit seiner Handlungsweise bewußt sein.

Vertrauenerweckend

Von den „Maternseiten" wieder zu den redaktionell gestalteten Anzeigen mit großem Typografie-Bereich und akzentuierenden Bildern. Sie haben einen starken Anteil wohl zu Recht bei der Werbung für gesunde Kosmetika bzw. gesundheitsfördernde Mittel. Das ist charakteristisch für die Gestaltungsform. Die Zielgruppe läßt sich klarer als bei vielen anderen Produkten definieren. Es dürfte sich um Menschen ab dem leicht gereiften Alter handeln, die gesundheitliche Probleme haben und bewußt oder unbewußt pausenlos nach deren Lösung suchen. Wenn ihnen Anzeigen das klar und überzeugend anbieten – und dazu noch vertrauenerweckend im redaktionellen Stil – werden sie von der ersten bis zur letzten Zeile gelesen. Und der Werbende hat ja über sein Produkt, dessen Umfeld, Entstehen, Erfolg, Einzigartigkeit eine Menge zu berichten, was für um ihren Körper besorgte Menschen Wort für Wort spannend ist. *Oft sind die Texte dieser Anzeigen klassische Lehrbeispiele* für Werbende, die nur gedroschenes Stroh veröffentlichen, weil sie sich nicht die Mühe machen, sich an die Stelle ihrer Leser zu denken, oder weil sie zu bange sind, klare Angaben zu machen, oder weil das Produkt scheinbar ohnehin nichts hergibt.

Checkliste: Redaktionelle Anzeigen richtig redigiert?

1) Haben Sie aus ideologischen Gründen noch Scheu vor redaktionell gestalteten Anzeigen, weil Sie Werbung und Public Relations noch als streng voneinander getrennte Arbeitsbereiche betrachten?

2) Tragen Ihre redaktionellen Anzeigen die juristisch vorgeschriebene Kennzeichnung als bezahlte Information?

3) Nutzen Sie die Angebote von „Maternseiten"?

4) Eignen sich Ihre Produkte für redaktionelle Anzeigen – gibt es viel darüber zu sagen, erwartet Ihre Zielgruppe detaillierte Informationen?

5) Vermitteln die Texte die Botschaften flüssig geschrieben?

6) Ist die Produkt-Story über die gesamte Anzeige hin spannend aufgemacht?

7) Enthalten auch die Zwischen-Schlagzeilen Informationen, nicht nur Behauptungen?

8) Ist die Anzeige mit einem großen Blickfangfoto und mehreren kleinen Abbildungen zu den wichtigsten Informationen unterhaltsam gestaltet?

9) Erzählen auch die kleinen Darstellungen bildhaft individuelle Geschichten zur Leseüberzeugung?

10) Hält die gesamte Anzeige dem Vergleich mit gut gemachter Redaktion stand?

Redaktionelle Anzeigen – kommentierte Beispiele

Im Grunde eine *redaktionell gestaltete Anzeige*, die so gut ist, daß selbst das Wort „Anzeige" oben fehlen darf. Es geht um Kinder und ihre Gesundheit – ein Thema von hoher Aktualität. Die Schlagzeile ist zwar lang, informiert aber und macht betroffen zugleich.

Der Bild-Blickfang Kindergesicht ist eindrucksvoll gewählt. Die Problemlösung durch das Produkt wird im Text in Einzelbildern mustergültig erklärt. Die übersichtliche Gestaltung macht deutlich, was Typografie kann.

Kinder haben von Natur aus gesunde Zähne.
90 von 100 haben mit 7 Jahren Karies.

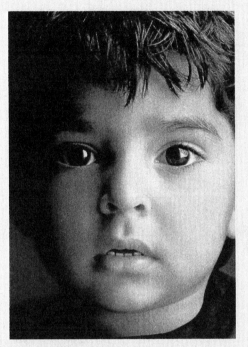

Der erste Schritt zu gesunden Zähnen ist die richtige und regelmäßige Zahnpflege.

Je früher, desto besser.

Mit dem Braun dental center lernen kleine Kinder die richtige Putztechnik für Zähne und Zahnfleisch wie im Spiel. Denn gesunde Zähne sollen eigentlich auch gesund bleiben.

Ein Wecker zum Zähneputzen?

Wirkungsvolle Zahnpflege beginnt mit dem Einhalten der medizinisch empfohlenen Putzzeit von mindestens drei Minuten. Die Elektrozahnbürste des Braun dental centers zeigt mit einem Lichtsignal an, wann diese Zeit erreicht ist.

Schneller als Kinderhände.

Mit dem multi-action System wird richtiges Zähneputzen ganz einfach: Mehr als 3300 Schwingungen pro Minute putzen den gefährlichen Zahnbelag weg. Mit vertikalen und horizontalen Bewegungen.

Endgerundete Borsten sind besser.

Deshalb ist jede einzelne Borste des Braun-Elektro-Zahnbürstenkopfs perfekt endgerundet und sorgfältig poliert. Genauso, wie es Zahnärzte empfehlen. Dadurch werden Zahnabrieb und Zahnfleischbluten wirksam verhindert.

Und nach dem Putzen wird geduscht.

Der Einfachstrahl entfernt Plaque und Speisereste aus den Zahnzwischenräumen. Er kann je nach Empfindlichkeit von „schwach" bis „stark" eingestellt werden. Der Mehrfachstrahl der Munddusche massiert und festigt das Zahnfleisch und macht es noch widerstandsfähiger.

BRAUN

**Braun dental.
Gehen Sie mit gutem Beispiel voran.**

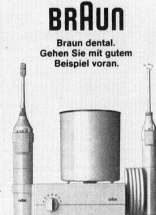

Redaktionell gestaltet, das Wort „Anzeige" fehlt oben nicht. Kleine lebendige Bilder mit erklärenden Texten führen die Zielgruppe zur Beschäftigung mit dem Inhalt. Die Bodycopy ausführlich informierend, wie bei erfolgreichen Anzeigen für frei verkäufliche Arzneimittel oft üblich. Der gut getextete Coupon wird genutzt werden. Eine Anzeige mit *vielen erfreulichen Gestaltungsanregungen.*

ANZEIGE

Vernünftig: Frubiase Calcium zusätzlich während Schwangerschaft und Stillzeit.

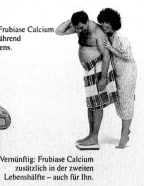

Vernünftig: Frubiase Calcium zusätzlich während des Abnehmens.

Vernünftig: Frubiase Calcium zusätzlich bei körperlichen Belastungen.

Vernünftig: Frubiase Calcium zusätzlich in der zweiten Lebenshälfte – auch für Ihn.

Führen die Leute, die Frubiase® Calcium nehmen, ein unvernünftiges Leben?

Wenn Ihr Calcium-Haushalt aus dem Gleichgewicht gerät, kann sich das eines Tages in Knochenerweichung und Knochenschwund bemerkbar machen.

Wenn Sie Ihren Calcium-Haushalt im Gleichgewicht halten wollen, müssen Sie ein äußerst vernünftiges Leben führen. Zum Beispiel viel Milch, Käse, Nüsse, Hülsenfrüchte und grünes Gemüse zu sich nehmen, sich viel bewegen und viel an der Sonne sein, auf Rauchen und Trinken verzichten.

Ein Erwachsener braucht im Durchschnitt jeden Tag 800 bis 1000 mg Calcium (0,8 bis 1 g). Tatsächlich wird in der Bundesrepublik nur gut die Hälfte der nötigen Menge erreicht, fast jeder zweite Erwachsene hat Calcium-Mangel.

Offenbar ist es heutzutage nicht immer leicht, seinen Calcium-Haushalt im Gleichgewicht zu halten.

Frubiase Calcium ist kein Ersatz für ein vernünftiges Leben. Aber Sie leben vernünftig, wenn Sie mit Frubiase Calcium Ihrem Körper das Calcium geben, auf das er sonst verzichten müßte.

Frubiase Calcium T, Trinkampullen. Zur Calciumbehandlung.
Frubiase Calcium T darf nicht angewandt werden bei Nierenkalksteinen, Ablagerung von Kalksalzen im Nierengewebe, Knochenschwund infolge zwangsweiser Ruhigstellung im akuten Schub, erhöhtem Calciumblutspiegel, Überdosierung von Vitamin D, kalkentziehenden Tumoren, schweren Nierenfunktionsstörungen und erhöhter Calciumausscheidung im Urin.
Die Einnahme von Frubiase Calcium T über längere Zeit kann einen erhöhten Calciumblutspiegel und eine erhöhte Calciumausscheidung im Urin zur Folge haben. Deshalb sollten Blut und Urin regelmäßig überwacht werden.

Denken Sie an Frubiase® Calcium T, bevor Ihr Körper Sie daran erinnert.

frubiase® calcium T
Trinkampullen

BIOTHERAX
Qualität für Ihre Gesundheit

Coupon bitte schicken an Biotherax Arzneimittel, Postfach 2125, 4800 Bielefeld 1

Ich möchte mehr wissen. Zum Beispiel, wie mein Calcium-Haushalt aus dem Gleichgewicht gerät, wie ich das feststelle und was ich dagegen tun kann.

Name:

Straße:

PLZ/Ort:

Wissenschaftlich gehaltene redaktionelle Anzeige. Die ganze Seite ist wie der Beginn eines Artikels gestaltet: Vorangestellt die größer gedruckte Beurteilung des Produktes durch den Herrn Dr. Gut lesbar gesetzt der dreispaltige Text. Man spürt die Sorgfalt, die in der Gestaltung steckt. Die Anzeige überzeugt: wer an Haarausfall leidet und auf Wissenschaft setzt – hier hat er sein Produkt.

Wachstumsenergie vermindert erblich bedingten Haarausfall.

Viele Männer mit erblich bedingtem Haarausfall suchen noch immer eine Lösung für ihr Problem. Dank intensiver Forschung wurden in Japan die Ursachen des männlichen Haarausfalls analysiert, ein erfolgreiches Mittel dagegen entwickelt: Pentadecan, ein neuartiges Haar-Energeticum führt Wachstumsenergie von außen zu.

VON DR. KENKICHI OBA

Die Ursache des erblich bedingten Haarausfalls.

Energiemangel ist die Ursache des schleichenden, Jahre dauernden Prozesses, von dem rund 60% aller Männer betroffen sind: Es fängt langsam an mit Haaren im Kamm, mit schütteren Stellen auf dem Kopf oder auch Geheimratsecken. Männliche Hormone lösen diesen schleichenden Prozeß aus: sie blockieren die Energiezufuhr in der Haarwurzel und verursachen den Energiemangel. Ohne Energieträger, das heißt ohne das entscheidende Adenosintriphosphat (ATP) kann die Haarwurzel ihre Aufgabe, kräftiges Haar zu produzieren, nicht mehr erfüllen. Die Haare werden dünner, fallen vorzeitig aus, schließlich wächst kein Haar mehr nach.

Energietransfer durch Pentadecan: Die Haarwurzel wird von außen mit Energie versorgt.

Die einzigartige Wirkweise von Pentadecan.

Das Problem des Haarausfalls ist daher nur an der Haarwurzel zu lösen. Mit dem Einsatz von Pentadecansäuremonoglycerid (PDG) gelang es japanischen Wissenschaftlern erstmals, den Energiemangel in der Haarwurzel erfolgreich auszugleichen. Pentadecan gelangt auf direktem Weg an die Haarwurzel, umgeht dort die hormonell bedingte Energieblockade und produziert eine Substanz, die als Energie zur Bildung von Haar gebraucht wird: ATP. So wird eine Haarwurzel, die noch nicht völlig abgestorben ist, durch Pentadecan aktiviert. Die Haarwurzel ist wieder in der Lage, normales, kräftiges Haar zu produzieren. Mit Pentadecan sollte möglichst frühzeitig begonnen werden, um einem fortschreitenden Haarverlust entgegenzuwirken.

Nehmen Sie erblich bedingten Haarausfall also nicht mehr als Schicksal hin. Teilen Sie Ihr Urteil mit der überzeugenden Mehrheit der Männer*, die Pentadecan getestet haben, die sehen, daß es wirkt: Haarausfall wird deutlich reduziert, das vorhandene Haar insgesamt spürbar gekräftigt, die Kopfhaut gepflegt. Pentadecan erhalten Sie nur in Apotheken.

Detaillierte Informationen erhalten Sie vom Pentadecan-Beratungsservice: 0211/7976002. Henkel Lion GmbH, Hair Research Laboratory, Postfach 1100, D-4000 Düsseldorf 1.

* Quelle: Unabhängiges Marktforschungsinstitut

Pentadecan Haar-Energeticum. Der Durchbruch in der Haarforschung.

Diese Anzeige im *redaktionellen Reiseteil der Zeitschrift* – was könnten Sie besser machen? Das große Bild der Trauminsel im tiefblauen Meer, dazu der sachlich sinnvolle Bezug von Schlagzeile und Text zum Bereich Reisen: das treffende Beispiel der aufs redaktionelle Umfeld themenbezogenen Anzeige – die dazu selbst noch redaktionell gestaltet ist. Wirkungsvoller wird man es seiner Zielgruppe kaum sagen können.

Wohin Sie auch reisen, die *Bakterien* sind schon da!

Endlich ist man am langersehnten Urlaubsort und bekommt dann plötzlich eine bakteriell bedingte Magen-Darm-Infektion. Die Ursache sind häufig ungekochte Nahrungsmittel, Salat, Früchte oder Softeis. Nicht selten erfolgt die Ansteckung aber auch durch den direkten Kontakt mit Keimen, beispielsweise im Sanitärbereich.

Sie fassen dort etwas an, nehmen dann die Hände ins Gesicht, und schon haben Sie's. Gegen solche Ansteckungen können Sie sich schützen, indem Sie Gegenstände, auf denen Krankheitserreger vorkommen können, mit Sagrotan Spray oder Pumpspray einsprühen und abwischen.

Oder Sie desinfizieren sich hinterher kurz die Hände, z. B. mit dem praktischen Sagrotan-Tüchlein. Wenn Sie sich für weitere Reisetips interessieren, empfehlen wir Ihnen das Büchlein „Tips für Globetrotter" von der Bundeszentrale für gesundheitliche Aufklärung, Postfach 91 01 52, 5000 Köln 91.

S A G R O T A N.
WIR HELFEN IHNEN, GESUND ZU BLEIBEN.

Anwendungsgebiete: Sagrotan Tuch-N desinfiziert Haut, Hände und Gegenstände. Hinds GmbH, 2000 Norderstedt.

Auf den Seiten 123 bis 127:
Die *redaktionelle Anzeigenstrecke*, um die es Wirbel gab. Die wie perfekte Redaktion gestalteten acht Seiten sind im Grunde eine achtseitige Farbanzeige, jeweils mit kleinem Hinweis ‚Anzeige' oben. Das werde übersehen, argumentierte man, und die Leser hielten die Anzeige für die Meinung der Redaktion. Ein treffendes Beispiel für die Gratwanderung im Bereich der Kommunikation, wo an der alten Ordnung ‚Werbung hier – Public Relations da' offiziell nicht gerüttelt werden will.

GESUNDHEITSREFORM '89

Seien Sie bitte mal ganz ehrlich...

Was Sie künftig sparen können. Was Sie beim nächsten Arzttermin wissen müssen. Und warum es gerade jetzt darauf ankommt, daß Sie eine gesunde Einstellung beim Geld beweisen

**Hans Unger
Krankführer**

Festbeträge. Wie soll das denn bloß funktionieren?

Die Einführung der Festbeträge geht Zug um Zug. Seit 1. September haben diese Wirkstoffe einen Festbetrag: β-Acetyldigoxin, Bromazepam, Diclofenac, Glibenclamid, ISDN, ISMN, Nifedipin, Oxazepam, Triamteren + Hydrochlorothiazid sowie Verapamil. Medikamente mit diesen Wirkstoffen werden von den Kassen nur noch bis zu einem festgelegten Betrag erstattet. Dieses System wird nach und nach auf möglichst viele verschriebene Medikamente ausgedehnt. Ziel ist, Patienten und Kassen Kosten zu ersparen. Und Medikamente preiswerter zu machen.

Was tun Sie, wenn Ihre Ausgaben steigen? Richtig. Sie überprüfen Ihre Ausgaben. Und da, wo es sinnvoll und möglich ist, da fangen Sie an zu sparen. Sachlich, vernünftig, wirtschaftlich.

Und was tun Sie, wenn das Pfund Butter bei Kaufmann A um 30 Pfennig billiger ist als bei Kaufmann B? Klar. Sie kaufen da, wo es preiswerter ist. Schließlich verdienen Sie Ihr Geld hart. Sie haben nichts zu verschenken. Oder? Und nun seien Sie bitte mal ganz ehrlich:

Wissen Sie, was die Medikamente gekostet haben, die Ihnen Ihr Arzt beim letzten Termin verschrieben hat? Vermutlich nicht. Und sicher wissen Sie auch nicht, ob es preiswertere Medikamente gegeben hätte als die, die Sie dann in der Apotheke abgeholt haben.

Beim Autokauf, im Supermarkt — überall achten Sie auf die Preise. Bei Medikamenten, die Ihnen der Arzt verschreibt, tun Sie es in der Regel nicht. Woran liegt das? Und ist das sinnvoll?

Zwei Fragen, die seit Jahren die Krankenkassen und die Politiker ernsthaft bewegen. Denn das die Kosten unseres Gesundheitswesens seit Jahren explodieren, können die Verantwortlichen nicht einfach übersehen.

Ein paar Zahlen:
Im Jahre 1960 lagen die Kosten der Krankenversicherung bei 8,9 Milliarden Mark. Im Jahre 1988 waren es 134 Milliarden Mark. Ein Anstieg um 1400 Prozent.

So mancher wird sagen: Was geht mich das an? Ich zahle das doch nicht.

Das ist ein ganz gewaltiger Irrtum.

Im Jahre 1970 zahlte ein Versicherter durchschnittlich 98 Mark als Höchstbeitrag zur gesetzlichen Versicherung. Heute sind es für ihn und seinen Arbeitgeber, der ja die Hälfte dieser Aufwendungen trägt, durchschnittlich 595 Mark monatlich.

Die Beitragssätze der gesetzlichen Krankenversicherung schnellten durch die Explosion der Kosten von 8,2 Prozent im Jahre 1970 auf 12,9 Prozent im Jahre 1988.

Kurzum: Die Versicherten mußten mehr zahlen, hatten weniger auf dem Konto. Eine Entwicklung, die niemand als vernünftig bezeichnen kann.

Und diese wenigen Zahlen verdeutlichen:

Obwohl Sie als Patient die vom Arzt verschriebenen

Der Arzt ist Ihr bester Berater: Fragen Sie ihn nach einem Präparat mit Festbetrag

Medikamente nicht bezahlen mußten, besteht doch ein ganz direkter Zusammenhang zwischen den Preisen für Pharma-Präparaten und Ihren Portemonnaie. Denn das was die gesetzlichen Krankenkassen an die Apotheker, an die Kliniken überweisen, das ist Ihr Geld.

Reicht dieses Geld nicht mehr aus um die Kosten zu decken, muß der Beitrag erhöht werden. Oder aber es muß gespart werden.

Seit dem 1. Januar diesen Jahres wird gespart. Die Gesundheitsreform verhindert, daß die Versicherten noch mehr Geld aufbringen, noch höhere Beiträge zahlen müssen.

Erste Erfolge:

Die Ausgaben der Ortskrankenkassen sanken im ersten Quartal (Januar bis März) diesen Jahres bei Zahnersatz um 9, bei Sehhilfen um 41,7, bei Heil- und Hilfsmitteln um 10,4 Prozent.

Die seit dem 1. September für rund 1400 Medikamente geltenden Festbeträge haben einige große Pharmahersteller zu erheblichen Preisreduzierungen veranlaßt.

Durch die Festbeträge für diese ersten Medikamente werden die Patienten direkt etwa 140 Millionen Mark an Rezeptgebühren sparen. Und die Krankenkassen noch einmal rund 280 Millionen Mark.

Alle Einsparungen sorgen dafür, daß die Preisschraube bei den Krankenkassenbeiträgen noch Jahren endlich gebremst wird. Allein der Wegfall der sonst Jahr für Jahr aufgenommenen Beitragserhöhungen hat den Beitragszahler in diesem Jahr rund 3 Milliarden Mark erspart.

Und was mindestens genauso wichtig ist, die Qualität der medizinischen Versorgung ist nicht schlechter geworden. Das bestätigen uns die Fachleute.

Die Gesundheitsreform ist ein voller Erfolg. Und sie beweist:

Worüber Sie mit Ihrem Arzt sprechen sollten

Fragen Sie Ihren Arzt künftig, was er Ihnen verschreibt. Und fragen Sie ihn doch auch, ob das verschriebene Medikament einen Festbetrag hat. Diese Fragen entscheiden, ob Sie künftig Geld sparen. Oder ob Sie zusätzliche Ausgaben haben.

Seit dem 1. September gibt es nämlich für bestimmte Herz-, Rheuma-, Zucker- und blutdrucksenkende Medikamente Festbeträge. Sie wurden von den Spitzenverbänden der Gesetzlichen Krankenversicherung in Abstimmung mit allen an Gesundheitswesen beteiligten Gruppen aufgestellt.

Festbeträge bedeuten: Bei bestimmten Wirkstoffen erstatten die Kassen nur noch eine ganz bestimmte Summe. Eben den Festbetrag.

Ist ein Medikament teurer als der Festbetrag, zahlt der Patient zu.

Ist das verschriebene Medikament nicht teurer als der Festbetrag, dann spart der Patient. Er muß für ein Medikament zum Festbetrag ganz einfach nicht mehr die übliche Rezeptgebühr von 3 Mark in der Apotheke entrichten.

Die Festbeträge sind eingeführt worden, um im Pharmamarkt mehr Wettbewerb zu schaffen.

Denn egal, ob Herz, Rheuma- oder Zucker-Medikament. Fast immer gibt es auf dem Markt preiswerte und teure Präparate, die sich zwar im Namen, nicht aber in der Qualität unterscheiden.

Die Festbeträge schränken daher nicht die Versorgung des Patienten ein. Sie verhindern aber, daß zuviele im Preis überhöhte Präparate verschrieben werden, obwohl es preiswertere, gleichwertige Lösungen gibt.

Elisabeth Reding, Rentnerin

Wie kann ich jetzt Geld sparen?

Diese Frage ist ehrlich zu beantworten. Sagen Sie Ihrem Arzt beim nächsten Besuch, daß Sie künftig Medikamente mit Festbetrag verschrieben haben wollen. Dann sparen Sie sofort bares Geld. Bei Medikamenten mit Festbetrag zahlen Sie nämlich die sonst übliche Rezeptgebühr von 3 Mark nicht mehr.

Die Entscheidung, für ihr Preisniveau auch die Spitzenverbände der Gesetzlichen Krankenversicherung schätzen, daß alle Versicherten mit diesem Preisbewußtsein allein bei den rund 1400 Medikamenten, für die seit dem 1. September Festbeträge gelten, rund 140 Millionen Mark an Rezeptgebühren von den Patienten gespart werden. Eine beträchtliche Summe.

Wenn jede Mark vernünftig ausgegeben wird, wenn unnötige Kosten vermieden werden, dann können Patienten nicht länger über die eigenen Verhältnisse leben.

Die Gesundheitsreform stoppt eine krankhafte Entwicklung. Und sie dient vor allem den Patienten, die das Recht auf eine gute medizinische Versorgung zu einem vernünftigen Preis haben.

ANZEIGE

GESUNDHEITSREFORM '89

Arzneimittelausgaben je Einwohner in DM

BR Deutschland	Frankreich	Schweiz	Belgien	USA	Italien	Schweden	Großbritannien
357	374		292		239	198	128

Medikamente. Preisvergleiche lohnen sich

Sicher haben Sie sich auch schon geärgert. Im Urlaub in Italien oder Spanien bekamen Sie Tabletten erheblich billiger als daheim in der Bundesrepublik. Und Sie werden sich gefragt haben, woran das liegt. Hier lesen Sie die Antwort.

Was würden Sie sagen, wenn Sie heute in Frankfurt ein Auto kaufen und morgen bei einem Italienbesuch zufällig feststellen, daß alle der selbe Hersteller den Wagen in Verona zu einem Fünftel des von Ihnen gezahlten Preises anbietet?

Wir sparen uns die Kraftausdrücke, die dann fällig wären. Denn wir wissen: Solche massiven Preisunterschiede gibt es gar nicht. Bei Autos stimmt das. Bei Medikamenten leider nicht.

Tatsächlich gibt es ein Blutdruckmittel, das in Frankfurt 27,28 Mark, in Verona aber nur 5,30 Mark kostet. Gleicher Wirkstoff, gleicher Name, gleicher Hersteller.

Und das ist kein Einzelfall. Viele deutsche Medikamente liefert die Kasse zahlte. So einfach war das. Und es wäre ungerecht, würde man deutschen Apothekern als Beispiel. Aber auch Herz- oder Asthma-Mittel. Ein Argeris. Für die Käufer von Medikamenten. Eine hohe Preise machten, etwas vorwerfen. Pharmahersteller sind Industrielle, Apotheker sind Kaufleute. Sie wollen, sie müssen verdienen. Und sie werden auch weiterhin verdienen. Aber nicht mehr ganz soviel. Denn die Gesundheitsreform - die seit 1. September geltenden Festbeträge für die ersten Medikamente und Medikamentengruppen sind Medikamente, für die die Patente abgelaufen sind. Sie sind frei. Jeder Pharmazeut darf sie herstellen und mit den Erfindern, den Lizenzgebühren mehr zahlen. Dadurch spart er erhebliche Mengen Geld. Und kann seine Medikamente preiswert anbieten.

Generika sind also die „weiße Ware" des Pharmamarktes, die keinen Markennamen hat, aber dennoch allen Qualitätskontrollen unterliegt: Wirksamkeit, Haltbarkeit, Reinheit werden vom Bundesgesundheitsamt geprüft. Und erst wenn wirklich alles stimmt, dürfen Generika auf den Markt. Generika unterscheiden sich von den teuren Ersatzpräparaten im Preis. Und in der Verpackung.

Die Arzneimittelausgaben der gesetzlichen Krankenkassen sind von 1970 bis 1988 von 4,2 Milliarden auf 20,5 Milliarden gestiegen.

Erklärung für diese gigantische Kostenexplosion: Die Bundesrepublik war bis zum 1. September das einzige Land in der EG, in dem die Preisgestaltung der Arzneimittelhersteller nicht staatlicher Mitwirkung unterlag.

Dadurch sind die Arzneimittelpreise bei uns um 60 Prozent über den EG-Durchschnitt und sogar um rund 100 Prozent höher als etwa in Frankreich.

Fragt man nach den Ursachen, stellt man fest: Bislang gab es für die pharmazeutische Industrie kaum Anreize zu wirksamem Preiswettbewerb. Der Arzt verschrieb, der Apotheker lieferte aus, die Kasse zahlte. So einfach war das. Und es wäre ungerecht, würde man deutschen Pharmaherstellern als die schmelz gestiegen als die Löhne. Als Folge davon sind die Krankenversicherungsbeiträge kontinuierlich nach oben gegangen – und zwar von 8,2 Prozent im Jahre 1970 auf inzwischen 12,9 Prozent. Erster Erfolg der Reform: Die Beiträge haben sich stabilisiert.

Jürgen Voltenauer, Hotelier

Was habe ich denn von der Reform?

Eine ganze Menge. Als Versicherter müssen Sie nicht mehr mit ständig steigenden Beiträgen zur gesetzlichen Krankenversicherung rechnen. Daß hier dringend etwas getan werden mußte, haben Sie vermutlich auf eigenem Leibe gespürt. Seit 1960 sind die Ausgaben der Krankenkassen dreimal so schnell gestiegen als die Löhne. Als Folge davon sind die Krankenversicherungsbeiträge kontinuierlich nach oben gegangen – und zwar von 8,2 Prozent im Jahre 1970 auf inzwischen 12,9 Prozent. Erster Erfolg der Reform: Die Beiträge haben sich stabilisiert.

Was Sie über Generika wissen sollten

Da gebe ich Ihnen doch ein Generikum – diesen Satz werden Sie künftig häufiger beim Arzt und in der Apotheke häufiger hören. Und dann sollten Sie wissen: Generika sind Medikamente, für die die Patente abgelaufen sind. Sie sind frei. Jeder Pharmazeut darf sie herstellen und mit den Erfindern, den Lizenzgebühren mehr zahlen. Dadurch spart er erhebliche Mengen Geld. Und kann seine Medikamente preiswert anbieten.

Generika sind also die „weiße Ware" des Pharmamarktes.

Pharmaforschung ist wichtig. Und sie ist teuer. Darum schützt die Reform innovative Unternehmen.

Wer forscht, soll auch gut verdienen

Wie die Gesundheitsreform die Entwicklung von neuen Medikamenten belohnt. Und warum so manche Klage der Pharmaindustrie übertrieben ist.

Wir werden heute gut 40 Jahre älter als unsere Vorfahren im letzten Jahrhundert. Pest, Cholera sind besiegt. Es gibt erste Hoffnungen im Kampf gegen Krebs, im Kampf gegen Aids. Keine Frage: Deutsche Pharmazeuten haben Großartiges geleistet. Und tun es auch heute.

Die Strukturreform im Gesundheitswesen fördert diese Leistungen. Wer forscht, wer innovativ ist, wird besonders geschützt. Und soll ganz absichtlich mit den Festbeträgen den Produkten gute Gewinne machen, um weitere wichtige Forschungsarbeiten in Angriff nehmen zu können.

Darum wurde bei den Beratungen über die Festbeträge festgelegt:

Bei wirkstoffgleichen Arzneimitteln dürfen in Festbeträge frühestens drei Jahre nach der Zulassung des ersten Generikums (Arzneimittel mit gleichem Wirkstoff) festgesetzt werden. So haben Arzneimittelhersteller nach Patentablauf und nach den 10jährigen Vermarktungsschutz noch drei Jahre Zeit, die durch die neue Marktsituation einzustellen.

Auch wenn die Pharmaindustrie manchmal ein düsteres Bild für die Forschung malt. Tatsache ist:

Die Gesundheitsreform verbessert die Chancen derer, die forschen.

Bei Bekanntwerden der Festbetrags-Regelungen im Rahmen der Gesundheits-Reform behaupteten die pharmazeutischen Produzenten zunächst, daß damit verbunden „Umsatz- und Ertragseinbußen" zu Lasten der Forschung gehen müßten. Jetzt hingegen stellen sie fest, daß es auch anders geht.

Denn bei genauer Analyse ihrer guten wirtschaftlichen Lage wurde klar, daß nicht erhebliche Ausgaben in Werbe- und Verkaufsförderungsmaßnahmen fließen, die sinnvoller zu den Ausgaben für Forschung und Entwicklung.

Erkannt wurde aber auch dies: Ohne Forschung gibt es keine neuen Medikamente. Und neue Medikamente sichern nicht nur die Marktstellung, sondern auch den Gewinn. Schließlich ist das Unternehmen dann erheblich im Vorteil zu den Konkurrenten, kann den speziellen Wirkstoff patentieren lassen und 20 Jahre lang als „Eigentum" nutzen.

In diesen Jahren läßt sich durch den Alleinverkauf das verdienen, was die einzige Forschung verschlungen hat. Die deutsche Pharmaindustrie hat weltweit einen guten Ruf. Und dieser Ruf begründet sich eben auf die so wichtige Forschungsarbeit.

Isabella Kuhr, Optikerin

Warum gibt es so viele Medikamente?

Es gibt 70.000 verschiedene Arzneimittel. Darunter auch viele mit zweifelhaftem therapeutischen Nutzen. Nur ein echter Preiswettbewerb kann die Medikamentenauswahl durch den Arzt künftig zweifelhafte Mittel künftig nicht mehr zahlen – und dadurch 200 Millionen sparen.

Hans Vollmer, Polizist

Hilft die Reform auch den Schwachen

Ja. Ein wesentliches Ziel der Reform ist es, die häusliche Pflege zu verbessern. Wer sich daheim um einen schwerpflegebedürftigen Angehörigen kümmert, bekommt seit Beginn dieses Jahres für eine Urlaubsvertretung von der Krankenkasse DM 1800 pro Jahr. Ab Januar 1991 gibt es weitere Erleichterungen: Für 25 Stunden im Monat zahlt die Kasse eine Ersatzkraft, höchstens 750 Mark im Monat. Und wer auf die Ersatzkraft verzichtet, weil Angehörige lieber selber pflegen, bekommt dafür von 400 Mark im Monat. Eine wichtige Neuerung, denn 2 Millionen Bundesbürger sind pflegebedürftig.

ANZEIGE

ANZEIGE

GESUNDHEITSREFORM '89

Seien Sie mal nett zu Ihrem Apotheker . . .

Was die neuen Festbeträge für die Apotheken bedeutet. Und was Sie als Patient jetzt von Ihrem Apotheker erwarten können.

Ihr Apotheker hat harte Arbeitstage hinter sich. Er mußte sein Sortiment neu ordnen, neu auspreisen. Die seit dem 1. September geltenden Festbeträge haben auch beim Apotheker viel verändert. Das für die Patienten wesentlichste ist:

Der Apotheker ist künftig noch mehr der Fachmann, steht mit Rat und Tat zur Seite. Er weiß nämlich ganz genau, welche Medikamente zu Festbeträgen zu haben sind.

Die Neuregelung durch die Gesundheitsreform kann ohne das Fachwissen der Apotheker nicht funktionieren. Sie sind es, die Ärzte Fachleute bei den einzelnen Wirkstoffen und wissen daher, welche der vielen Präparate auf dem Markt bei gleicher Qualität den günstigsten Preis haben.

Das heißt aber nicht, daß die Apotheker den Ärzten die Arbeit abnehmen sollen. Der Arzt wird weiterhin derjenige sein, der die Therapie bestimmt. Aber wenn der Arzt es für notwendig hält, dann kann er den Apotheker zu Rate ziehen, kann auf das Rezept lediglich den für den Patienten wichtigen Wirkstoff aufschreiben. Und der Apotheker sucht dann eben das Präparat heraus. Viele Apotheker arbeiten daher mit einem Computer, um durch das Riesenangebot hindurchzukommen.

Keine leichte Arbeit. Immerhin gibt es bei uns 70000 Präparate. Viele Apotheker arbeiten daher mit einem Computer, um durch das Riesenangebot hindurchzukommen.

Die Reform bedeutet für die Apotheker Mehrarbeit. Denken Sie dann, wenn Sie das nächstemal Ihre Medikamente holen. Haben Sie ein etwas Verständnis, wenn es etwas dauert, um das für Sie richtige Präparat mit Festbetrag zu finden. Das Warten lohnt sich. Sie sparen die Rezeptgebühr, immerhin 3 Mark.

Warum muß ich immer so viele Tabletten kaufen?

Christel Neumann, Sekretärin

Ein echtes Problem. Und bisher konnten die Apotheker nicht helfen. Sie mußten Ihnen manchmal 90 Tabletten geben, obwohl sie nur 10 brauchten. Jetzt kann der Arzt auch weniger verordnen. Und der Apotheker gibt Ihnen dann nur die tatsächlich benötigten Tabletten aus einer Schachtel. „Auseinzelung" nennt man diese Neuerung der Gesundheitsreform.

Wie kann mir der Apotheker helfen?

Michael Stumpf, Pilot

Der Apotheker ist der Fachmann für Medikamente. Bitten Sie ihn also, wenn der Arzt ein Rezept auf dem nicht ein Medikament-Sondern den Wirkstoff draufsteht. Dann kann der Apotheker Ihnen helfen. Geld sparen Sie nämlich dadurch nicht nur, daß das Präparat hersucht, das Ihnen hilft, sondern auch das, das unter dem Festbetrag liegt. So sparen Sie die Rezeptgebühr von 3 Mark.

Auch die Apotheker müssen um denken. Sie werden künftig wieder stärker beraten, wenn es um Preise und Medikamente geht

Ihr Arzt hat viele Möglichkeiten

Was Sie wissen sollten, wenn Sie wegen der Kosten auf ein neues Präparat umsteigen wollen.

Die Auswahl unter den Medikamenten, die den gleichen Wirkstoff haben, aber mit unterschiedlichen Namen und mit unterschiedlichen Preisen auf dem Markt sind, ist groß. Daher ist es kein Problem, wenn Sie wegen der Kosten auf ein Präparat mit Festbetrag umsteigen wollen.

Ein praktischer Arzt, der bereits seit langem preisbewußt verordnet, sagt: „Wo immer medizinisch vertretbar, habe ich in der Vergangenheit bereits Generika (Arzneimittel mit gleichem Wirkstoff) verordnet".

Die Generika werden genauso streng geprüft wie die Originalpräparate. Und bei diesen Prüfungen durch die staatlichen Behörden spielt der Preis keine Rolle. Es geht nur um die Qualität, um die Verträglichkeit, um die medizinische Wirksamkeit. Und die Generika auf dem Markt befindlichen Generika erfüllen alle die hohen Anforderungen des deutschen Arzneimittelgesetzes.

Warum jetzt die Preise purzeln

Mehr Wettbewerb, mehr Konkurrenz. Die Gesundheitsreform ist ein voller Erfolg.

Seit dem 1. September sind alle preisbewußter. Die Ärzte, die Patienten – und auch die Pharmaunternehmer.

Um keine Marktanteile an die Generika-Hersteller zu verlieren, haben viele Pharmaunternehmer freiwillig die Kosten für ihre bislang teuren Originalpräparate gesenkt. Blutdrucksenkende Mittel mit dem Wirkstoff Nifedipin wurden dadurch zum Teil bis zu 31,5 Prozent billiger. Bei Rheumamitteln gab es teilweise einen Preisrutsch bis zu 49,8 Prozent. Die Reform wirkt.

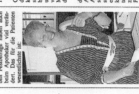

Dieser Aufdruck sagt: „Medikament zum Festbetrag".

ANZEIGE

ANZEIGE

GESUNDHEITSREFORM '89

Ich finde es gut, daß die Vorsorge verbessert wurde. Christel Damsch mit Tochter Laika

Mehr Vorsorge, besser geschützt

Was Sie jetzt von Ihren Kassen erwarten können. Und warum es so wichtig ist, daß Sie alles tun, um Krankheiten zu verhüten.

Torsten Döbel, Automechaniker

Sind die preiswerten Medikamente auch sicher?

Der Preis spielt für die Sicherheit eines Medikamentes keine Rolle. Die Gesundheitsreform hat bei der Überprüfung, bei der Zulassung von Medikamenten durch das Bundesgesundheitsamt nichts verändert. Wirtschaftlichkeit ja, Unsicherheit nein.

Jetzt tun die Krankenkassen mehr für die medizinische Vorsorge. Seit dem 1. Oktober zahlen die gesetzlichen Krankenkassen Vorsorgeuntersuchungen gegen die großen Zivilisationskrankheiten. Gegen Herz-Kreislauf-Erkrankungen, gegen Nierenerkrankungen, gegen Diabetes (Zuckerkrankheit).

Männer und Frauen, die das 35. Lebensjahr vollendet haben, können alle zwei Jahre einen „Gesundheits-Check-up" in Anspruch nehmen. Das ist die sinnvolle Ergänzung zu der bisher schon möglichen Krebsvorsorge.

Vorsorge ist besser als heilen. Dies gilt gerade für die großen Zivilisationskrankheiten. Darum macht der Arzt beim „Check-up" eine gründliche Untersuchung, prüft das Blut auf Cholesterin, Zucker, Harnsäure und Kreatinin, den Urin auf Eiweiß, Zucker, rote und weiße Blutkörperchen, auf Nitrit. Wenn es dem Arzt notwendig

Argumente, die auch Sie überzeugen

Sie werden immer wieder Stimmen hören, die die Reform im Gesundheitswesen kritisieren. Für solche Gespräche sollten Sie Argumente haben. Hier sind die wichtigsten:

● Die Reform verhindert eine Erhöhung der Krankenkassenbeiträge.

● Die Reform ist sozial, weil sie alle Gruppen erfaßt: Ärzte, Apotheker, Patienten und Pharmahersteller.

● Die Reform sorgt für niedrigere Preise bei Medikamenten.

● Die Reform verhindert, daß Medikamente auf dem Müll landen. Durch die Möglichkeit des Apothekers, künftig auch einzelne Tabletten abzugeben.

erscheint, macht er zudem ein Herzstrombild (EKG).

Die Krankenkassen stellen für den „Check-up" Berechtigungsscheine aus. Sprechen Sie mit Ihrem Arzt. Er sagt Ihnen, ob so ein „Check-up" bei Ihnen notwendig ist.

Weitere Verbesserungen sind:
● In Kindergärten und Schulen werden die Zähne der Kinder untersucht.
● Versicherte vom 12. bis 20. Lebensjahr können sich einmal halbjährlich einer individuellen zahnmedizinischen Vorsorgeuntersuchung unterziehen. Die Kassen zahlen.
● Die Früherkennung und Frühbehandlung von kindlichen Entwicklungsstörungen wird ausgebaut. Die Kasse übernimmt auch nichtärztliche Leistungen, insbesondere psychologische Leistungen.

● Die Reform sorgt dafür, daß Medikamente mit zweifelhafter therapeutischer Wirkung weniger verschrieben werden.

● Die Reform macht Verbesserungen bei der Hauspflege, bei Vorsorgeuntersuchungen möglich.

Mehr Argumente finden Sie in der Broschüre „Die Gesundheitsreform". Sie können sie bestellen beim Bundesministerium für Arbeit und Sozialordnung, Referat Öffentlichkeitsarbeit, Rochusstr. 1, 5300 Bonn 1.

Eine Information des Bundesministeriums für Arbeit und Sozialordnung.
Produktion: Hans-Jürgen Raabe (Text) und Marlen Unger (Fotos), Layout: Thomas Schwan

Einflußgröße Farbe

Mit zunehmenden technischen Möglichkeiten wurde das Leben mehr und mehr von Farbe bestimmt. Die Bildschirme im Wohnzimmer und auf dem Schreibtisch, Zeitschriften und Zeitungen bekennen stets perfektere Farben. Firmen identifizieren sich im Rahmen ihrer Corporate-Identity-Bemühungen mit bestimmten farblichen Konstellationen. Ob Schultornister oder Sportkleidung – die Dinge des Lebens haben sich gewandelt vom oft eintönigen Standard zur bunten Vielfalt.

Ganz selbstverständlich ist, daß die Werbemittel, und natürlich die Anzeige, den Faktor Farbe nutzen. Auch hier geht es zunächst wieder grundsätzlich um die Norm der Betrachtungsweise des Lesers. An Farbe gewohnt: qualifiziert er möglicherweise unbewußt ab, was nur schwarzweiß erscheint?

Zunächst: was wären Zeitschriften, auch Zeitungen heute ohne farbige Anzeigenseiten. Bei allen gelegentlichen Unmutsäußerungen: „Da blättere ich schnell weiter", „Ich lasse mich von Werbung grundsätzlich nicht beeindrucken" – gute Anzeigen haben in der Regel großartige Imageprägungs- und Verkaufserfolge. Sonst würden sie nicht gemacht. Je großzügiger und farbiger sie sind, desto weniger kann sich der Betrachter ihrer Faszination entziehen.

Wenn die Gestaltung es verlangt, werden sie gegen Preisaufschlag über den Heftrand hinaus gedruckt, „angeschnitten" nennt man das. Aber auch innerhalb des Satzspiegels – der weiße Seitenrand ringsum bleibt erhalten – können Farben dominieren.

Anzeigen – farbig oder nicht? Grundsätzlich ja! Wenn das im Rahmen der Konzeption liegt – und es wird in den meisten Fällen so sein. Und wenn es im Rahmen des Etats möglich ist – da wird es ab mittleren Größen schon schwieriger. Untersuchungsergebnisse der Werbewirkung sprechen wie fürs größere Anzeigenformat selbstverständlich für die vermehrte Verwendung von Farbe. Nutzen Sie das zum Erreichen Ihrer Werbeziele.

Die vier Druckfarben Schwarz, Rot, Gelb, Blau geben Farbaufnahmen so naturgetreu wie möglich wieder. Auch arbeiten Anzeigen natürlich ebenfalls mit nur einer, zwei oder drei Zusatzfarben. Sie werden meist als blickfangstarke Flächen oder zur Hervorhebung von Schlagzeilen genutzt.

Um besondere Effekte zu erzielen, können auch nach Absprache mit den Verlagen Sonderfarben eingesetzt werden. Und wo sie das Produktversprechen konzeptionsgetreu umzusetzen helfen, ist ihre Zusatzwirkung nicht hoch genug einzuschätzen. Ein markantes Beispiel war die Verwendung einer Metallic-Silberfarbe in einer Anzeigenkampagne für Autos, die einen besonderen Rostschutz erhielten.

Und nun das Beispiel zur Ausnahme von der Regel: der Verzicht auf Farbe bei einem

Produkt, das eigentlich damit lebt. Aber die Konzeptionsidee ist so stark, daß sie sich durchgesetzt hat: „Was fehlt, ist die Tapete von Rasch." Eine Kampagne, die scheinbar alle Regeln der Kommunikationskunst auf den Kopf stellt: eigentlich müßten toll tapezierte Räume zu sehen sein, in denen glückliche Menschen sich wohlfühlen. Aber nichts vom Normalen – festgehalten ist die Zeitspanne vor der Entscheidung, die nur eindeutig fallen kann. Kein Wunder, daß die Kampagne Nachahmer fand, die wohl das übliche Schicksal der Kreativität aus zweiter Hand teilen.

Checkliste: Farbe oder nicht?

1) Braucht und verträgt das umworbene Produkt die Farbe?

2) Wirbt der Wettbewerb farbig?

3) Verlieren Unternehmen und Produkt ohne Farbe an Image?

4) Benötigen Ihr Produkt, Ihre Werbeaussage sogar eine Sonderfarbe?

5) Müssen es vier Farben sein, um das Produkt möglichst naturgetreu darzustellen, oder reichen eine, zwei Skalenfarben für Umrahmungen, Hintergründe, Betonungen von Schlagzeilen?

6) Wenn Sie Doppelseiten haben: geht eine davon ohne Zusatzfarben?

7) Wirkt Ihre Anzeige schwarzweiß nicht doch effektvoller?

8) Brauchen die Fotoszenen Farbe, weil sie lebensprühend oder besonders stimmungsvoll oder dokumentarisch sind?

9) Lebt Ihre Anzeige von konstrastierender Darstellung: Szene einfarbig ohne Verwendung Ihres Produktes, Szene vierfarbig danach?

10) Setzen Sie Illustration oder Computergrafik ein – Elemente, die Farben verlangen?

Testimonial-Anzeigen

Beispielhafte Vorbild-Verbraucherinnen und -Verbraucher werden in vielen Anzeigen gerade dabei erwischt, wie sie das umworbene Produkt verwenden und dadurch froh, zufrieden, wunschlos glücklich sind. Man kann die einfache Formel finden: je unproblematischer das Produkt – Zigaretten, Spirituosen, Waschmittel, Basis-Nahrung – um so wichtiger finden es Werbungtreibende und ihre Agenturen, das positive Produkterlebnis gleich im Beweisbild mitzuliefern. Das mag traditionell schon immer so gewesen sein. Mit der Denkschiene „Safety first" sind Sie also zumindest auf der Seite der Werbehistorie. Lassen Sie aber trotzdem immer wieder ungewöhnliche Anzeigenideen gestalten – abseits der Erwartenshaltungsroutine. Sie sind zumindest stets das Wagnis wert, getestet zu werden.

Viele Kampagnen begnügen sich nicht damit, frohgestimmte Fotomodelle als produktstimulierende Verbraucher in Anzeigen zu integrieren, sondern zeigen bekannte Persönlichkeiten aus Politik, Sport oder Wirtschaft – Testimonials eben. Deren Kompetenz und Idol-Kraft soll dann Kunden dazu bringen, bestimmte Produkte zu kaufen: „Wenn der oder die das benutzen, dann ich auch." Der Kunde identifiziert sich mit dem Star, fühlt sich ihm ideologisch näher, partizipiert von seiner scheinbaren klaren Urteilskraft. Das klappt oft und oft nicht. Warum? Die sachliche Entscheidung, ob das Werben mit der bekannten Persönlichkeit Erfolg bringen kann oder nicht, ist gar nicht schwer zu fällen. Ist das Persönlichkeitsbild des Stars mit dem Charakter des Produktes identisch, kann man ungestraft grünes Licht geben. Beißt sich beides – Finger weg. Die Beispiele liegen auf der Hand: Tennis-Stars für Rackets, Sportkleidung, Kraftgetränke – geht sicher in Ordnung. Auch für Banken, Autos, Rasierapparate? Bekannte Charakter-Schauspieler für wertvolle Spirituosen – sicher zu begrüßen. Würden sie auch passen für Waschmittel oder Rasengrün? Politiker-Persönlichkeiten für bedeutende Industriemessen oder Wirtschaftsverbände – bestimmt ja. Ihre wahrscheinlich geringere Ausstrahlung in der Werbung für Konsumgüter malen Sie sich bitte selbst aus.

Dieses relativ einfache Rezept für Testimonial-Anzeigen wird beim Lesen durchaus plausibel erscheinen. Ist es auch. Die normative Kraft des Faktischen aber läßt erfahrene Werbepraktiker oft verzweifeln. Wenn z. B. der Vorstand des Kundenunternehmens gern Tennis spielt und aus dieser Tatsache schließt, daß noch mehr Kunden seine Sessel kauften, säße nur mal in Anzeigenfotos ein Weltranglisten-As drin. Oder Frau Vorstand geht gern ins Theater und macht ihrem Mann plausibel, daß seine Computer weitaus besser abzusetzen wären, würde nur in den Anzeigen ein Burgschauspieler in Othello-Pose, vielleicht noch mit einem leicht verfremdeten, pfiffigen Zitat darauf verweisen.

Schon diese wenigen Beispiele für gekonnte und falsche Nutzung von Testimonial-Möglichkeiten geben Ihnen die Richtung des sicheren Gespürs dafür, was wahrscheinlich ankommt und was sicherlich nicht.

Wenn das Image der Persönlichkeit in Einklang steht mit der Werbebotschaft im Rahmen der Produkt-Konzeption, ist gegen die Verwendung in der Werbung kaum etwas einzuwenden. Wenn aber aus zufälligen persönlichen Motiven von Auftraggeberseite aus ein Star dem Produkt kommunikativ aufgepfropft werden soll, wird es sehr mühsam und teuer.

Bekannte Beispiele lehren, daß selbst durch Star-Werbung ausgelöste Verkaufsbooms nur von äußerst kurzer Dauer waren, zum Marketing-Rohrkrepierer wurden und ganze Branchen in Bedrängnis brachten. Bei der Grundsatzfrage „Anzeigen mit Testimonials – Ja oder Nein" treffen Sie also stets eine mittel- bis langfristige Entscheidung. Erstens für Ihr Produkt: was ihm heute nutzt – wendet es sich nicht morgen gegen den Absatz? Zweitens für Ihre Finanzen: clevere Star-Manager drängen zu Recht auf längerfristige Exklusivverträge. Wenn dann der Star längst unten ist, bleiben Ihre Zahlungen noch lange hübsch oben.

Sosehr Sie es auch für Ihre persönliche Imagepflege nutzen können, bekannte Persönlichkeiten für Ihre Produkte werben zu lassen: überlegen Sie genau das Für und Wider.

Checkliste: Testimonial-Anzeigen angesagt?

1) Erfordert Ihr unproblematisches Produkt die Darstellung der Verwenderfreude?

2) Heben Sie sich damit vom Wettbewerb ab – oder gerade nicht?

3) Setzen Sie die Sportlerin, den Schauspieler, den Politiker nur deshalb ein, weil sie bekannt sind?

4) Kann ein Imagetransfer von der Persönlichkeit aufs Produkt überhaupt stattfinden, weil sie sich glaubhaft damit identifiziert?

5) Stimmen Produktcharakter und Testimonial-Ausstrahlung überein?

6) Hemmt der Star nicht sogar den Verkauf, weil es keinen Grund dafür gibt, ihm gerade dieses Produktversprechen abzunehmen?

7) Ließen Sie sich bei der Wahl der Testimonial-Person vielleicht von Ihrer persönlichen Vorliebe leiten – die keinesfalls übereinstimmen muß mit der absatzfördernden Überzeugungskraft des Stars?

8) Haben Sie eine repräsentative Meinungsumfrage gewagt, bevor Sie sich endgültig für einen Star entschieden?

9) Bestanden Sie auf einem Vertrag, der bei Nichterfolg nach einiger Zeit noch einmal überdacht werden darf?

10) Ist der Testimonial-Einsatz im Rahmen der Gesamtkonzeption auch auf die anderen Kommunikationsmittel übertragbar?

Testimonials – kommentierte Beispiele

Testimonial-Star und sein Spruch lassen nichts zu wünschen übrig. Sympathieträger und Produkt passen gedanklich zueinander. Hier wirkt nichts unglaubwürdig aufgesetzt – man nimmt dem Star die Marke ab. Mehr noch – das geflügelte Wort wurde zum Slogan – oder war es umgekehrt: „Man gönnt sich ja sonst nichts."

Diese Anzeige kann gleich einen Schritt weiter gehen. Das *Testimonial-Beispiel*, der Star, lobt nicht einfach ein Produkt, sondern stellt direkt ein eigenes, nach ihm benanntes vor: „Tennis ist mein Spiel. Dieses Parfum ist meine Liebe." Das muß man einfach glauben. Liebt man den Star, liebt man das Parfum.

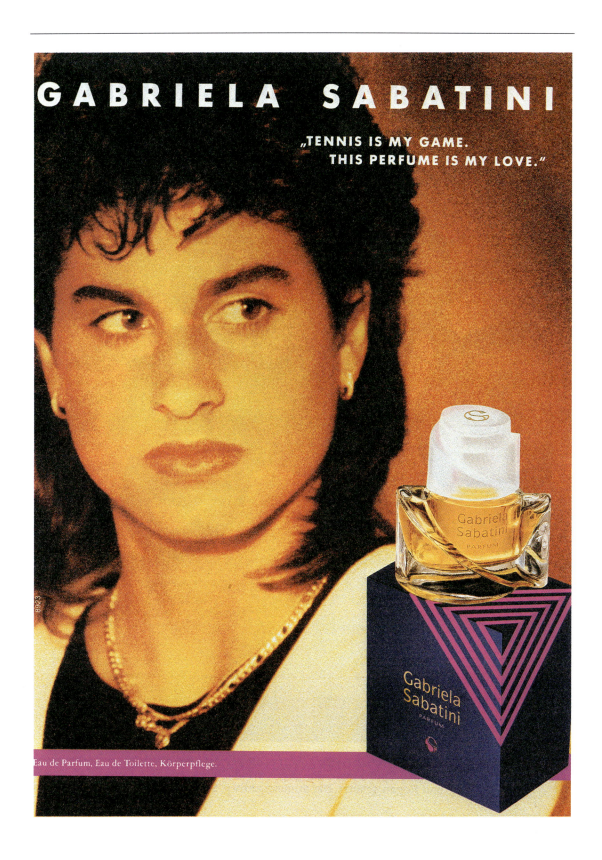

Kraftvolle Testimonial-Anzeige. Ein Tennis-As, das Kräfte verbraucht und ersetzen muß, kann glaubhaft für einen Vitamintrank stehen. Wie angenehm und daher wirkungsvoll die gesamte Bildszene. Darin steckt die Kreativität: der Tennisstar wird nicht nach hartem Kampf am Spielfeldrand safttrinkend gezeigt, sondern im Freizeitbereich – sogar mit ganz normalen Menschen im Hintergrund, die natürlich auch den Vitamintrank brauchen.

Götz George wirbt für Jeans – die *Identifikation dürfte stimmig sein*. Name mit Unterschrift am Kopf der Anzeige, er ganz in das Produkt gekleidet, um das es geht. Marke mit sparsamem Zusatz; selbst ein Fachhandelsnachweis ist angesprochen, wenn man genau hinschaut. Für die George- und Jeans-Fans-Gemeinde ein treffendes Motiv.

Eigentlich längst überholter Anzeigenstil: eine Headline, die die Aufmerksamkeit vom Produkt auf den Kultfilm lenkt; der Schattenriß des *legendären Stars*, der doch Geld genug gehabt haben sollte, sich gebrauchsfertige Tabakwaren zu kaufen. Zugleich jedoch so verblüffend witzig-frech Sympathie für die historische Filmszene nutzend, daß der Anzeige genügend Biß bleibt. Nachahmungen werden schwerlich Chancen haben.

Vom Produktnamen bis zum Händlerhinweis

Produktnamen wo plazieren

Anzeigen prägen nicht nur oft zunächst kaum greifbare Images, beeinflussen nicht nur imaginäre Massen, machen nicht nur Stimmung für eine glückliche ferne Produkt- und Verbraucherzukunft, sondern geben handfeste Hinweise getreu dem journalistischen Grundgefüge für umfassende Informationen: Wer? Was? Wann? Wo? Wie? Warum?

Eine Frageabfolge dieser Art gilt auch für Ärzte, Juristen, Kriminalisten – für alle eben, die aufgrund ihrer beruflichen Tätigkeit nicht nur an der Oberfläche des Geschehens kratzen dürfen. Grund genug für Werber, sich diese Gründlichkeit des Denkens auch für Anzeigeninhalte zu eigen zu machen. Nicht klingelnde Floskeln oder allgemeingültige Bildaussagen führen zum Erfolg, sondern der gründliche Denkprozeß, der die Kreativität ausmacht oder sie auslöst.

Zunächst zum Namen des Produktes, um das es in der Anzeige geht – sei es ein Markenartikel, ein Investgut, ein Unternehmen, eine Ideologie, eine Partei, eine Dienstleistung. Wie oft muß der Name erscheinen? Reicht es, wenn er auf einem Produktfoto steht – sei es auf der Packung des Konsumgutes, auf der Maschine oder dem abgelichteten Firmengebäude? Muß er nochmal dick unten rechts erscheinen? Soll er im Text möglichst oft gebracht werden, um ihn zu penetrieren? Hilft es, wenn er in der Schlagzeile steht? Eine allgemein verbindliche Antwort kann es nicht geben, das versteht sich, weil Produkte und ihre Botschaften, Zielgruppen und Ansprachewege naturgemäß zu verschieden sind.

Aber gemeinsames Nachdenken über diese entscheidende Frage erleichtert wesentlich die Ergebnisfindung beim Gestalten und Beurteilen. Keine Frage, gänzlich verschwiegen werden sollte nicht, worum es in der Anzeige geht. Obwohl es auch dafür Beispiele gibt. Gemeint sind hier nicht die Mehr-Seiten-Anzeigen, bei denen mit Step 1 neugierig gemacht wird und im gleichen Heft auf den folgenden Seiten die Auflösung kommt – meist pfiffig und erfolgreich.

Wir wissen: Kreativität besteht nicht in abnormen, sich womöglich gegenseitig erschlagenden Pfiffigkeiten. Ganz im Gegenteil: Mut zur Normalität bedeutet auch in der Werbung Erfolg. Wenn Sie die großen, wirklich effektvollen Kampagnen an dieser Aussage messen, werden Sie feststellen: die Kreativität liegt in ihrer Sachlichkeit und in der handwerklichen Perfektion, sie dem Leser respektvoll darzubieten.

Preisgekrönte Anzeigen können das erfüllen, müssen es aber nicht. Ergebnisorientierung und realistische Verbraucherüberzeugung spielen hier mit im Spektrum der Bewertungsfaktoren, sind aber kaum ausschlaggebend.

Vom Verstecken des Produktnamens bis hin zur Dampfhammer-Methode ziehen sich die vielfältigen Möglichkeiten, Verbraucher mit Anzeigen zu beeinflussen. Wenn Sie es schaffen, Schlagzeilen mit Produktnamen zu formulieren oder schreiben zu lassen, sind Sie direkt am Optimum. Sie haben dann die Sicherheit, die leider viel zu oft übliche, stets teuer bezahlte Umwegargumentation zu umgehen, die unter „Werbeidee" verkauft wird. Hier sei vielleicht die Abweichung von journalistischen Grundregeln erlaubt. Manche guten Artikel-Headlines geben nicht den Kern des Berichtes wieder, sondern sind nur aufmerksamkeitsfangendes Spotlight. In der kommerziellen Verbraucherinformation, wie sie sich in Anzeigen nun mal manifestiert, sind sicherere Wege empfehlenswert. Nichts dem Zufall überlassen, sondern klar ausdrücken, worum es sich dreht – damit sind Sie auf der Seite des Werbeerfolgs.

Werbungtreibende, die ohne Umwege klar sagen, was ihnen für den Kunden am Herzen liegt, bleiben auf Dauer sympathischer als möglicherweise unter Pseudo-Fachleuten hochgelobte Ideenschleudern, die außer Gags wenig bringen und deren Anliegen nur nutzlos verpuffen können.

Also: stellen Sie den Produkt-, Firmen-, Parteiennamen klar und überzeugend heraus, aber übertreiben Sie es nicht. So oft wie möglich, so groß wie möglich – damit ist es nicht getan. Im Anzeigenfoto wird der Name enthalten sein. Fügt er sich harmonisch ein? Dann ist es o.k. Oder wirkt er aufgepfropft, eingeblendet, mit gewaltvoller Absicht eingebracht, um dem Leser ins Gesicht zu springen? Dann seien Zweifel angebracht – die Wirkung verkehrt sich oft ins Gegenteil.

Wie steht's mit dem Text? Ist der Name, um den es geht, hin und wieder wie zufällig integriert? Oder steht er im Mittelpunkt der Aussagen, verbunden mit Begriffen wie „bester, schönster, schnellster, größter…"? Sind das Aussagen, die den Leser interessieren? Oder sieht lediglich der Anzeigenauftraggeber im engen natürlichen Interessenverbund mit seiner Agentur sein Produkt so – ohne Rücksicht auf seine Zielgruppe?

Was halten Sie von folgender Schlagzeile: „Von einer, die auszog, das Fürchten zu lernen"? Der Text kommt über die Themenabfolge „Märchen und ihre Bedeutung heute – Freizeit und ihre Mode – Gesundheit und ihr Preis" zum Produkt Mückenspray. Diese Schlagzeile wurde übrigens nur von drei Menschen gelesen: 1. vom Schreiber selbst, 2. vom genehmigenden Kunden, 3. vom Setzer. In den Millionen-Auflagen des Blätterwaldes, in denen sie rauschen sollte, ging sie ohne Flüstern unter. Und damit teilte sie das Schicksal vieler Artgenossinnen. Wohingegen eine Schlagzeile von der Art „X-Mückenspray hält Ihnen die Biester vom Leibe" zumindest die Chance gehabt hätte, von Seeufer-Campern, Nachtgrill-Enthusiasten und moorbodennahen Gebäudeeignern als lesenswerte Aussage wahrgenommen zu werden.

Und ist der Produkt-, Firmen-, Parteienname mit dem Rest des Slogans, der als krönender Abschluß die Anzeige ziert, so verbunden, daß die Formulierung ohne ihn nicht möglich ist? „Der nächste Winter kommt bestimmt", „Nur Fliegen ist schöner" – Formulierungen, die jeder kennt. Fragen Sie rund, woher sie stammen. Sie waren ursprünglich mal als Slogans für bestimmte Produkte gedacht, sind aber im allgemeinen Sprachgebrauch untergegangen. Ihre Schöpfer und Befürworter mögen das zwar voller Stolz als Beweis der Spruchqualität anführen. Nur nützt es den Produkten nichts mehr, die damit verkauft werden sollten. Also nicht „Je kürzer der Tag, desto früher der Whisky", sondern „Der Tag geht, Johnny Walker kommt".

Firmenlogo – ja oder nein?

Jedes Unternehmen braucht sein eigenes Zeichen. Das ist üblich. Es dient als Marke, Symbol, Identifikation. Das Firmenlogo verbindet sichtbar die Marketingbemühungen, wird eingesetzt und erkannt als Qualitätsversprechen und Gütesiegel. Unter einem Zeichen vereinen sich Menschengruppen seit Urgedenken: Völkerstämme, Nationen, Familien, Interessengruppen, Gleichgesinnte. Die Anlässe sind verschieden: sich gemeinsam den unterschiedlichen Lebensbedrohungen erfolgreicher widersetzen – seien es unergiebige Jagdbeutezüge, mangelhafte Ernten, Krankheitsfälle, tierische oder menschliche Feinde; sich gemeinsam unter das geistige Dach einer Religion oder Ideologie begeben; sich gemeinsam Freizeitbeschäftigungen verschreiben – dem Staudengärtnern, Go-Kart-Fahren, Bergwandern, Scheibenschießen.

Die gemeinsamen Zeichen reichen von der Fahne bis zur Anstecknadel. Manche Zeichen werden versteckt, bleiben geheim, die Anhänger bekennen sich nicht öffentlich. Die meisten Zeichen aber werden stolz getragen: am rechten Ringfinger als Symbol „verheiratet"; quer auf der Bluse als Marke-„Esprit"-Anhänger; am Revers als starker Nachweis „Goldenes-Sportabzeigen-Qualifikation".

Das Unternehmenszeichen in der Anzeige kann grafisches Symbol sein, das sich im Glücksfall aus dem Produktionsziel ergibt: Kreis für Rohre, Fontäne für Springbrunnenanlagen, Ziegelstein für Bauunternehmen, Welle für Friseur. Das Zeichen kann aus dem Firmennamen entwickelt sein – meist sind die Buchstaben in eine bestimmte Schriftform gebracht. Und beide Möglichkeiten – grafisches Symbol und Firmenschriftzug – können zum einheitlichen Logo verbunden werden.

Eins ist allen gemeinsam: sie sollen in verschiedenen Materialien und Größen verwendbar sein – einen Meter hoch über dem Werkstor wie sechs Millimeter klein in Prospekten und Anzeigen. Das zwingt von vornherein zur Klarheit in der Gestaltung und läßt Laiengrafikern keine Chance. Gute Zeichen haben ihren kaum schätzbaren Wert.

Die Plazierung des Firmenlogos in einer Anzeige unterliegt einer unerklärlichen Magie: unten rechts. Für klassische Anzeigen haben Elemente und Gestaltung Tradition: Schlagzeile, Bild, Text, Firmenlogo. Und das soll schwierig sein? Sich davon zu lösen, bestimmt! Seit es Werbung gibt, werden Anzeigen so gemacht. Wer es anders versucht, geht ein Risiko ein, setzt sich der Kritik aus, muß viele davon überzeugen, daß es auch anders geht.

In jeder Anzeige von einer Viertelseite an aufwärts ist viel Platz fürs Firmenzeichen, und es könnte an jeder Stelle im gekauften und zunächst leeren weißen Raum stehen. In der Mitte zum Beispiel oder oben links. Oder oben in der Mitte oder oben rechts wie meist beim Briefbogen.

Man sollte zunächst in Frage stellen, ob das Firmenlogo in Anzeigen außerhalb einer reinen Image-Serie überhaupt etwas zu suchen hat. In Konsumgüter-Anzeigen gibt es das aus gutem Grund selten: das Produkt steht eindeutig im Vordergrund. Fach- und Dienstleistungsanzeigen beinhalten das Logo nahezu obligatorisch – der vollkommene Absender gehört hier dazu wie bei der Einzelhandelswerbung in der Tageszeitung.

Gemeinschaftsaktionen tragen kaum Firmenzeichen. Wenn, dann meist ganz klein im Rahmen einer Fußleiste. Der umworbenen Zielgruppe dürfte das gleichgültig sein: die kann einfach darüber hinwegsehen. Aber es hat eine große psychologische Bedeutung im Auftraggeber-Unternehmensteam. Sie haben den gedruckten Beweis in Händen, daß sie an einer gemeinschaftlichen Aktion teilnehmen, Geld investieren und hoffentlich auch Erfolg erhalten über Illustrierten-Anzeigen, die sie oft allein nie finanzieren würden. Die besprochene Fußzeile geht natürlich auch ohne die Firmenzeichen – nur mit Teilnehmeranschriften.

Das in vielen Anzeigen möglicherweise überflüssige Firmenlogo macht aber dann wieder Sinn, wenn es im Verbund der gedruckten Kommunikationsbestrebungen eines Unternehmens gesehen wird: plaziert auf Geschäftspapieren, Gebäuden, Wagen, Prospekten und Katalogen, Presseinformationen und eben in Anzeigen, schafft es als konzertiertes Siegel Imageprägung auf allen möglichen Stufen.

Anschriften in Anzeigen

Ob Anzeigen überhaupt mit Anschriften versehen sein sollten, hängt natürlich von ihrer Zielsetzung ab. In Einzelhandelsanzeigen der Tageszeitungen werden sie nicht fehlen. Auch nicht in Aufforderungen zu Direktbestellungen oder Fachanzeigen, die regionale Zweigniederlassungen nachweisen. Bei Anzeigen der Gemeinschaftswerbungen, Geldinstitute oder Markenartikel fehlen Anschriften oft. Es geht hier ums Image.

Wäre es aber nicht angebracht, in jeder Anzeige wenigstens eine einzige klare Bezugsadresse zu nennen – mit Telefon, vielleicht auch Fax? Weil bei fortschreitender Anonymität die direkten Kontaktchancen immer entscheidender für Werbeaktivitäten werden – für Rückfragen, Bestellungen, auch zum Dampfablassen.

Sicherlich ist es noch ungewöhnlich: „Das haben wir nie gemacht – bzw. das haben wir immer so gemacht." Sie kennen das. „Unsere Anzeigen auch noch mit Anschriften versehen? Da hätten wir viel zu tun. Wer uns da alles belästigt." – Versuchen Sie es. Lernen Sie daraus. Und Sie haben die Nase vorn, weil Sie möglicherweise als einer der ersten Ihres Wettbewerbsbereiches eine neue Serviceleistung bieten. Muten Sie Interessenten nicht länger das Wälzen von Telefon- und Branchenbüchern, das ungezielte Anrufen beim Handel, die Hilfeanrufe bei Anzeigenabteilungen und Redaktionen zu.

Bei den Werbekurzfilmen in den Kinos ist es immer noch üblich, Telefonnummern auf die Leinwand zu bringen und sogar mit nachdrücklicher Wiederholung im begleitenden Tontext zu nennen. Dabei setzen die Werbungtreibenden dort entweder auf ein phänomenales Gedächtnis der Kinobesucher, sich die Telefonnummer einfach so merken zu können, oder auf bereitgehaltenes Schreibzeug und die Fähigkeit, lesbar im Dunkeln zu notieren. Da haben Sie es doch mit Ihrer Anzeige viel einfacher: bieten Sie dem möglichen Kunden Anschrift und Telefonnummer deutlich gedruckt zur direkten Aktion. Welchen Grund hätten Sie, halb anonyme Anzeigen aufzugeben? Warum sollten Sie echte Kontaktchancen verpassen?

Händlerhinweis – heute verkaufsfördernder denn je

An die Überlegungen, die ausführliche Firmenanschrift des werbungtreibenden Unternehmens in Anzeigen deutlich zu nennen, um den Dialog mit dem Angehörigen der umworbenen Zielgruppe überhaupt sinnvoll zu ermöglichen, schließt sich direkt die Frage nach dem Händlerhinweis an.

Man darf wohl zugrunde legen, daß sich die kritischer gewordene Einstellung breiter Verbraucherschichten zu vielen Produktgruppen bei Fortschreibung der Wirtschaftsstruktur weiter verstärkt. Die stattgefundene Bewußtseinsänderung zu den Themen Gesundheit, Umwelt, Rohstoffe, Dritte Welt schlägt deutlich auch auf die Produktwahl durch. Überkommene Marketingstrategien sind überholt. Und damit gerät auch das traditionelle Anzeigenmachen nach und nach ins Abseits.

Wo sich schon die Produkte ändern mußten, die Verbrauchs- und Verkaufsargumentationen, die Ansprache bisheriger und künftiger Käufergruppen, da muß auch deutlich die Frage gestellt werden nach dem „Wo erhältlich?" – vermehrt im Hinblick auf Verbundaktionen zwischen den Liefer- und Abnahmestufen.

Fügt man die Idee der europaweiten, scheinbar vieles vereinfachenden Absatzbemühungen hinzu und sieht man sie vor dem Hintergrund des realistischen Erfahrungswissens, daß jeder größere Markt nur dann funktionieren kann, wenn er im Gegenzug in viele Kleinmärkte wieder aufgeteilt wird, so muß die Erkenntnis „all business is local" auch in die Gestaltung erfolgreicher Anzeigen integriert werden. Womit der Händlerhinweis – bisher oft als zu mühsam, zu wettbewerbsfördernd oder gestalterisch störend und damit scheinbar überflüssig empfunden – heute eine Aktualität erhält wie nie zuvor.

Wer Anzeigen ernst nimmt, seine zehntausende, hunderttausende oder Millionen investierte Anzeigen-Mark in den nachweisbaren Gegenwert gekaufter Ware umsetzen will, kommt heute an dem stark vernachlässigten Anzeigenelement „Händlerhinweis" nicht mehr vorbei.

Zugegeben – wer für einen Markenartikel wirbt, der erfreulicherweise an jeder Ecke verkauft wird, will seine farbige Illustrierten-Doppelseite kaum mit winzigen Anschriften füllen. Aber vielleicht eine Ecke. Mit einer Auswahl von Geschäften, die gerade eine Aktion fahren. So läßt sich doch das meist müde Thekengeschäft mit der unbeachteten Preisausschreiben-Teilnahmekarten-Pappbox „Ihr Traumurlaub in Bali – welcher Buchstabe fehlt in Bal. und ist das Tüpfelchen auf dem .?" möglicherweise ohne Mehrkosten ankurbeln. Läuft schon manchmal, natürlich. Aber viel zu selten. Weil es Arbeit macht, Abstimmungsgespräche erfordert und auch hinterher – nach erfolgreichem Abschluß und deutlichem Mehrverkauf bei den in den Anzeigen aufgeführten Händlern – ein beträchtliches Durchstehvermögen verlangen wird. Denn die nicht genannten Handelskollegen – selbst schuld bei ihrem müden Zögern – haben natürlich viel zu meckern. Das spürt der Außendienst, der es der Verkaufsleitung meldet, die es der Geschäftsleitung sagt, die der Werbung die Schuld gibt – möglicherweise. Denn die gestiegenen Verkaufszahlen werden Roß und Reiter nennen: Anzeigenaktion mit deutlichem Absatzplus. Grund: Kunden besuchten gezielt zum Kaufanlauf genannte Händler.

Von der Mediaseite her lassen sich die Schwierigkeiten in Grenzen halten. Viele Blätter erscheinen ohnehin regional. Wer im gesamten Bundesgebiet und benachbarten Ausland publikumswirksam gelesen wird, bietet Splitting – man kann seine Anzeigen in regionale Teilauflagen geben bzw. die Händleranschriften regional unterschiedlich aktualisieren. Bei Produkten, für die in Fachzeitschriften geworben wird, hält sich die Zahl der Händler oft in Grenzen. Man kann hier die Haupthändler durchaus nennen – soviel Anzeigenraum sollte sein.

Es gibt viele erfolgreiche Beispiele für Kollektionen von Händlerhinweisen in Anzeigen – bei Mode etwa. Um wieviel wirkungsvoller ist hier eine Anzeige mit regionalen Kaufnachweisen als ein auch noch so anmutiges Abbilden eines Blousons, dessen verschnörkelt gedruckter Designer-Name nur andeutungsweise zu finden ist. Übertrieben? Schauen Sie sich Modeanzeigen an!

Checkliste: Darf der Händlerhinweis fehlen?

1) Können Sie darin übereinstimmen, daß Bezugsquellen in Anzeigen stets positiv zu werten sind?

2) Berücksichtigen Sie die Wünsche der Verbraucher nach mehr Informationen und weniger Worthülsen in Ihren Anzeigen?

3) Nutzen Sie jede Chance, Ihren Kunden mit Auskünften entgegenzukommen?

4) Steigern Sie Ihre Umsätze nach klaren Strategien, auch durch Aktionen mit dem Handel?

5) Motivieren Sie diese starken Partner im Handel auch durch Bekanntgabe der Anschriften in Ihren Anzeigen?

6) Stehen Sie nach wie vor hinter dem bewährten Grundsatz „all business is local" und handeln Sie danach?

7) Scheuen Sie die manchmal mühsamen Abstimmungsgespräche auf verschiedenen Ebenen für die Angabe der Händleranschriften – und versäumen damit Erfolg?

8) Je mehr Händlerhinweise Sie geben – desto größer ist natürlich das vertretbare Risiko, daß zum Zeitpunkt des Erscheinens eine Unstimmigkeit darunter ist – also lieber gar nicht?

9) Trauen Sie sich zu, die Briefe und Telefonate von Handelspartnern zu beantworten, die erst nicht veröffentlicht werden wollten und dann doch lieber dabeigewesen wären?

10) Haben Sie sich vertraut gemacht mit den Splitting-Möglichkeiten der Zeitungen und Zeitschriften, um in den verschiedenen Erscheinungsgebieten die entsprechenden regionalen Händlerhinweise zu geben?

Namen und Hinweise – kommentierte Beispiele

Praktisch nicht zu übersehen: Anzeigen-Mittelpunkt ist das Produkt und sein Name. Die Hand mit dem Fahrerhandschuh unterstützt die Namens-Symbolik. Daß die Flasche gleich neben ihrem Umkarton unten wieder abgebildet ist, stört nicht einmal. Im Gegenteil. Der Slogan als einziger Anzeigentext trägt bei zur konzentrierten, aber wirkungsvollen Gestaltung.

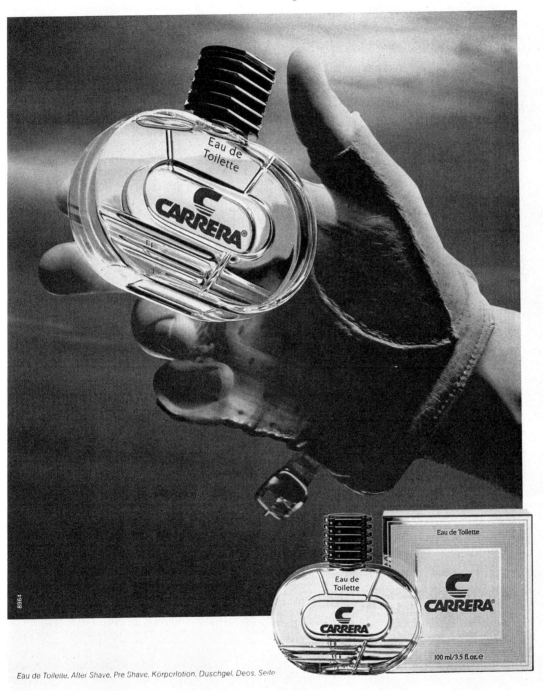

Das Produkt und sein Name absolut im Mittelpunkt der Anzeige. Hier gibt es keine Umwege, hier kann man nichts mißverstehen. Der Leser erhält eine Direktinformation von einer bekannten Qualitätsmarke, die allein für sich stehen und optisch wirken kann. Die in Frageform gehaltene Schlagzeile enthält gleichzeitig die wichtigste Information: „keine Konservierungsstoffe". Die Botschaft „umweltbewußt und gesund" kommt klar an. Auch wenn der Text selbst nicht gelesen werden sollte.

Warum braucht diese Creme keine Konservierungsstoffe?

Schon seit Jahren enthält Nivea Creme keine Konservierungsstoffe. Warum? Drei Faktoren wirken bei Nivea Creme zusammen, die den Zusatz von Konservierungsstoffen überflüssig machen. Die hohe Reinheit und Qualität der Inhaltsstoffe, die besondere Zusammensetzung dieser Creme (Emulsionstyp W/O) sowie das spezielle Produktionsverfahren.
Die genaue Einhaltung dieser Bedingungen sorgt dafür, daß Nivea Creme ohne den Zusatz von Konservierungsstoffen stabil ist und bleibt. Damit ist die hohe Qualität von Nivea Creme auf Jahre hinaus gesichert. Worauf Sie sich verlassen können.

Nivea Creme. Was die Haut zum Leben braucht.

Das Ahorn-Blatt als Marke ist zugleich strahlender, aussagekräftiger Mittelpunkt der Anzeige. Es geht um mehr Platz im Flugzeug – Problem jedes flugerfahrenen Menschen. Und da sieht Air Canada erheblich besser aus als so mancher Wettbewerber, geht aus der Anzeigen-Blättersymbolik hervor. Ein gutes Beispiel, wie man seine Marke in der Anzeige zum Leben erweckt.

In Air Canadas neuer Executive Class können Sie sich in voller Länge langstrecken.

Wie lang und breit Sie sich in unserer neuen Executive Class machen können, möchten wir Ihnen kurz und knapp beschreiben.
Zuerst einmal gibt es weniger Sitzplätze insgesamt. Also viel mehr Platz für den einzelnen. Und dann unsere neuen Sessel selbst, die zu den komfortabelsten gehören, die Ihnen eine Airline bieten kann. Mit beweglichen Kopfstützen, Rückenlehnen, die sich weit nach hinten neigen lassen, mit in drei Stufen hydraulisch verstellbaren Fußstützen. Mit größeren Gepäckfächern und und und. Am besten lassen Sie sich auf einem Ihrer nächsten Flüge mal angenehm überraschen.

A BREATH OF FRESH AIR   Air Canada

Weil der Markenname als volles Programm für Lebensfreude steht, verzichtet die Anzeige auf weiteren Text – bis auf den Slogan „Bitte ein Bit". Ein Klassiker erfolgreicher Kommunikationstechnik. Der gesamte Fotoaufbau führt den Blick zum Bierglas mit dem Markennamen, die Hand in der Bewegung bringt Dynamik, das nur teilweise gezeigte Gesicht läßt Raum für Fantasie.

Seiten 165 und 166:
Zwei-Drittel-Seite voller Händleranschriften für ligne roset. Erst dann kommt die doppelseitige Anzeige mit dem neuen Stern am Sofahimmel. Ein gutes Beispiel dafür, wie eine Anzeige den Leser nicht allein läßt, sondern gleichsam an die Hand nimmt und zur Quelle führt. In der Anzeige selbst wird nochmals deutlich hingewiesen auf die Fachhändleranschriften eine Seite vorher. Das ist Leserservice gleich vor Ort! Einen 104-seitigen Katalog kann man direkt anfordern.

Die schönste Verbindung von Leben und Wohnen finden Sie nicht an jeder Ecke, sondern nur bei diesen ausgesuchten Partnern:

1000 Berlin 15, roset studio Forma, Kurfürstendamm 157/158, Nähe Adenauerplatz ● 1000 Berlin 15, roset studio Forma, Bundesallee 20 ● 1000 Berlin 30, roset studio am Nollendorfplatz
2000 Hamburg 36, roset studio, Neuer Wall 59 ● 2000 Hamburg 1, ligne roset, Georgsplatz 1, bei der Kunsthalle ● 2000 Hamburg 13, roset studio Wohnsinn, Grindelallee 100 ● 2120 Lüneburg, Enno Becker Einrichtungen, Grapengießerstr. 46 ● 2178 Otterndorf, Einrichten und Gestalten, S. Treunert, Landeshäuser Str. 14 ● 2300 Kiel, Roos die Einrichter, Sophienblatt 5–7 ● 2350 Neumünster, Ehlers Wohnen, Wasbeker Str. 14–20 ● 2390 Flensburg, Junge Möbel, Große Str. 69 ● 2400 Lübeck, Mobiliar, Mühlenbrücke 7a ● 2800 Bremen, roset studio am Hulsberg, am Hulsberg 2 ● 2810 Verden, Hantelmann, Große Str. 118 ● 2850 Bremerhaven, Adena Windolph, Hafenstr. 76 ● 2900 Oldenburg, Domicil Wohnbedarf, Herbartgang 22–24 ● 2940 Wilhelmshaven, Adena, Am Theaterplatz
3000 Hannover 1, roset studio Drähne, Breite Str. ● 3250 Hameln 1, Möbel-Kiste, Morgensternstr. 6–8/10 ● 3300 Braunschweig, Extra, Schützenstr. 4 ● 3380 Goslar 1, Atrium, Im Schleeke 112–114 ● 3400 Göttingen, in-line, Goetheallee 6 ● 3500 Kassel, scan möbel Fuhrmann, Wolfhager Str. 20–22 ● 3550 Marburg, scan möbel, Universitätsstr. 8
4000 Düsseldorf, roset studio, Wehrhahn-Center, Oststr. 10 ● 4030 Ratingen-Lintorf, Molitor, Konrad-Adenauer-Platz 17 ● 4040 Neuss, Aichmann, Adolf-Flecken-Str. 38 A, Am Hauptbahnhof ● 4050 Mönchengladbach 2 – Rheydt, Kaumonns, Mittelstraße 3 ● 4060 Viersen 1, Feikes, Dülkener Str. 12 ● 4100 Duisburg, Mobilia Wohnstudio, Friedrich-Wilhelm-Str. 86 ● 4130 Moers-Kapellen, Wohnform Drifte, Holderberger Str. 88–90 ● 4200 Oberhausen, Hülskemper, Marktstr. 193–195 ● 4235 Schermbeck, Wohnstudio Berger, Mittelstr. 60 ● 4250 Bottrop, Möbel Hötten, Kirchplatz 10 ● 4290 Bocholt, Möbel van Oepen, Kreuzstr. 30 ● 4300 Essen, ligne roset, Flachsmarkt 1 ● 4300 Essen, Korp, Berliner Str. 68 ● 4330 Mülheim-Ruhr, Möbel Schroers, Am Förderturm 15–17 ● 4350 Recklinghausen, Atorf Einrichtungshaus, Herner Str. 31 ● 4358 Haltern, Einrichtungsstudio Schwanewilm, Münsterstr. 69 ● 4400 Münster, Althoff, Windthorststr. 35, Verspoel 7–9 ● 4443 Schüttorf, Möbelhaus Wendland Junior, Föhnstr. 39 ● 4500 Osnabrück, Wohnstudio Monzel, Johannistorwall 76/78 ● 4600 Dortmund 1, Wittig Wohndesign, Bornstr. 4/Ecke Burgwall ● 4600 Dortmund 1, Einrichtungshaus Büker, Westenhellweg 110 ● 4630 Bochum, Arti Domo, Huestr. 5–7 ● 4650 Gelsenkirchen 2, Möbelhaus Sassenberg, Horster Str. 45–47 ● 4700 Hamm-Westtünnen, Der Schaukasten, Dambergstr. 35 ● 4720 Beckum, Scharf, Südstr. 17–19 ● 4780 Lippstadt, Tim Maxim, Poststr. 18 ● 4790 Paderborn – Schloß Neuhaus, Ruhe Wohndesign, Dubelohstr. 260 ● 4790 Paderborn, Einrichtungshaus Schoppe, Warburger Str. 130 ● 4800 Bielefeld 14 – Brackwede, roset studio, Sunderweg 2/Ecke Südring ● 4800 Bielefeld, Einrichtungshaus Eggert, Niedernstraße 17 ● 4840 Rheda Wiedenbrück, Wohnstudio Wonnemann, Neuenkirchener Straße 8 ● 4900 Herford, Die Wohnwelt, Hohe Warth 5 ● 4970 Bad Oeynhausen, Cadee, Hozo-Passage
5000 Köln 1, roset studio, Hahnenstr. 45 ● 5000 Köln 1, Form 2000, Mittelstr. 20–24 ● 5100 Aachen, Wohndesign, Heinrichsallee 66 ● 5160 Düren, Polstermöbel Jagdfeld, Kölnstr. 87 ● 5200 Siegburg, In Line, Holzgasse 42 ● 5300 Bonn 1, roset studio, Kölnstr. 120 ● 5308 Rheinbach, Wohnstudio Heinevetter, Aachener Str. 30 ● 5400 Koblenz, Ambiente Vertriebsgesellschaft, Schloßstr. 13–15 ● 5500 Trier, Möbel Fesser, Eurener Str. 1–3 ● 5600 Wuppertal-Barmen, Diller, Friedrich-Engels-Allee 337 ● 5600 Wuppertal-Elberfeld, raumkunst becher, Herzogstr. 27 ● 5630 Remscheid, Arndt Mennenöh KG, Möbel und Leuchten, Solinger Str. 2–4 ● 5800 Hagen 1, Olbrich Wohnen, Elberfelder Str. 84 ● 5830 Schwelm, Hüls Einrichtungshäuser, Bahnhofstraße 63–65 ● 5900 Siegen, Möbel-Kiste, Sandstr. 28 ● 5900 Siegen, Möbel-Flender, Poststr. 7–9
6000 Frankfurt 1, roset wohnstudio, Neue Mainzer Str. 14/Theaterplatz ● 6000 Frankfurt-Fechenheim 61, Heide + Bechthold, Schießhüttenstr. 16 ● 6074 Rödermark, Weber Wohnideen, Dieburger Str. 40 ● 6078 Neu-Isenburg-Gravenbruch, Wohnstudio Gravenbruch, Dreiherrnsteinplatz 2 ● 6100 Darmstadt, roset studio, Rheinstr. 40–42/Ecke Neckarstr. ● 6200 Wiesbaden, roset wohnstudio, Wilhelmstr. 10 ● 6300 Gießen, Einrichtungshaus Hahn, Am Marktplatz ● 6300 Gießen, Einrichtungshaus Rau, Neuenweg 16 ● 6400 Fulda, Wohnstudio Jonas, Heinrichstr. 60 ● 6450 Hanau 7-Steinheim, Möbel-Meiser, Ludwigstr. 71 und Pfaffenbrunnenstr. 97 ● 6500 Mainz-Hechtsheim, roset studio Reichelt, Am Schinnergraben ● 6550 Bad Kreuznach, Möbel Fels, Hochstr. 9 ● 6580 Idar-Oberstein, Leysser, Otto-Decker-Str. 7 ● 6600 Saarbrücken, Canapé, St. Johanner Markt 27–29 ● 6740 Landau-Schützenhof, Alexander + Hochdörffer, Lotschstr. 7–9 ● 6750 Kaiserslautern, Die Wohnidee im Fuchsbau, Karl-Marx-Str. 35 ● 6800 Mannheim, ligne roset, Kleine Freßgasse Q7, 23–26 ● 6800 Mannheim, G. Seyfarth, M 1.1, Nähe Schloß ● 6900 Heidelberg, Bett u. Couch, Vangerowstr. 39, gegenüber Penta-Hotel ● 6900 Heidelberg, Sofa 3000, Kurfürstenanlage 3
7000 Stuttgart 1, ligne roset, Rotebühlstr. 40 ● 7000 Stuttgart 1, E + H MEYER, Kleine Königstr. 1–7 ● 7080 Aalen, Krauss, Nördlicher Stadtgraben 14 ● 7100 Heilbronn, roset studio Fromm, Am Wollhaus ● 7140 Ludwigsburg, Sommer Wohnbedarf, Alleenstr. 5 ● 7200 Tuttlingen, Schatz, Möhringer Str. 114 ● 7252 Weil der Stadt 5-Schafhausen, Möbel Studio Meeh, Hasenäcker 7 ● 7300 Esslingen, Dalferth, Zollbergstr. 8, 8a, 10 ● 7400 Tübingen, Tempodrom, Schmiedtorstr. 11 ● 7410 Reutlingen, Art Niveau, Nikolaiplatz 7 ● 7500 Karlsruhe 1, roset studio, Karl-Friedrich-Str. 26 ● 7530 Pforzheim, Dieter Horn, Zehnthofstraße 10 ● 7550 Rastatt, Lumina Licht- und Wohngalerie GmbH, Bahnhofstr. 20 ● 7640 Kehl, Form & Raum, Hauptstr. 133 ● 7730 Villingen-Schwenningen, Wilhelm Oberle, Obere Str. 6–8 ● 7750 Konstanz, Timmit, Zollernstr. 27 ● 7760 Radolfzell, Wohnstudio Mattes, Allweilerstr. 33–37 ● 7768 Stockach, Einrichtungshaus Rudolf Stumpp GmbH, Radolfzeller Str. 7 ● 7800 Freiburg, roset studio, Friedrichring 33 ● 7812 Bad Krozingen, Schacher, Staufener Str. 48 ● 7840 Müllheim, Schacher, Werderstr. 40 ● 7890 Waldshut-Tiengen 2, Seipp, das Möbelhaus im Park, Schaffhauser Str. 38 ● 7900 Ulm/Donau, WOHNIDEE B 30, Neutorstr. 16 ● 7910 Neu-Ulm, Möbel Mutschler GmbH, Vorwerkstr. 6–20 ● 7918 Illertissen, Wohn-Set, Ulmer Str. 6 ● 7920 Heidenheim, Die Einrichtung Maier, Steinheimer Str. 71 ● 7950 Biberach/Riss, Dietterle, Bismarckring 30 ● 7980 Ravensburg, Wohn Impulse, Goetheplatz 4 ● 7990 Friedrichshafen 1, Wohn Studio, Eugenstr. 57–59
8000 München 2, ligne roset, Isartorplatz 5 ● 8000 München 2, ligne roset, Bayerstraße 89 ● 8070 Ingolstadt, roset studio, Sauerstr. 1 ● 8121 Wielenbach, Bode Wohnen, Am Möbelhaus an der B2, Primelstr. ● 8200 Rosenheim, Moving, Königstr. 20 ● 8300 Landshut, Pointner, Pulverturmstr. 5–7 ● 8380 Passau, wohn.art, Bratfischwinkel 10 ● 8400 Regensburg, Grobinski, Donaustaufer Str. 146 ● 8400 Regensburg, roset studio, Goliathstr. ● 8430 Neumarkt, Brand & Sohn, Nobelstr. 2 ● 8440 Straubing, S.A.W., Innere Passauer Str. 13 ● 8440 Straubing, Wimmer, Stadtgraben 38 ● 8457 Kümmersbruck bei Amberg, Donhauser, Amberger Str. 15–19 ● 8480 Weiden, Brunner, Pressather Str. 135 ● 8500 Nürnberg, roset studio Eichhorn, An der Fleischbrücke 2/Kaiserstr. ● 8510 Fürth, Böhm Einrichtungshaus, Am Platz der Freiheit ● 8520 Erlangen, Dörfler, Friedrichstr. 5 ● 8580 Bayreuth, Petzold, Laineckerstr. 5 ● 8606 Hirschaid, Möbel-Neubert, Industriestr. ● 8620 Lichtenfels, Mobilar, Köstener Str. 6 ● 8700 Würzburg, Möbel-Neubert, Mergentheimer Str. 59 ● 8750 Aschaffenburg, Domicil Diehm, Hanauer Str. 66 ● 8900 Augsburg, Ambiente, Maximilianstr. 19 ● 8940 Memmingen, Forum, Dr.-Karl-Lenz-Str. 35/Eichenstr. ● 8950 Kaufbeuren, Gerold, Alleeweg 8 ● 8960 Kempten-Hirschdorf, R & S Mayer, Laubener Str. 20

Österreich:
1010 Wien, Wiener Handwerk, Weihburggasse 13–15 ● 1070 Wien, roset studio Czasch, Siebensterngasse 12 ● 4020 Linz, Danzer Design, Stelzhamerstr. 2 ● 5020 Salzburg, Schörghofer, Eichstr. 1–5 ● 6020 Innsbruck, Kranebitter, Templstr./Müllerstr. ● 6850 Dornbirn-Oberdorf, Erwin Höttges, Möbel und so, Bergstr. 22 ● 6850 Dornbirn, Luger, Bahnhofstr. 3 ● 8010 Graz, Klaritsch u. Sohn, Dietrichsteinplatz 11 ● 9020 Klagenfurt, roset studio Klaritsch, Paulitschgasse 8

Schweiz:
1712 Tafers Fribourg, G. Bise SA, Route de Fribourg ● 2501 Biel/Bienne, Interieur, Aarbergstr. 3–7 ● 3001 Bern, Anliker, Bubenbergplatz 13 ● 3422 Rüdtlingen-Alchenflüh, Möbel Maurer, Bernstr. 3 ● 3780 Gstaad, Staub Interieur ● 3800 Interlaken, Wohncenter von Allmen, Beim Ostbahnhof ● 3904 Naters, Gertschen AG, Furkastr. ● 4010 Basel, La Boutique Danoise, Aeschenvorstadt 36 ● 4512 Bellach/Solothurn, Menth Möbel, Bielstr. ● 4600 Olten, Vögeli Max, Hauptgasse 20 ● 4900 Langenthal, Anliker, Ringstr. ● 5400 Baden, Wohnkonzeption Lüscher, Weite Gasse 9 ● 6000 Luzern, Buchwalder Linder AG, Am Mühlenplatz ● 6340 Baar, Amobilia AG, Sihlbruggstr. 114 ● 6430 Schwyz, Wohnform Tschümperlin, Käskuchengasse 3 ● 7000 Chur, LINEA R 54, Reichsgasse 54 ● 7270 Davos-Platz, Casty Innendekorationen, Promenade 59 ● 7500 St. Moritz, Testo, Via Grevas 3 ● 8002 Zürich, ligne roset, Dreikönigstr. 21 ● 8004 Zürich, ligne roset, Am Stauffacher/Badenerstr. 47 ● 8200 Schaffhausen, Wirz Wohnboutique, Unterstadt 10 ● 8400 Winterthur, Möbel Müller AG, Stadthausstr. 41–43 ● 8808 Pfäffikon/Horgen, Ralph Hiestand Wohndesign, Seedamm Center ● 9000 St. Gallen, Möbel Müller, Schützengasse 7 ● 9494 Schaan Liechtenstein, Thöny Möbel Center, Bahnhofstr. 16

Stand: Juli 1989

Die schönste Verbindung von Leben und Wohnen

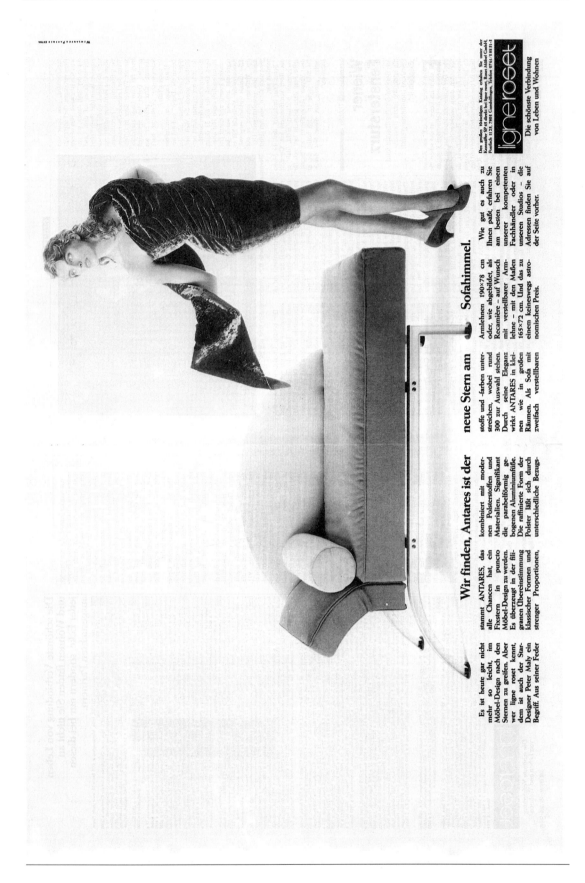

Wir finden, Antares ist der neue Stern am Sofahimmel.

Es ist heute gar nicht mehr so leicht, im Möbel-Design nach den Sternen zu greifen. Aber wer ligne roset kennt, dem ist auch der Star-Designer Peter Maly ein Begriff. Aus seiner Feder stammt ANTARES, das alle Chancen hat, ein Fixstern in puncto Möbel-Design zu werden. Es überzeugt in der filigranen Übereinstimmung klassischer Formen und strenger Proportionen, kombiniert mit modernen Polsterstoffen und Materialien. Signifikant die parabelförmig gebogenen Aluminiumfüße. Die raffinierte Form der Polster läßt sich durch unterschiedliche Bezugsstoffe und -farben unterstreichen, wobei rund 300 zur Auswahl stehen. Durch seine Eleganz wirkt ANTARES in kleinen wie in großen Räumen. Als Sofa mit zweifach verstellbaren Armlehnen 190×78 cm oder, wie abgebildet, als Recamiere – auf Wunsch mit verstellbarer Armlehne – mit den Maßen 165×72 cm. Und das zu einem keineswegs astronomischen Preis.

Wie gut es auch zu Ihnen paßt, erfahren Sie am besten bei einem unserer kompetenten Fachhändler oder in unseren Studios – die Adressen finden Sie auf der Seite vorher.

ligne roset

Die schönste Verbindung von Leben und Wohnen

Coupons willkommen

Coupons in Anzeigen sind beliebt wie gefürchtet zugleich. Beliebt, weil sie Resonanzmessungen in Relationen ermöglichen. Gefürchtet, weil die Anzeigenwirkung in Frage gestellt wird, wenn nicht die erwartete Zahl Ecken abgeschnitten, ausgefüllt und eingesandt wird. Was ist richtig – was ist falsch? Auch hier wie überall gilt: auf das Ziel kommt es an.

Hat eine Anzeige einen Coupon und soll der von der Zielgruppe ernstgenommen werden, muß die Anzeige von der ersten bis zur letzten Zeile, in jedem Bilddetail auf die Coupon-Einsendungs-Aufforderung hin erarbeitet sein. Eine Anzeige wie üblich gestaltet – Bild, Schlagzeile, Texte, Firmenlogo – und dann einfach angehängter Coupon, weil noch Platz war oder weil ohnehin noch Prospekte unters Volk müssen oder weil es dem Chef nachträglich einfiel: ein paar Coupons werden immer kommen, vielleicht sogar etliche, aber niemandem ist so richtig gedient. Der werbenden Firma nicht, weil sie unvorbereitet ist auf die Einsendungen. Und mit lustlosem Verschicken der gerade vorhandenen Prospekte ohne oder mit kärglichem Anschreiben verprellt man sich nur prospektive Kunden. Zuständig für die Coupon-Bearbeitung ist sowieso niemand, also macht es die Telefonzentrale mit oder der Hauspostbote oder der Sohn vom Abteilungsleiter, nachdem die Coupons zwei Monate Ruhepause gemacht haben, weil erst dann Schulferien sind.

Selbst wenn Coupons zu Tausenden eintreffen, weil man die Leser kommunikationsgerecht dazu animiert hat, geschieht es oft genug, daß die mit Einsendungen gefüllten Waschkörbe erst mal in die Ecke geschoben werden, weil nichts da ist, was man zurückschicken könnte; zur Beantwortung der Coupon-Einsendungen bestand während der Aktionsvorbereitungen noch keine Dringlichkeit, weil ja noch keine Coupons im Hause waren. Jetzt ist immer noch nichts im Hause, nur die Coupons. Nun darf programmierte Hektik erwachen: auch eine Folge der Anzeigengestaltung.

Wenn Sie jetzt neidisch sind, weil Sie zur Coupon-Rücksendung immer alles schön vorbereitet haben, Ihnen aber stets die Tausende von Rückläufen fehlen: wie kommt man dran?

Es ist einfacher, als man glaubt: die richtige Zielgruppe – das richtige Angebot – die richtige Anzeige – das richtige Medium. Schon kommt die Post in Arbeitsdruck. Wollen Sie also an Hausbauer ran, haben für die einen fachlich sauberen und verständlich geschriebenen Leitfaden, bieten ihn überzeugend an, z. B. mit einer Schlagzeile „Lassen Sie sich überraschen – am besten vor dem Bauen", bilden die Beratungsbroschüre ab, beschreiben sie sachlich, nehmen eine minimale Schutzgebühr und plazieren die Anzeige in Medien wie „Das Haus" oder „Zuhause" oder „Schöner Wohnen": der Couponerfolg wird auf Ihrer Seite sein.

Der Coupon selbst sollte Postkartengröße nicht überschreiten, weil er oft auf eine solche geklebt wird. Er darf nicht zu winzig sein, denn der Absender soll ohne Mühe und deutlich lesbar seine vollständige Anschrift eintragen können. Natürlich muß ihm auf dem Coupon ganz klargemacht werden, was er alternativ ankreuzen kann. Und wenn er das mit scharfem Intellekt gesuchte wie gefundene Preisausschreiben-Lösungswort eintragen soll, muß er zwingend vorgeschrieben bekommen, wohin.

Jeder erfolgreiche Coupon ist ein Kommunikations-Kunstwerk. Andernfalls spürt der potentielle Einsender, daß ihm zugemutet wird, etwas gedankenlos Zusammengestelltes auszufüllen und einzuschicken. Oft fehlen nur Kleinigkeiten oder sie sind falsch, aber sie stören gewaltig. Unterschätzen Sie nicht die Macht der Coupons, gestalten Sie jeden einzelnen liebevoll, prüfen Sie jeden Entwurf, jede Reinzeichnung genau – nur mal flüchtig überfliegen wäre Achtlosigkeit am falschen Ende. Sie sind es gewöhnt, über jede Schlagzeile, jede Textformulierung, jedes Bilddetail gründlich nachzudenken, oft lange zu diskutieren – Coupons sind das besonders wert.

Wohin plazieren? Vor Jahrzehnten galt als heißer Tip: in die Mitte der Anzeige. Da steht er unübersehbar, prominent, wichtig – als gefällige Einsendungsaufforderung. Aber am praktischsten steht der Coupon unten links oder rechts. Nur achten Sie beim Plazieren der Anzeige darauf, daß er am äußeren Heftrand steht, damit er ohne Handverrenkung auszuschneiden ist. Ob drei- oder viereckiges Format, ist eigentlich gleichgültig. Ihr Gestalter sollte Ihnen auch keine Formen empfehlen, die überraschen und damit den möglichen Einsender zurückschrecken lassen.

Haben Sie eine Fondfläche unter der Anzeige, dann sparen Sie den Coupon einfach aus. So ragt er weiß heraus. Oder Sie legen einen Fond nur unter den Coupon – Hauptsache, er hebt sich einladend ab.

In der heutigen Zeit der Multi-Kommunikation dienen Coupons erfolgreich als sinnvolle Einladung zur Reaktion: die Erfahrung lehrt, daß sie oft als Fax eintreffen – der Eile halber oder um Zeitschriftenausgaben zu schonen.

Eine weitere Möglichkeit: Wenn schon der Grundsatz gilt, daß alle Anzeigenelemente auf den Coupon hin zu konzipieren sind, liegt die Idee nahe, gleich die ganze Anzeige als Coupon zu gestalten. In diesem Fall also läuft die gestrichelte Linie mit dem Scherchen unten links oder rechts die komplette Seite hoch, denn sie soll ausgefüllt, ausgeschnitten, gefaltet und kuvertiert eingesandt werden.

Aktionen dieser Art verliefen bereits sehr zufriedenstellend. Auch ganze Seiten werden häufig als Kopie eingeschickt oder über Fax zugestellt. Die Fax-Nummer also darf in einer Anzeige nie fehlen, die auf reale Kommunikation zielt.

Es liegt übrigens in Ihrem Ermessen, ob Sie den Coupon vielleicht Bon oder Gutschein oder sonstwie nennen. Hauptsache, Ihre Absicht wird klar erkannt und die Bezeichnung paßt zum übrigen Textstil.

Checkliste: Coupons richtig integriert?

1) Ist der Coupon-Rücklauf Ziel der Anzeige – oder nur als beiläufiges Zufallsprodukt gedacht?

2) Sollte der Coupon nur zufällig oder nachträglich angefügt sein – könnten Sie sich richtigerweise dazu entschließen, auf ihn zu verzichten?

3) Größtmöglicher Coupon-Rücklauf aus der Zielgruppe ist Ihre Absicht – haben Sie jedes einzelne Anzeigenelement auf dieses Ziel hin gestalten lassen und geprüft?

4) Hat der Coupon das richtige Format: kleiner als Postkartengröße, aber die Leerzeilen groß genug, damit der Absender seine Anschrift vollständig und deutlich eintragen kann?

5) Könnten Sie sich vorstellen, daß die ganze Anzeige komplett als Coupon dienen kann?

6) Geben Sie die Coupon-Anzeigen mit dem richtigen Angebot an die richtigen Medien?

7) Geht wirklich klar hervor, wohin der Coupon einzusenden ist?

8) Wurde er so plaziert, daß er ohne Mühe ausgeschnitten werden kann?

9) Wurde die Anzeige so gestaltet, daß der Coupon sofort ins Auge fällt?

10) Sind Sie vorbereitet und können sofort reagieren, wenn die ausgefüllten Coupons eintreffen?

Coupon-Anzeigen – kommentierte Beispiele

Der Coupon groß und flott mitten in der Anzeige. Nicht zu übersehen, weiß aus dem Farbfond ausgespart, gestrichelte Linien zum Ausschneiden direkt am rechten Rand, mit Wunschalternativen zum Ankreuzen, Absenderfeld groß genug für deutlichen Eintrag; mit Chance zum Verlosungsgewinn, Information über Telerent und Schlagzeile, die zugleich über den Preis informiert und zum Coupon-Absenden auffordert. Mehr kann ein Coupon einfach nicht, das ist perfekt.

Zwar grafisch im Mittelpunkt, aber umrahmt von Aktion: der Coupon zum Preisausschreiben, bei dem noch acht Buchstaben zu ergänzen sind, will man einen Jogging-Anzug gewinnen, dessen Größe auch anzugeben ist. Die Anzeige mit ihren vielen Elementen macht's dem Leser nicht ganz leicht, aber das liegt auch nicht in ihrer Absicht: wer gewinnen will, soll was tun. Und zwar den Coupon ausfüllen und ausschneiden. Das Scherchen unten und die gestrichelte Linie führen hin.

Coupon-Anzeige aus einer führenden Bausparer-Zeitschrift im Rahmen der erstklassigen Konzeption der Beton-Gemeinschaftswerbung. Die gesamte Anzeige ist von der Schlagzeile oben bis zum Werkstoff-Logo unten rechts auf Coupon-Einsenden hin konzipiert. In Kombination die Abbildungen vom Produkterlebnis der richtigen Werkstoff-Anwendung und Erfolgsergebnis nach Gutschein-Absenden. Der vorbildliche, erläuternde Text beginnt mit dem Hinweis auf die kostenlosen, verpflichtungsfrei erhältlichen Broschüren und erläutert die alternativen Produktinformationen.

Wenn Sie an gesundem Bauen interessiert sind, haben Sie hier den richtigen Stoff.

Kostenlos

und natürlich ohne jede Verpflichtung erhalten Sie erstens die Broschüre „Gesundes Wohnen". Die sagt Ihnen alles Wissenswerte zu diesem Thema. Und das ist nicht nur für Bauherren eins der dringlichsten unserer Zeit.

Zweitens die kleine aber feine Schriftenreihe „Minilex Beton". Die sagt Ihnen alles Wissenswerte über diesen Baustoff. Und der erfüllt all die Forderungen nach gesundem Wohnen auf geradezu vorbildliche Weise.
Und drittens, falls Sie interessiert sind, konkrete Produkt-Informationen über weitere Beton-Produkte.

Senden Sie mir kostenlos „Gesundes Wohnen" und „Minilex Beton". Dazu Infos über ☐ Transportbeton ☐ Leichtbeton ☐ Beton-Werkstein.
Absender:

Schicken Sie diesen Coupon oder eine Karte mit Stichwort „Info '88" an das InformationsZentrum Beton, Postfach 51 05 66, 5000 Köln 51.

Ein Rezept-Coupon ist stets naheliegend bei Nahrungsmittelanzeigen. Schließlich führen neue Anwendungen zum Gebrauch und Mehrverbrauch der Marke. Der Coupon ist zwar zurückhaltend gestaltet, aber mit Scherchen und gestrichelter Linie als deutliche Aufforderung zum Ausschneiden und Einsenden handlich am rechten Rand plaziert.

Die aufgeklebte Antwortkarte erhöht die Bedeutung des für den Leser vorbereiteten Informationsangebotes und auch den Erfolg der Einsendungszahlen. Damit auch spätere Heftleser noch das Informationsangebot nutzen können, wird in der Regel unter der Karte in die Anzeige nochmals der Hinweis gedruckt „Hier befand sich eine Antwortkarte..." mit der Aufforderung, dem Anzeigengeber zu schreiben oder ihn anzurufen.

Der Aral Card Flottenservice läßt Ihre Firmenfahrzeuge jetzt noch wirtschaftlicher fahren.

Der neue Aral Card Flottenservice bietet vielen Unternehmen mit Fuhrpark ein umfassendes Leistungspaket:
- Umfassende Fuhrpark-Management-Analyse zur detaillierten Betriebskostenübersicht.
- Bargeldloses Bezahlen von Kraftstoffen, Waren und Dienstleistungen an über 3.000 Aral-Tankstellen. Darüber hinaus wird die Aral Card an den rund 1.500 BP-Tankstellen akzeptiert.
- Zinsvorteile durch Kreditierung über die monatliche Abrechnung.
- Liquiditätsvorteile durch entfallende Tankvorschüsse.
- Administrative Vereinfachung und Transparenz in der Fahrzeugabrechnung durch zentrale Rechnungsstellung.

So hilft der Aral Card Flottenservice Ihnen und Ihren Mitarbeitern Zeit und Geld zu sparen. Wenn Sie ausführlicher informiert werden wollen, schicken Sie uns einfach die Postkarte.

Beilagen und Beihefter

Sie kennen natürlich die Empfehlung, Zeitungen und Zeitschriften erst mal über dem Papierkorb auszuschütteln, um die lästigen Beilagen zu entfernen, bevor man zu lesen beginnt. Zu diesem fatalen Tip hätte es gar nicht kommen können, wenn sich erstens die Beilagenzahl je Heft stets in sinnvollen Grenzen hielte und zweitens die Beilagen leser- und mediengerecht konzipiert wären. Punkt eins betrifft die Anzeigenverwaltungen, aber die Zahl der schwarzen Schafe hält sich in Grenzen. Punkt zwei geht die Werbungtreibenden an. Wer seinen Normprospekt gedankenlos auch einfach Zeitungen und Zeitschriften beifügen läßt und glaubt, damit etwas ungemein Kommunikatives zu betreiben, sollte über seinen Glauben nochmal gründlich nachdenken. Wir gehen wieder von dem Grundsatz aus, daß es immer mehr darauf ankommt, die Werbemittel für individuelle Zielgruppen, individuelle Anlässe und individuelle Medien zu gestalten. Wer also seinen Standardprospekt sowohl den Angeboten an die verschiedensten Interessenten als auch allen Werksbesuchern, Journalisten und Kommunalpolitikern zukommen läßt, ihn dann auch noch als Zeitungs- oder Zeitschriftenbeilage verwendet, sorgt natürlich dafür, daß Druckereien und Verlage Umsatz machen. Ob er es selbst auch so schafft, sei dahingestellt.

Mit anderen Worten – es ist keinesfalls ohne genaue Überlegung so zwischendurch mal zu entscheiden: wir haben noch möglicherweise leicht veraltete Prospekte übrig, und eine Messe zum Unter-die-Leute-Bringen ist auch nicht in Sicht, also machen wir eine Beilage in Zeitschriften damit. Besser ist, Sie führen das überflüssige Papier ohne weitere Umwege direkt dem Recycling zu.

Denn Beilagen sind wie Anzeigen in jedem Detail sorgfältig zu erarbeiten, wenn sie sinnvoll wirken sollen.

Beispielhaft sind oft die Beilagen der Kaufhäuser und regionalen Bekleidungsanbieter in den Tageszeitungen. Sie werden kaum je Preise des Art Directors Club gewinnen. Aber die Herzen der Käufer: nach Anlaß und Jahreszeit individuell konzipiert, viele praktische Tips enthaltend, klare Beschreibungen der Angebote und deutliche Vorteilspreise, oft mit Lageplan des Geschäftes – allen Anforderungen wahrheitlicher Werbung ohne Phrasen entsprechend.

Aber vieler Vorbereitung, Mühe, Sorgfalt und Abstimmungsstufen bedürfen diese erfolgreichen Beilagen. Die Ware muß stimmen, der Preis, der Zeitpunkt, die Gestaltung und Druckqualität bis hin zur richtigen Falzung. Lassen Sie stets Fachleute ran, die wissen, wie im Handel überzeugend geworben wird. Wer traumhafte doppelseitige Farbanzeigen gestalten kann, macht möglicherweise bei Beilagen Fehler. Beliebt sind z. B. immer noch Titelseiten, die pfiffig sein sollen und das Gegenteil bewirken, weil sie aus der Mottenkiste der Werbung stammen: die Halbnackte mit der Spruchblase „Wenn Sie aufblättern, verrate ich Ihnen mein Geheimnis…" Oder der Hase, seinen Wettlauf mit dem Igel diesmal gewinnend: „Mit X sind Sie Ihrem Wettbewerb stets eine Hasenlänge voraus…". Sie werden die weiteren beliebigen Beispiele selbst kennen.

Lassen Sie keine Umwegwerbung unter dem Deckmäntelchen „pfiffige Ideen" gestalten; es sind auch bei Beilagen-Titelseiten die alten Hüte, die sich Werbeunkundige immer wieder aufsetzen lassen. Beachten Sie die gleichen Erfolgsregeln wie beim Gestalten überzeugender Anzeigen und erweitern Sie die Informationen, erläutern Sie die entscheidenden Vorteile in Bild- und Textdetails, bringen Sie Beispiele erfolgreicher Produktanwendungen, soweit der Platz Ihrer zwei-, besser vierseitigen Beilage es zuläßt.

Wie bei Coupon-Anzeigen ist auch bei Beilagen der Abschluß entscheidend: der aufgedruckte Gutschein zum Einsenden; besser noch und mit Recht bevorzugt: die aufgeklebte einzuschickende Antwortkarte. Mit klarer Anschrift einschließlich Abteilung, zu der sie gelangen sollte, Briefmarkenfeld mit Porto-Angabe bzw. Hinweis „Porto zahlt Empfänger", Vordruck für Absenderangabe. – Scheinbare Selbstverständlichkeiten, aber schauen Sie sich mal die Rückantwortkarten an auf den Beilagen, in den Zeitschriften, die täglich auf Ihren Schreibtisch gelangen.

Zur Technik wäre noch anzumerken, daß Beilagen ringsum eine Winzigkeit kleiner sein sollten als das Heftformat der Zeitschrift selbst ist, damit sie nicht herausragen. In jedem Fall ist eine sorgfältige Absprache mit der Anzeigenabteilung ratsam, bis wann die Beilagen wohin und in welcher Stückzahl zu liefern sind. Schließlich möchte die Anzeigenabteilung die Beilagen-Pakete nicht in ihrem Büro stapeln, sondern gleich an die Druckerei liefern lassen. Und die Stückzahl wird leicht über der Druckauflage liegen – es gibt stets imaginären Schwund oder unvorhergesehene Mehrauflage, und da ist Sicherheit einzubauen.

Beihefter sind – wie der Name sagt – im Grunde Beilagen, die nicht nur bei-liegen, sondern fest bei-geheftet werden. Also im Bund verleimt, verheftet, unlösbar verbunden mit der ganzen Ausgabe. Sie werden plano an die Druckerei geliefert und dort mit den übrigen Druckbögen verarbeitet. Auch hier ist eine vorherige Absprache mit der Anzeigenabteilung unerläßlich: Bis wann wohin zu liefern? Und vor allem in welchem Format, denn im Gegensatz zu Beilagen werden die Beihefter größer als Heftformat angeliefert und dann ringsum beschnitten. Auch das Aufkleben der Antwortkarten sollten Sie im Regelfall der Verlagsdruckerei überlassen.

Wo im Heft die Beilage eingefügt wird, darauf haben Sie oft kaum realistischen Einfluß. Natürlich entsteht häufig die Diskussion um eine vorteilhafte Plazierung. Nach vorn und zwischen interessanten, redaktionellen Text lautet der obligatorische Kundenwunsch. Verlage haben in der Regel da so ihre Schwierigkeiten und versuchen einerseits, den Kunden gerecht zu werden. Andererseits gilt es, die mögliche Auseinandersetzung mit der Redaktion durchzustehen, die eine Beeinträchtigung der Lesbarkeit und Einheitlichkeit ihres Textteils durch einen Beihefter sehen könnte.

Für alle am Thema Beteiligten aber gilt auch hier: die kommunikative Qualität des Beihefters, nicht seine Plazierung im Heft macht den Erfolg aus.

Checkliste: Beilagen/Beihefter gesondert gestaltet?

1) Sind Beilagen und Beihefter medien- und lesergerecht konzipiert?

2) Sie lassen doch nicht einen Allzweck-Prospekt beifügen, der an der Zielgruppe zum großen Teil vorbeigehen muß?

3) Sie kennen wie fürs Anzeigengestalten auch für Ihre Beilagen und Beihefter die Leserstrukturen der Medien, die Ihnen zur Verfügung stehen?

4) Ihnen ist wie beim Anzeigengestalten durch exakte Recherchen bekannt, welche Meinungen und Wünsche die durch Beilagen umworbenen und informierten Käufer haben?

5) Sind Ihre Beilagen und Beihefter so konzipiert, daß sie auf zwei, vier, acht oder mehr Seiten interessant und sachlich informieren?

6) Spricht die Titelseite an oder zeigt sie gestalterische Einfalt wie den Hasen zu Ostern und den Nikolaus zu Weihnachten?

7) Machen Sie dem Interessenten die Reaktion einfach – durch eingedruckten Coupon oder aufgeklebte Antwortkarte?

8) Sind Beilage oder Beihefter so überzeugend gestaltet, daß Sie auf einen dringenden Plazierungswunsch verzichten können?

9) Ist eine lose Beilage oder ein fester Beihefter bei Ihrem Angebot und Kommunikationsstil sinnvoller?

10) Haben Sie mit den Verlagen die Technik abgesprochen – anzulieferndes Format, gefalzt oder nicht, Antwortkarte aufgeklebt oder nicht, Termin, Anschrift der Druckerei?

Erfolg der Kennziffer

Seit drei Jahrzehnten schon gibt es bei uns eine besondere Art von Fachmedien: die Kennziffer-Fachzeitschrift. Die Merkmale sind namentlich bekannter Empfänger, Resonanznachweis und ein besonderes Redaktionskonzept. Das System sei kurz erklärt: unter jeden Artikel, jede Produktbesprechung, jede Anzeige wird eine Kennziffer gesetzt. Am Schluß des Heftes gibt es Antwortkarten, auf denen alle diese Zahlen stehen. Man kreuzt die Kennziffern der Artikel, Produktbeschreibungen und Anzeigen an, über deren Inhalt man weitere Informationen wünscht. Darüber hinaus erbittet der Verlag einige Absenderangaben – wie Branche und Betriebsgröße. Das dient der Statistik und den gezielten Antwort-Informationen.

Der Verlag sortiert die angekreuzten Wünsche aller Einsender, setzt sie um in Aufklebe-Adressen und schickt diese dem Unternehmen zu, das die Basisinformationen zu Artikel oder Produktbeschreibung gegeben hat bzw. die Anzeige in Auftrag gab.

Oft kommen diese Aufklebe-Anschriften in doppelter Ausfertigung: die eine bereit zum Aufkleben für den Versand, die andere versehen mit den Angaben über Branche, Betriebsgröße usw. für die Statistik und zum gezielten Nachfassen gegebenenfalls über Vertrieb und Außendienst.

Mit wie vielen solcher Interessenten-Adressen darf man als Anzeigengeber rechnen? Es kommt auf das Medium und die Auflage, Ihr Angebot, die Breite der Zielgruppe und die Gestaltung der Anzeige an. Eine Anzeige in der Kennziffer-Zeitschrift braucht keinen Coupon – wozu auch? Aber wenn Sie Kennziffer-Zeitschriften durchblättern, entdecken Sie immer wieder Coupon-Anzeigen. Gedankenlosigkeit, Bequemlichkeit der Auftraggeber? Jedenfalls sollte die Kennziffer wie die Coupon-Anzeige auf ein Ziel hin konzipiert sein: möglichst viele Rückläufe. Jedes Wort, jedes Bilddetail, der Gesamtaufbau ist darauf zu konzentrieren. Schade, wenn in Kennziffer-Zeitschriften Motive erscheinen, die gerade greifbar in der Schublade lagen, aber kaum den besonderen Anforderungen entsprechen können.

Eine Kennziffer-Anzeige also kann wenige, aber hochqualifizierte Rückläufe bringen, oft hundert bis zweihundert, manchmal sogar einige tausend. Die Gesamtzahl ist weniger entscheidend als die Vorbereitung auf die Chance, Interessenten weiterführende Informationen zusenden zu können, dann eine gezielte Nacharbeit anzusetzen. Vom Eintreffen der gedruckten Kennziffer-Information auf den Schreibtischen der Zeitschriften-Empfänger über Lesen, Ausfüllen und Absenden der Antwortkarte, Verarbeiten im Verlag bis zum Adressenlisten-Versand und Eintreffen auf dem Schreibtisch des Anzeigengebers vergehen einige Wochen. Aber wenn dann die leider noch häufige Hektik ausbricht „Was schicken wir bloß?", dann hat man etwas spät seinen Fehler entdeckt, nicht mit der Anzeigenvergabe zugleich auch die Informationen für die Rückläufe gestaltet und hausintern abgesprochen zu haben.

Als eines von vielen positiven Beispielen kann hier die Zeitschrift Industrie-Service, vtw-Verlag Wiesbaden dienen. Die monatliche Auflage beträgt über 50000. Im Laufe eines Jahrzehnts wurden an die drei Millionen Leseranfragen erzielt – im Durchschnitt etwa 30000 Anfragen pro Ausgabe. Über 75% davon kamen von der verarbeitenden Industrie.

Die Kennziffer-Fachzeitschrift-Vorteile liegen auf der Hand. Geboten wird ein ausgeklügeltes System der Informationsanforderung. Eine Kennziffer anzukreuzen – das geht schneller, als einen Brief zu schreiben. Der Informationsgeber kann die Resonanz exakt erfassen und erhält eine Fülle von Anschriften für die Kartei. Die Rückläufe zeigen deutlich, welche Zielgruppe das größte Interesse hat. Was jeder dieser Kontakte kostet, ist exakt zu errechnen. Die verschiedenen Kennziffer-Zeitschriften sind in ihrer Wirkung zu vergleichen.

Beim besonderen Redaktionskonzept – von dem man sich auch bei der Anzeigengestaltung wohltuend inspirieren lassen kann – überwiegen klare Produktinformationen. Eine lockere Schreibe ist dabei wichtig: dem Leser wird der sachliche Stoff höchst lesbar – fast unterhaltsam – serviert.

Dafür ein Beweis. Anfangs möglicherweise ein enfant terrible, inzwischen aber längst ein Klassiker der technischen Kennziffer-Fachzeitschrift: Scope, das Magazin für die betriebliche Praxis, Auflage 23000, geschrieben von Praktikern, nimmt klar Stellung von den regelmäßigen realistisch einführenden „Grauen Seiten" bis zu den deutlichen Verlagshinweisen betreffend Behandlung der Kennziffer-Anforderungen: „Senden Sie Ihr Informationsmaterial möglichst rasch an diese Interessenten. Beziehen Sie sich auf die Kenndaten. Nur somit ist gewährleistet, daß zu Ihren Unterlagen sofort der richtige Bezug hergestellt wird."

Wer wie Scope 304112 Leseranfragen aus den 16 Heften des Jahrganges 1988 an die entsprechenden Firmen weitergeben konnte, hat so seine Erfahrungen mit der Behandlung eben dieser Informationswünsche in den Firmen. Der Verlag ist dem Phänomen einmal bei einer weiteren Kennziffer-Fachzeitschrift nachgestiegen. Und so sah es dann aus:

Auf insgesamt 60 Anfragen bei ebenso vielen Firmen über die Kennziffer einer Anzeige antworteten 16 überhaupt nicht, 22 unter Bezug auf Zeitschrift und Heft-Nr., 22 ohne jeglichen Bezug, 2 schickten eine Kopie der Anzeige als Gedächtnisstütze.

Anzeigen in Kennziffer-Fachzeitschriften können zur Goldgrube des Werbeerfolgs werden. Ihre Chancen sind noch auf weiten Strecken ungenutzt. Wer sie auf Zielgruppenbedarf hin unmißverständlich und individuell konzipiert – und natürlich mit sinnvollem Informationsmaterial unter Bezug auf die Anzeige sofort antworten kann, darf zu Recht behaupten, er sei ein erfolgreicher Praktiker der technischen Marketing-Kommunikation.

Checkliste: Kennziffer-Anzeigen konsequent genutzt?

1) Kennen Sie alle Kennziffer-Zeitschriften, die für Ihren Absatzbereich geeignet sind?

2) Ist Ihre Anzeige auf den eigenen Kommunikationscharakter dieser Zeitschriftengruppe hin konzipiert?

3) Trägt Ihre Anzeige einen hier überflüssigen Coupon, der wichtigen Informationen den Platz wegnimmt?

4) Sind Sie in allen Details auf den Kennziffer-Erfolg eingestellt?

5) Wer ist in Ihrem Unternehmen verantwortlich für die schnelle Beantwortung der Anforderungen?

6) Haben Sie eine aktuelle Informationsschrift, die Sie Interessenten senden?

7) Ist ein Begleitschreiben vorbereitet, das Bezug nimmt auf die Anzeige?

8) Sind Sie darauf vorbereitet, ein zweites oder drittes Mal nachzufassen?

9) Haben Sie dafür die Anschriften nachbestellt?

10) Haben Sie die Möglichkeit geprüft, dem Verlag zusätzlich redaktionelles Material zur Verfügung zu stellen?

Anzeigen für Markenartikel

In die Augen jedes Gestalters und Texters huscht in der Regel ein freudiges Leuchten, geht es um neue Illustrierten-Anzeigen für Markenartikel. Es ist die klassische Domäne hoher Werbekunst, das Ziel der noch Lernenden wie bereits Arrivierten, der große Schauplatz der Werbungtreibenden. Der Grund ist einfach: hier schnellt nichts in Windeseile über den Bildschirm, verschwindet nicht im Briefkasten, geht nicht zum einen Ohr rein wie am anderen raus, hängt nicht übergroß am Straßenrand. Beileibe nichts gegen die anderen wichtigen, erfolgreichen, unentbehrlichen Werbemittel, die mit Anzeigen zusammen die große Kommunikations-Klammer bringen, die den Verkaufserfolg einleitet, durchzieht und wiederholt. Aber um Anzeigen gruppieren sich eben Emotionen. Das mag daran liegen, daß Lesen nach wie vor angesehen ist, Image bringt, gerade in unserer Fernseh- und Computerbilderwelt.

Publikumsanzeigen sind gedruckte Dokumente, haben Aussagekraft, beweisen Dauer für die Lebenszeit des Mediums, wirken weiter, machen einfach Eindruck. Hinter ihnen stehen weltbekannte Konzerne, Millionen-Etats, gestandene Werbungtreibende, exzellente Werbungschaffende. Markenartikel-Anzeigenserien zu gestalten ist der Seiltanz zwischen Traum und Tragik, bedeutet Denken in Alternativen, Malen bis in die Morgenfrühen, Auseinandersetzungen in der Agentur wie Krach zu Hause, Ideen-Abschießen im Vorfeld und erleichtertes Aufatmen, wenn kurz vor der Kundenpräsentation noch was Gutes entsteht. Oft genug wird nun noch die Konzeptionstheorie dem Zufallsentwurf angepaßt, und so müde wie pflichteuphorisch setzt sich die Präsentations-Crew in Flugzeug/Bahn/Wagen, um mit dem Kunden zu ringen.

Bei Ihnen ist es nicht so? Um so besser. Sie haben erst den Markt studiert, die Zielgruppe definiert, Ziele festgelegt, dann die Werbekonzeption erarbeitet und abgestimmt, und erst dann – ja erst dann – Bleistift wie Filzschreiber in die Hand genommen, um Texte zu schreiben und Gestaltung zu machen. Gratulation – so sollte es sein.

Wer laufend die Kommunikations-Fachpresse studiert, wird vertraut gemacht mit den aktuellen Kampagnen: wie sie aussehen, wer bei Kunde und Agentur dafür zuständig ist, welche Überlegungen hinter der Gestaltung stehen.

Verlage geben auch eigene, meist hochinteressante Informationen über die laufenden Kampagnen heraus. „werbung im stern" zum Beispiel, schlicht DIN A4 vierseitig einfarbig, wird wöchentlich von den Werbern auf Agentur- wie Kundenseite erwartet. Umrahmt von meist erstklassigen Kommentaren gibt es in Bild und Text die Erläuterungen zu den Motiven, die jeweils im neuen Stern zu sehen sind.

Die Süddeutsche Zeitung schafft ähnliches mit Beschreibungen der laufenden Zeitungsmotive. Quick veröffentlicht unablässig die „Top Ten der Woche", die Anzeigen, die von den Werbungschaffenden einerseits und den Werbungtreibenden andererseits als beste gewählt wurden – jeweils zehn Motive, von denen viele durch beide Gruppen, wenn auch unterschiedlich plaziert, gewählt werden.

Es liegt auf der Hand, daß bei großen Markenartikelkampagnen eine einzige durchschlagende Idee alle eingesetzten Werbemittel bestimmt: Anzeigen wie Fernsehspots, Plakate wie Prospekte, Ladendisplays wie Ballonfahrt-Preisausschreiben. Zersplitterung der Kommunikations-Kräfte leistet sich kein Profi mehr. Nur die Konzentration bringt den Erfolg im massiven Druck der konkurrierenden Einflüsse auf Augen und Ohren.

In den Markenartikelanzeigen muß schon eine geballte Überzeugungskraft stecken, um nicht über-sehen zu werden. Eine gute Portion Argumentation und noch viel mehr Emotion gehört hinein, dazu viel Format und Farbe als eindrucksvolle Ausstattung. Welche Kategorie man auch herausgreift – die Möglichkeiten bleiben beliebig vielfältig: wieviel Distanz steckt in der Strecke zwischen den Weisheiten der Klassiker für Daimler-Benz und »Zeig' ihm ein Lächeln – Nissan". Beides erstklassig – punktgenau auf Markt wie Marke abgestimmt. Weltbekannte sachliche Intelligenz im Vordergrund auf der einen Seite – und überlegene Pfiffigkeit auf der anderen.

Lebensmittel, Spirituosen, Arzneimittel, Kosmetika, Mode – der Begriff der Markenartikel ist so umspannend wie der Äquator beim Erdball und umfaßt die Nuancenfülle des zivilisierten menschlichen Daseins. Somit sind die Illustrierten von Bunte bis Stern, die Programmzeitschriften von Bild- + Funk bis Hörzu, die Magazine von Capital bis Spiegel auch *anzeigengefüllte Dokumente des zeitgeschichtlichen Augenblicks. Wie nun, wenn Redaktion einerseits und Anzeigenfülle andererseits inhaltlich wie gestalterisch sich im berechtigten Leserinteresse weiter einander annäherten, statt gegeneinander zu konkurrieren?* Sollten Anzeigen tatsächlich schicksalhaft dazu bestimmt sein, sich ständig gegenseitig übertrumpfen zu müssen: wer den dicksten Hammer schwingt, liegt vorn in der Kunden- und Lesergunst.

Checkliste: Anzeigen für Markenartikel – Traum oder Trauma?

1) Sind Markt, Zielgruppe, Werbeziel wirklich klar?

2) Oder geht es wieder von vornherein um sogenannte Kreativität – auf die hin dann eine sogenannte Werbekonzeption gezimmert wird?

3) Haben Sie Texter und Gestalter nach klarer Absprache der Werbekonzeption auf der Basis von Markt und Zielgruppe zwischen Auftraggeber und Werbeagentur ausführlich informativ gebrieft?

4) Oder ging es wieder nach der Masche „Laßt euch mal schnell ein paar Anzeigen einfallen"?

5) Verfolgen Sie regelmäßig die aktuelle Anzeigengestaltung in der Publikumspresse, die entsprechenden Informationen in der Kommunikations-Fachpresse?

6) Bestimmt die Grundidee der Anzeigenkampagne auch alle anderen Werbemittel?

7) Sind sachliche Argumentation und Emotion zueinander ausgewogen?

8) Bestimmen Format und Farbe die eindrucksvolle Ausstattung?

9) Können die Anzeigen den Anspruch erheben, Dokumente des zeitgeschichtlichen Augenblicks zu sein?

10) Wirkt die Anzeige wie ein geschwungener Hammer – oder gewinnt sie freundlich Leser?

Markenartikel-Anzeigen – kommentierte Beispiele

Die Botschaft sehr deutlich: „Ich will Sprengel." Die festliche Aufmachung der freundlich fordernden Dame signalisiert: das Produkt darf keins von der billigen Sorte sein. Frauen werden dem gern zustimmen, Männer gern Folge leisten. Schließlich will man erkennbar was anlegen. Headline, Vorbild-Verbraucherin, Markenabbildung und Slogan aus einem Guß.

Die sympathische Anzeigenkampagne *für die japanische Automarke*. Hier werden übliche Werte widerlegt – mit fernöstlichem Einschlag, dem freundlichen Lächeln. Technischer Anspruch höchst menschlich präsentiert. Kein Protzen mit PS, keine Beschleunigungs-Superlative, innen auch nicht größer als außen. Einfach hintergründig überlegen. Eine Kampagne, die Marke und Mentalität intelligent miteinander verbindet.

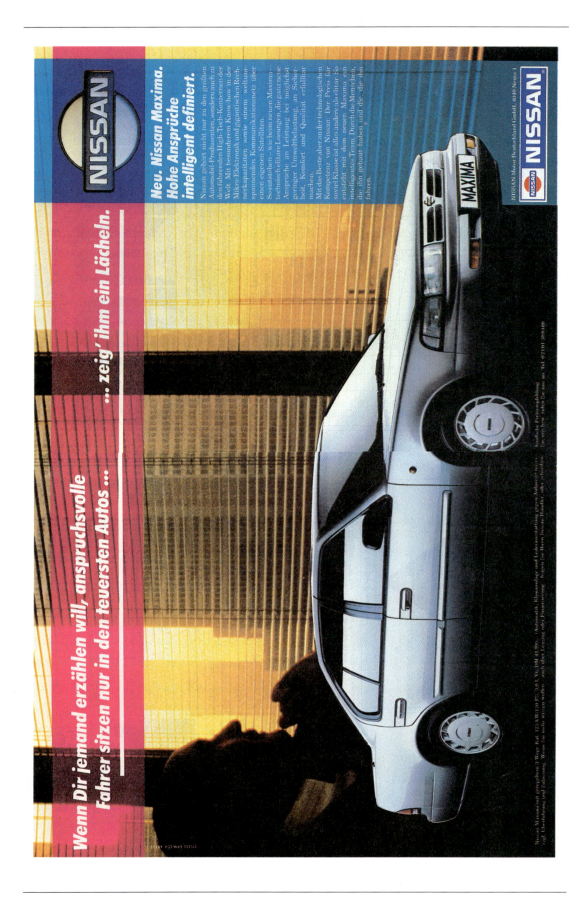

Die Produktbotschaft steht unübersehbar *in der Mitte der Anzeige:* der jugendliche schlanke Körper. Die Zielgruppe ist in der Headline angegeben: Menschen, die niemals dick werden wollen. Eingeschlossen sind alle, die dünner werden möchten. Glaubhaft die Textaussage, daß dabei das Produkt ein wenig helfen möchte. Die sachliche Begründung dazu folgt in den nächsten Zeilen. Die Negativ-Schrift ist bei knappem Text lesbar gehalten.

Die Faszination des Modernen, *die weltumspannende Markenidee:* die Zigarette, die sich deutlich vom Bisherigen abhebt, nur auf das Neue setzt. Mit Anzeigen, die unverwechselbar markenprägend geblieben sind. So gut, daß es immer wieder Kopierversuche gibt. Vergeblich allerdings.

Seiten 201 und 202:
Drei-Seiten-Farbanzeige als Beispiel gekonnter werblicher Gratwanderung. Die Story ums Produkt braucht keine Worte, sondern spricht aus den Fotos. Sie bezieht sich direkt auf das Fotografieren mit der Fuji, *ohne Umwege, ist sofort verständlich* – sogar mit Schmunzeleffekt. Der kurze Text kann sich konzentrieren auf die Produkttechnik. Die Anzeige informiert und unterhält zugleich.

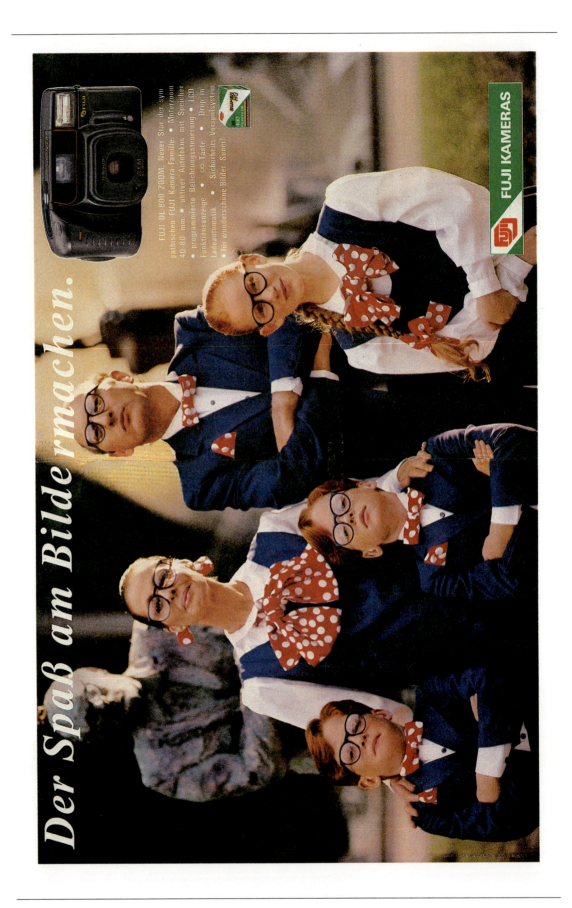

Fachanzeigen treffsicher konzipieren

Je deutlicher der Leser über die direkte Nutzungsmöglichkeit informiert wird, eine Problemlösung erhält, um so erfolgreicher ist die Anzeige. Dies vorab als Leitsatz vor allem für den Fachbereich. Wer Fachzeitschriften durchblättert und den Anzeigen ein wenig Augenmerk schenkt, kann sich dem Eindruck kaum entziehen, daß immer noch viele von ihnen mit wenig werblichem Wissen zusammengestellt werden. Die Gründe liegen auf der Hand. Die Mehrzahl der typischen Fachanzeigen-Auftraggeber traut diesem Werbemittel gar nicht *die verkäuferische Kraft zu, die in ihm steckt* und huldigt immer noch der urgroßväterlichen Kommunikationsregel „Meine Qualität ist meine Reklame".

Wenn nun aber trotzdem doch Fachanzeigen gestaltet werden, gibt es viele andere Gründe, die dafür herhalten müssen. Hier einige davon: die Konkurrenz macht sie auch und man kann ja nie wissen; der Anzeigenrepräsentant hat sich schon dreimal die Hacken abgelaufen und ist so nett; der Werbeleiter will nicht immer nur Messestände und Prospekte, sondern auch mal Anzeigen machen; die Zeitschriftenredaktion will einen Firmenbericht schreiben – aber nicht ohne Anzeige (Recht hat sie!)

Und wenn man sich nun schon dazu durchringt, aus welchem Grunde auch immer an Fachzeitschriften Anzeigenaufträge zu vergeben, dann soll das so wenig wie möglich kosten. Erstens nimmt man da an Einführungs- und Sondereinschaltpreisen mit, was man bekommen kann. Das ist durchaus verständlich. Aber dann darf auch die Gestaltung zusätzlich kaum Kosten verursachen: ein vorhandenes Foto dürftig betextet von der Anzeigenabteilung statt vom Auftraggeber ins Format gebracht, Satz- und Litho-Aufwand knapp gehalten – die dürftigen Ergebnisse können Sie in jeder Fachzeitschrift sehen. Leider. Sie zerstören jedes lesegerechte Zeitschriften-Layout, sind praktisch inhaltslos, bewirken nichts. Halt – natürlich bewirken sie etwas: erstens geben sie dem Inserenten das Gefühl, zu werben; sie bringen dem Verlag Geld; und sie ermöglichen profilierten Werbegestaltern die Meinung, Fachanzeigen seien eigentlich überflüssig.

Wie also vorgehen? Nicht anders als im Prinzip bei Verbraucheranzeigen.

Es beginnt mit logischer Denkarbeit – nicht mit einem zufällig vorhandenen Maschinenfoto oder einer Schlagzeile der intelligenten Tochter, sondern mit den klaren konzeptionellen Überlegungen, die als klassisch gelten: *welcher Produktnutzen trifft welche Käufererwartungshaltung; wer ist die klare Zielgruppe; welches sachliche Argument überzeugt am stärksten, wie kann man es gegebenenfalls emotionell untermauern?*

Und dann – erst dann – beginnt die Text- und Gestaltungsarbeit, die bei Fachanzeigen noch medienbezogener gewichtet werden sollte als bei Publikumskampagnen. Denn je klarer, fachgerechter und damit erfolgreicher das redaktionelle Umfeld konzipiert ist, um so besser sollten auch die Anzeigen abgestimmt sein auf das individuelle Interesse der Lesergruppe. *Man kann die Forderungen auch umkehren: je diffuser die Anzeigenaussage, um so überflüssiger das Ganze.*

Wenn Sie also Fachanzeigen machen – nehmen Sie sie ernst. Lassen sie *nicht mit der linken Hand gestalten* als fragwürdiges Zubrot zu Ihrer klassischen Kampagne, zu Messeständen oder Direct Mailings. Es gilt die Regel: Wenn sich der Anzeigenauftraggeber Mühe gibt, sein Bestes tut, sich engagiert, spürt das der Leser – und die Aktion verspricht Erfolg. Zum Engagement gehört auch: *Fachleute einschalten, die Anzeigen professionell gestalten können.* Nichts gegen eigene Feierabendhobbies, den schriftstellernden Förster vom Stammtisch, den detailliert denkenden Oberingenieur, die grafischen Ambitionen des eigenen Sohnes.

Aber Anzeigengestalten ist hartes Brot, das mit Meisterhand gebacken werden will. Nehmen Sie sich Zeit für die Vorüberlegungen. Und lassen Sie den Gestaltern Zeit für ihre Arbeit. Vor allem: *sparen Sie nicht am falschen Ende. Wann würden Sie selbst ernsthaft irgend etwas kostenlos und unverbindlich liefern?* Stellen Sie dieses Ansinnen also auch nicht an die Anzeigengestalter. Wer's trotzdem tut, disqualifiziert sich selbst. Die Gestaltungskosten der Fachanzeige dürfen durchaus den Einschaltkosten der Veröffentlichung ebenbürtig sein.

Natürlich sind Fachanzeigen einzubetten in das gesamte individuelle Kommunikationskonzept. Die Aufgabenstellung kann weit variieren. Geht es darum, ein Unternehmen in den Fachmedien prominent zu profilieren – um imagefördernde, grundlegendes Vertrauen schaffende Seiten also. Oder geht es darum, die unterschiedlichsten Mitarbeiter auf Kundenseite für gemeinsame Gruppenentscheidungen positiv zu gewinnen: den leitenden kaufmännischen wie führenden technischen Mitarbeiter, den persönlichen Betreuer einer Maschine wie die Service-Abteilung? Geht es darum, möglichst viele Resonanzen über Coupon bzw. Kennziffer zu erzielen – oder einige wenige, dafür hochqualifizierte? Setzt man den Anspruch der Anzeige also breit oder hoch? Geht es darum, das Können von Mitarbeitern, die Leistung einer Maschine, die Sicherheit bei der Arbeit, die Schnelligkeit der Serviceleistungen, den Profit des Handelns darzustellen? Bei unterschiedlichen Zielsetzungen kann keine Anzeige der anderen gleichen. Wenn doch, ist sie falsch.

Blättern Sie Fachzeitschriften durch, queren Sie die übliche Kommunikationsöde auf der Suche nach Oasen der werblichen Ansprache. Sie werden in jeder Ausgabe einige finden. Machen Sie diese zum Maßstab eigener Gestaltung. *Vermeiden Sie es, Fachzeitschriftleser mit Ihren Anzeigen zu langweilen.* Was Sie selbst an Ihren Produkten interessiert, kann für den künftigen Käufer absolute Nebensache sein.

Finden Sie erst zuverlässig heraus, was Kunden an Ihren Erzeugnissen überzeugt – durch qualitative Expertenbefragung, durch den Außendienst, durch laufende Kundenkontakte, durch eigene gut vorbereitete Gespräche.

Machen Sie selbst vielleicht auf nur einer DIN-A4-Seite ein klares Konzept mit den Kernpunkten jeder werblichen Aufgabenstellung – also auch für erfolgreiche Fachanzeigen – und jeweils möglichst nur mit einer einzigen, dafür aber überzeugend klaren Antwort.

Checkliste: gegen Langweiler-Fachanzeigen

1) Was wollen Sie wirklich mit den Fachanzeigen erreichen – Interesse wecken oder Image heben oder Käuferanschriften bekommen oder etwas Bestimmtes anderes?

2) Wen wollen Sie erreichen: technisches Management, kaufmännische Führung, Anwendungsingenieure, Sicherheitsverantwortliche, andere?

3) Welche Interessenlage ist bei der Zielgruppe für Ihr Produkt wirklich vorhanden – sie kann nicht deckungsgleich sein mit Ihrem eigenen Anliegen, denn Sie wollen Ihr Produkt verkaufen, die Zielgruppe will es zum eigenen Vorteil nutzen.

4) Was also ist der realistische Vorteil Ihres Produktes für die potentiellen Käufer?

5) Steht dieser Vorteil klar verständlich und sofort erkennbar im Vordergrund?

6) Ist die Anzeigenargumentation untermauert durch vorherige Expertenbefragung, durch Erkenntnisse aus vielen eigenen intensiven Gesprächen mit den Kunden?

7) Haben Sie für sich selbst vor Beginn der Anzeigengestaltung kurz schriftlich fixiert, wo es lang gehen muß, und prüfen Sie Entwürfe kompromißlos an diesem klaren Anspruch?

8) Sind Sie sich im klaren darüber, daß gute Fachanzeigen nicht nur bei der Schaltung, sondern auch bei der Gestaltung gutes Geld kosten müssen?

9) Beachten Sie schon bei der Gestaltung das spätere redaktionelle Umfeld, damit Ihre Anzeige nicht wie die meisten anderen wie ein Fremdkörper in der Zeitschrift wirkt?

10) Nun aber ehrlich: hatten Sie wieder keine Zeit für die Konzeption der Anzeige, zeigt sie wieder das gleiche langweilige Foto mit der üblichen Eigenlobargumentation, und das Ganze dürftig gestaltet?

Fachanzeigen – kommentierte Beispiele

Produktvorteil ist klar verdeutlicht in Schlagzeile, Foto, Bilderklärung und Text. Ohne Umwegargumentation für die Zielgruppe sofort und eindeutig verständlich. Hinzu kommt der angenehm sachliche typografische Aufbau der Anzeige, die herausgehobene Bildbeschreibung links neben dem Foto, die Textteilung in zwei übersichtliche Spalten.

Scheibenwechsel ohne Spannschlüssel: Mit Sicherheit von FEIN.

Sicherheit durch das einzigartige FEIN Schnellsystem: Es erspart die lästige Suche nach dem Werkzeugschlüssel, schließt Bedienungsfehler aus und garantiert immer die optimale Spannkraft.

Vorbilder machen Schule. Das hat FEIN, den Erfinder des Elektrowerkzeugs, noch nie davon abgehalten, immer wieder mit gutem Beispiel voranzugehen. Schließlich sind die Anforderungen in der Industrie und im Handwerk, wo FEIN Hochleistungs-Elektrowerkzeuge zu Hause sind, bekanntlich besonders hoch.
So haben wir bei der Entwicklung der FEIN Winkelschleifer mit Schnellspannsystem erst unzählige Varianten geprüft und uns dann für ein System entschieden, das den Scheibenwechsel nicht nur ohne Schlüssel, sondern vor allem auch ohne Bedienungsfehler und -risiken ermöglicht. Dabei handelt es sich um kein aufgesetztes und austauschbares Konstruktionselement, sondern um einen fest integrierten Bestandteil des Winkelschleifers. Durch das Gewinde-/Spannhebel-Prinzip arbeitet das System auch unter schwierigen Bedingungen absolut zuverlässig und höchst effektiv.
Die Schleifscheibe sitzt immer, mit optimaler Spannkraft, automatisch richtig.
Daß selbst elastische Schleifteller problemlos ohne Schlüssel eingesetzt werden können, gehört für FEIN mit dazu.
Vielleicht sind Sie jetzt selbst daran interessiert, auch in puncto Bedienungskomfort den sicheren Weg zu gehen? Ihr Fachhändler sagt Ihnen gerne mehr darüber, was die FEIN Winkelschleifer mit Schnellspannsystem so einzigartig macht.
Weitere Informationen können Sie außerdem direkt von uns erhalten:
FEIN Elektrowerkzeuge
Postfach 10 14 44
7000 Stuttgart 10
Telefon 07 11/66 65-1 65.

Präzision ist FEIN.

Die Kombination von Sachaussage und Emotion – hier ist sie gelungen. Eine Szene, die möglich sein könnte: chic gekleidete Hausfrau läuft schnell ohne Hinschauen über eine Stelle, die frisch belegt werden soll, und der Schuh bleibt kleben. Denn das Produkt hat den „starken Anfangs-Tack". Das Anzeigenbild erzählt verständlich eine komplette Story über den Produktnutzen – ohne effektsuchenden Umweg. Der Text kann sich auf die Argumente konzentrieren.

STARKER ANFANGS-TACK

Die Herferin-Innovation: Dispersionsklebstoff D 202.

D 202 ist der neue Dispersionsklebstoff für PVC-Beläge. Mit hervorragenden Vorteilen eines modernen Klebers...

...hervorragend mit starkem Anfangs-Tack bei kurzer Ablüftzeit von 5–15 Minuten.

...hervorragend in der Verarbeitung durch enormes Anzugsvermögen, kräftiges Fadenbild, hohe Scherfestigkeit als Naßbettkleber und mittlere offene Zeit.

...hervorragend in der Vielseitigkeit für alle Arten von PVC-Belägen sowie von textilen Bodenbelägen mit Schaumrücken auf saugenden Untergründen.

...hervorragend in der Wirtschaftlichkeit durch sparsamen Verbrauch und schnelle, ungefährliche, geruchsneutrale Verarbeitung.

Herferin D 202. Ein Dispersionsklebstoff, der seinesgleichen sucht.

DIE ANDERE MARKE
VORSTRICHE · SPACHTELMASSEN · KLEBER

Hermanns & Co. GmbH · 5608 Radevormwald 1 · Tel. (02195) 672-0

Papier gegen Elektronik – die Anzeige nennt *in der Schlagzeile sofort den Kern des Problems*, geht ihm nicht aus dem Weg. Der Text stellt klar, wieviel Papier gut geordnet und gegliedert tatsächlich griffbereit in eine Hängeregistratur paßt. Die riesige Schrift der Schlagzeile ist der gut gewählte Mittelweg zwischen traditioneller Lesbarkeit und moderner Anmutung – der ganzen Anzeigenaussage entsprechend.

Und wieviel Byte Speicher-Kapazität hat Ihr Schreibtisch?

Runde 20 Megabyte! Das sind 10 000 Blatt A4. Und das alles gut geordnet und übersichtlich gegliedert. Vorausgesetzt, Sie haben die erforderliche Hänge-Registratur. Mit ihr nutzen sie optimal die zur Verfügung stehende Schreibtisch-Kapazität. Und zwar so, daß Sie alle Unterlagen mit einem Griff wieder zur Hand haben.

Leitz Hänge-Registratur ALPHA – das meistgekaufte Speicher-Programm für den Schreibtisch. Lassen Sie sich informieren.

LEITZ

Der Nutzen steht im Vordergrund, eine sympathische Botschafterin demonstriert ihn. Es geht um Reinigungsautomaten, und das Beispiel ist glaubhaft gewählt. Wo wäre größere Reinheit verlangt als bei der Mikrochip-Produktion. Die Schlagzeile mit nachprüfbarer Ortsangabe, das große Beweisfoto und der sachlich informierende Text überzeugen.

Eurosil, München. Die Ausschußrate senkt Miele.

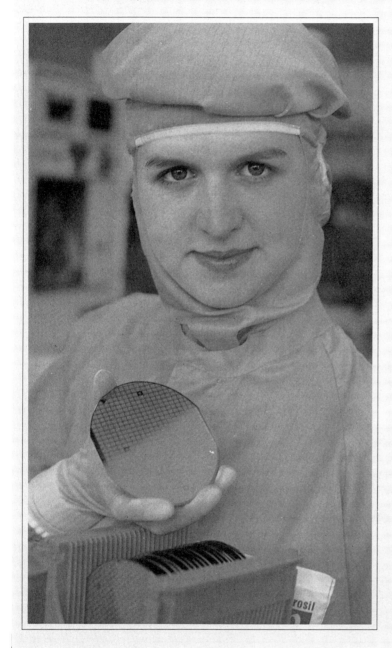

Auch bei sensiblen Produktions- und Wartungsprozessen, wo es auf Sauberkeit und Hygiene ankommt, sind Miele Reinigungsautomaten oft die Lösung nach Maß. Eurosil stellt Mikro-Chips in Reinraum-Produktionsräumen her. Dabei hängt die Höhe der Ausschußrate von penibler Genauigkeit ab. Miele befreit die Boxen, die für den Transport der Mikro-Chips dienen, von Siliziumstaub und Fotolack-Rückständen.

Info-Coupon ✂
Miele entwickelt auch für Ihre Reinigungsprobleme die wirtschaftliche Lösung. Schreiben Sie an: Miele & Cie., Gewerbe-Technik, Postfach 2400, D-4830 Gütersloh. ✂

Eine Fachanzeige, die *durch ihre Selbstverständlichkeit* besticht. Alles ist so einfach wie logisch. Die Schlagzeile: unsere Produkte liegen auf Lager, Sie können sie sofort haben. Das Bild: so sieht ein Teil aus dem Angebot aus. Der Text: die kurze Aufzählung des kompletten Angebotes und wie beiläufig Details der Qualität und ihre Garantie. Das Beispiel einer gut durchdachten, wirkungsvollen Fachanzeige. Nur scheinbar schlicht, in Wirklichkeit vorbildlich konzentriert.

Wenn der Termin drückt:
Druckschläuche ab Lager lieferbar.

Wir führen ein umfangreiches Lager an Druckschläuchen aus Edelstahl
- mit Gewindeanschlüssen
- mit Anschweißenden
- mit Losflanschverbindung
- Meterware aus Edelstahl oder Bronze
- dazu lösbare Anschlußteile

Alle Schläuche sind mit Stickstoff auf Dichtheit bzw. mit Wasser druckgeprüft. Generell wird die Meterware umflochten und nicht nur das Geflecht übergestreift.
Auf Wunsch attestieren wir die Werkstoffqualität gemäß DIN ... oder Sie erhalten auch den Nachweis nach DIN/DVGW mit Registriernummer.
Bitte fordern Sie unsere ausführliche Lagerliste an.

HYDRA® ist eingetragenes Warenzeichen der Witzenmann GmbH.

WITZENMANN
Metallschlauch-Fabrik Pforzheim
D-7530 Pforzheim
Postfach 1280
Telefon 07231/581-0

Lob der Dienstleistung

Die Unternehmen aus dem Bereich der Dienstleistungen – Banken, Versicherungen, Reiseveranstalter – leben nicht von den greifbaren Dingen des Lebens – wie Joghurts, Autos oder Möbel – sondern bieten scheinbar imaginäre Leistungen wie Geldservice, Sicherheit oder Urlaubsfreuden. Und das werblich überzeugend zu dokumentieren fällt ihnen sichtlich schwerer als den Partnern mit den unmittelbar nachvollziehbaren Produkterlebnissen. Die Vorteile einer Wurstspezialität oder eines Lampensystems lassen sich eben griffiger, erlebnisfähiger darstellen als der Geldschutz im Unglücksfall oder günstige Zinsen. Trotzdem begegnen uns die einschlägigen Interpretationen per Anzeigen laufend.

Zur vordergründigen Schwierigkeit, Leistungen zunächst imaginärer Vorteile gestalterisch festzuhalten, kommt ein weiteres deutliches Handicap. Aus dem praktischen Umgang mit Dienstleistern kann jeder Leser seine eigenen mehr oder weniger zahlreichen Negativerlebnisse beisteuern – seien sie eingebildet oder real. Hier steckt eines der wesentlichen Probleme der einschlägigen werblichen Darstellungskunst. Es verdichtet sich übrigens noch, wenn Dienstleistungsunternehmen Gemeinschaftswerbung betreiben – auf dem kleinsten gemeinsamen Nenner versteht sich, wie bei Aktionen dieser Art üblich.

Dienstleister können also kaum ihr Produkt zeigen, aber den Erfolg des Produktes. Bei Bausparkassen geht das noch relativ einfach: früher üblich mit dem abgebildeten Traumhaus, heute zum Beispiel per Zeitvorsprung. Bei „Stark mit der Stuttgarter Versicherung" wird seit Jahren der unverwüstliche gestemmte Elefant gezeigt. Mit Erfolg – es muß so sein, sonst wäre er längst verschwunden.

Wie kann das Streben der Menschen nach größtmöglichem finanziellen Ausgleich im Unglück, nach dem seriösen Partner für den Geldverkehr, nach den eigenen vier Wänden oder nach ungetrübtem Urlaubsglück werblich erfolgreich umgesetzt werden?

Entsprechend dem bekannten Grundsatz „Der Köder muß dem Fisch, nicht dem Angler schmecken" interessieren zunächst weniger Größe und Macht des Unternehmens – die kommen als zusätzliche Argumentation ohnehin früh genug. Die persönlichen Probleme der Zielgruppe sollen im Vordergrund stehen – vielmehr deren Lösung. Dienstleistungsanzeigen greifen besonders gern zu Abbildungen beglückter Verbraucher. So strahlt der Patient zufrieden von seinem Krankenlager in die Kamera, weil er aller Geldsorgen enthoben auch noch erster Klasse liegt und laufend mehr verwöhnt wird als im normalen Leben. So erklettern Bergsteiger tollkühn schwindelnde Höhen, weil ihnen ihr Geldinstitut dazu die Sicherheit bietet. Mit Geldscheinen belegte Startpisten locken zur Lotterie. Oder waren das schon zwei Negativ-Beispiele?

Wie lange folgt der Leser klaren Kalkulationen der Dienstleister – wann empfindet er emotionale Blickfangkomponenten als Zumutung? Das dürfte die entscheidende Frage bleiben, deren Beantwortung sich das werbungtreibende Unternehmen nie entziehen kann. Es gibt Kampagnen, die bleiben vordergründig unverändert über viele Jahre. Erfreulicherweise. „Iduna – der richtige Rahmen für Ihre Sicherheit" als gutes Beispiel: ein scheinbar schlichter weißer Rahmen um Personen als Werbekonstante in vollem Einklang mit dem Slogan.

Reiseveranstalter und Touristenländer können mit realisierbaren Träumen werben, aber auch nicht am jeweiligen Zeittrend vorbei. Spanien ist ein gutes Beispiel; hier wird die Kampagne auf die Tatsache gebaut, daß das Land nicht nur aus Strand besteht, sondern auch ein reiches Innenleben bietet.

Geschickt wird hier die Problematik der Bettenburgen am Strand wie des Reiserummels umgangen, denn beide Themenkreise waren in die Schlagzeilen geraten. Die LTU-Anzeigenserie setzt Qualitätsmaßstäbe. Denn selten gelingt es, Reisesehnsüchte und realen Lebensärger in Kombination als Werbehebel anzusetzen und beides mit der gleichen pfiffigen LTU-Antwort zu bedienen.

Dienstleistungsanzeigen bedürfen einer besonders sorgfältigen Vorbereitung, eines prominent profilierten Denkprozesses. Denn sie sind schnell und locker in den Sand gesetzt – mit themafernen Blickfängen, abseitigen Kreativ-Konzepten, hirngespinstigen Kunstformulierungen. Die Durchleuchtung der Verbraucherseele muß hier unabdingbar vorab erfolgen – sonst geht's garantiert schief.

Checkliste: Dienstleistungsanzeigen erfordern besondere Denkprozesse

1) Sie sind sich im klaren darüber, daß erfolgreiche Anzeigen für Dienstleistungen in der Regel eine Stufe schwieriger zu gestalten sind als andere?

2) Was kann die ins Auge gefaßte Zielgruppe dazu bewegen, jetzt einen Vorteil zu kaufen – und zumeist noch jahrelang fortlaufend dafür zu zahlen – der noch in weiter Ferne liegt?

3) Sind die werblichen Ansätze der Anzeigenkampagne abwegig pfiffig, weit am Ziel vorbei und damit kreativ unbrauchbar?

4) Steht der Nutzen für den Kunden deutlich im Angelpunkt der Anzeige, oder muß der Leser erst Gags überstehen, bis er nicht mehr weiterlesen mag?

5) Ergibt sich beim Durchdenken der Anzeigengestaltung ein tatsächlicher Nutzen, den Sie nach vorn stellen können, oder muß daraufhin erst das Produkt abgeändert werden?

6) Stellen die Wettbewerber Nutzen heraus, von denen Sie sich deutlich abheben und damit klar profilieren können?

7) Anzeigen sind nur ein Teil der Kommunikations- und Verkaufsstrategie: bilden alle Marketingbestrebungen eine Einheit und sind daher die Anzeigenaussagen stimmig mit den werblich überzeugenden Argumenten aller Ebenen?

8) Haben Sie die menschliche Seele tief genug ausgelotet, um Ihr Dienstleistungsangebot im richtigen Winkel plazieren zu können?

9) Werben Sie nicht mit Ängsten, sondern mit positiven Zusagen?

10) Steht das Dienstleistungsunternehmen voll hinter den Aussagen in den Anzeigen – oder führt es in der Praxis kleinkarierte Kämpfe mit den Kunden um den Pfennig?

Dienstleistungs-Anzeigen – kommentierte Beispiele

Ein Motiv aus der *pfiffigen Serie, die immer wieder neue Motive* bringt. Das allen Eltern bekannte Thema kindlicher Berufswünsche in der Schlagzeile, ein alle Eltern ansprechendes Foto, eine von allen Eltern gern gelesene Textaussage – die Anzeige konzentriert sich auf eine klare Zielgruppe, ihre Erlebniswelt und Wünsche. Legen Sie diesen Maßstab bei Ihren Anzeigen an.

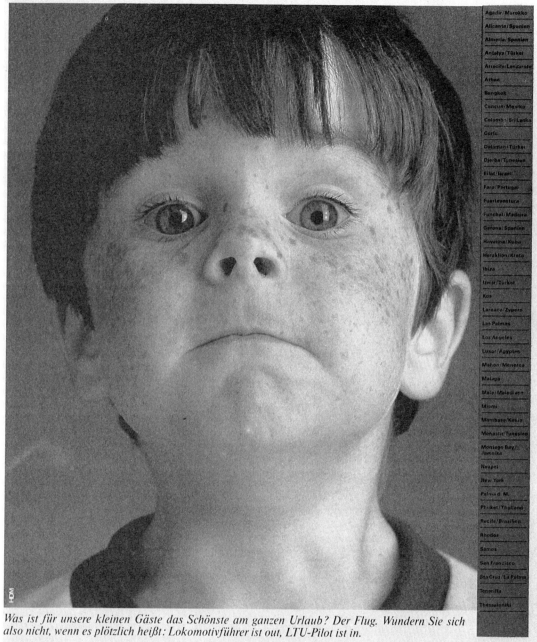

Motiv aus einer Doppelseitenserie. Absolut aktuell durch die Schlagzeile, *menschlich-sympathisch* durch die beiden im Gespräch Vertieften. Die Anzeige strahlt durch ihren großzügigen Auftritt – einerseits ein beherrschendes Foto, andererseits sehr viel weißer Raum – Souveränität und Überzeugungskraft aus, wie man es von einem starken Partner erwartet.

Menschen '89

"Mich selbständig zu machen war schon immer mein Ziel. Jetzt habe ich das Richtige für mich gefunden. Mir ist ein Betrieb angeboten worden. Der jetzige Inhaber will sich zurückziehen und sucht einen Nachfolger. Ich habe schon mit der Deutschen Bank gesprochen. In den nächsten Tagen machen wir das Finanzierungskonzept."

Deutsche Bank

*Deutsche Bank –
Ihr Partner in der Welt.*

Geschäftsreisende sind die Zielgruppe, der die Deutsche Bundesbahn den Intercity-Dienst hier anbietet. Die Anzeige nennt die wichtigsten Vorteile: entspannt reisen und zugleich arbeiten können. „Wer schlau ist, fährt mit uns" steht unsichtbar über der Seite. Das Bild strahlt die erzielbare Reise-Gelassenheit aus. Und das Wort „intelligent" in Schlagzeile und Slogan sagt deutlich, wo es geistig langgeht. Die Anzeige packt die Zielgruppe beim Problem und bringt gekonnt die Lösung.

Wenn Sie einen Kalender voller Termine haben, müssen Sie noch lange nicht dem Streß zum Opfer fallen. Es kommt nur darauf an, wie Sie die Zeit dazwischen nutzen – und da ist der InterCity in der Tat eine mehr als intelligente Lösung.

Das fängt schon mit Ihrer Reiseplanung an, die dank unserer stündlichen IC-Verbindungen so flexibel wird, wie Sie es sich immer gewünscht haben.

Genauso frei gestalten Sie Ihre Reisezeit, denn bei uns können Sie in aller Ruhe arbeiten, neue Projekte überdenken und unterwegs sogar telefonieren. Besonders bequem in der 1. Klasse. Und während wir Sie mit Tempo 200 zu Ihrem nächsten Termin bringen, gönnen Sie sich zwischendurch vielleicht sogar ein gutes Essen in unserem neuen Bord Restaurant.

InterCity ist das entspannte Gefühl, eine intelligente Lösung gefunden zu haben.

Im InterCity. Mit mehr als 250 Verbindungen täglich. Damit Sie so arbeiten können, wie es Ihnen gefällt.

Intelligenter reisen.

InterCity

Deutsche Bundesbahn

Fort vom Klischee steht als unsichtbares Motto über der Anzeige. Wer im Urlaub bildende Erlebnisse sucht, findet hier Kunst in Fülle. Die Anzeige trägt bei zur Image-Änderung eines beliebten Reiselandes, zeigt eine andere Seite seines Angebotes. Sie ermuntert erfolgreich die bisherigen Gäste, für den Urlaub eine Variante zu planen und dem Land treu zu bleiben – und sie findet neue Freunde. Foto, Textgestaltung und Landessymbol sind zwar zurückhaltend, aber überzeugend.

Sie haben mehr als nur ein Gemälde vor sich. Hier im Schatten ist Geschichte greifbar nah.

Auch im Schatten hat Spanien eine Menge zu bieten.

Zum Beispiel Pinselstriche. Pinselstriche voller Inspiration, voller Versunkenheit. Sie schlendern durch die weiten Gänge des Museums, und jede Wand fasziniert auf eine andere Art. Es könnte der erste Morgen Ihres Aufenthaltes in Spanien sein, den Sie ohne Sonne, Strände und atemberaubende Landschaften genießen. Aber die tiefe Befriedigung, die Sie beim Betrachten dieser Meisterwerke empfinden, ähnelt kurioserweise sehr stark jenem Gefühl, das Sie beim Besuch der Alhambra, auf den Fiestas von San Fermin, auch in den verträumten kleinen Buchten der Balearen verspürt haben.

Es ist die Schönheit Spaniens. So vielfältig und außergewöhnlich wie diese Sammlungen herrlicher Bilder. Velázquez, Picasso, Goya, Miró, El Greco, Dalí, Ribera, Zurbarán, Sorolla, Juan Gris, Murillo... nur die Größe solcher Namen kann Schatten werfen wie die spanische Sonne.

Kommen Sie und erleben Sie es.

Informationen sendet Ihnen gerne Ihr:
Spanisches Fremdenverkehrsamt, Düsseldorf, Graf-Adolf-Str. 81, Frankfurt, Steinweg 5, München, Oberanger 6.

Spanien. Alles unter der Sonne.

Ein Motiv, das in einem Anzeigenbuch nicht fehlen darf, weil es *nicht nur den Elefanten auf den Rücken legt, sondern auch die gängige Lehrmeinung auf den Kopf stellt:* wird oft kritisch kommentiert, zeigt eine sachliche Unmöglichkeit, und das nicht mal grafisch einwandfrei, arbeitet mit einem Gag, der nicht nur Tierliebhaber zum Protest ermuntern dürfte. Erscheint aber seit Jahren praktisch unverändert, und die Stuttgarter muß damit erfolgreich sein.

Mit Anzeigen gemeinschaftlich werben

Es gibt Gemeinschafts-Anzeigenkampagnen, die Werbegeschichte geschrieben haben. Der Krawattenmuffel zum Beispiel, die Fensterwerbung der Aluminiumindustrie, die Aktion des Sanitärhandwerks. Das alles darf nicht darüber hinwegtäuschen, daß Gemeinschaftskampagnen meist von einem tragischen Wind umweht werden. Allzuoft tun sich werbeungeübte Unternehmen zusammen, die selbst höchstens Fachanzeigen machen, aber aufgrund der paar Mark, die sie schweren Herzens in einen Gemeinschaftstopf zahlen, alle Entscheidungsrechte für sich beanspruchen und dazu noch einen großen Marktdurchbruch erwarten. Jeder Eingeweihte aber weiß, daß dürftig ausgestattete gemeinschaftliche Werbung kaum Erfolg nach sich ziehen kann. Oft setzt sie zu spät ein, wenn der Markt bereits in Scherben liegt. Oft wird sie nach kurzer Zeit von zerstrittenen Partnern wieder zu früh abgebrochen, weil sie nicht unmittelbar größere Verkaufsbelebung brachte.

Jeder Gemeinschaftswerbung aber, die Erfolg als Ziel hat, sollten erstens ausreichende finanzielle Ausstattung, zweitens ausreichend lange Dauer beschieden sein – ab mindestens drei Jahren aufwärts – und drittens einige wenige qualifizierte Entscheidungsbefugte als Grundgremium zur Seite gestellt werden. Die jeweilige einschlägige Fachpresse ist voll von Informationen, warum welche bereits angelaufene Gemeinschaftswerbung nun doch kurz nach dem Start wieder gestoppt wurde, wer weswegen nicht weiter teilnehmen wollte, welches Einzelhaar die Gemeinschaftssuppe schließlich doch störte, die deshalb die anderen nicht mehr mitlöffeln wollten.

Anlässe für Gemeinschaftskampagnen sind scharfer Substitutionswettbewerb, Trendänderungen im Käuferverhalten, das Ziel gemeinsamer Markterweiterung, ähnliche Kommunikationsanliegen etwa in den aktuellen Bereichen Recycling – Umweltschutz – Gesundheit – High-Tech. Gemeinschaftliches Werben bietet vielen einen Tummelplatz zum Äußern persönlicher Ansichten, die man sonst kaum anbringen kann. Das ist so auch in Ordnung.

Gerade weil bei gemeinschaftlichen Werbeaktionen so viele unterschiedliche Meinungen zum Tragen kommen wollen – und seien sie noch so sichtlich falsch – sollte *die objektivierende Meinungsstudie am Anfang stehen*. Nur daraus läßt sich ein zuverlässiges Briefing für Agenturen, für die Anzeigengestalter herleiten. Nur so läßt sich das stets beliebig weite kreative Spielfeld sinnvoll begrenzen und dadurch erheblich effektiver nutzen.

Die in der Natur der Sache liegenden Schwierigkeiten multiplizieren sich durch die Gegebenheit, daß oft aus einer der teilnehmenden Firmen mehrere Persönlichkeiten Einfluß nehmen, und das keineswegs mit einheitlicher Meinung.

Um so größer das Werbewunder, daß Gemeinschaftsanzeigen häufig aus einheitlichem kreativen Guß sein können – Kompliment an die Auftraggeber, die sich zurücknehmen und an die Agenturen, die sich durchsetzen konnten.

Natürlich greifen bei Gemeinschaftsanzeigen die gleichen Basisfragen wie bei anderen Anzeigen auch: was ist das Ziel – wer ist die Zielgruppe – was ist ihr Anliegen – wie kann man ihm gerecht werden? Hat man sich hier erst *auf klare Aussagen geeinigt – und zwar vor Präsentationsaufforderungen an Werbeagenturen – so ergibt sich für die Folge eine nahezu zwangsläufige Dynamik.*

Oft taucht die Frage auf, ob die gemeinsam werbenden Firmen in den Anzeigen genannt werden sollen. Sind es nicht so viele, daß sie einen allzu breiten Anzeigenraum einnehmen müßten, so sollten sie aufgeführt werden – aus drei Gründen. Erstens unterstützen sie dokumentierend als seriöse Absender die Werbebotschaft. Zweitens grenzt man sich zumindest marktintern erkennbar gegen Trittbrettfahrer ab – gegen Firmen, die von der Gemeinschaftswerbung profitieren, aber nichts zuzahlen. Drittens zahlt man selbst lieber dann in einen gemeinsamen Topf, wenn man seinen Firmennamen in diesem Zusammenhang auch gedruckt sieht – und sei es noch so klein. Drei psychologische Begründungen also, aber berechtigte.

Was bleibt im Vorfeld von Gemeinschaftskampagnen unabdingbar? Die gemeinsame Verpflichtung auf meist drei Jahre Werbedauer, auf einen ausreichenden Werbeetat, auf einen begrenzten Werbeausschuß mit Entscheidungskompetenz. Für alle Teilnehmer gilt es, Stehvermögen zu zeigen, denn erfahrungsgemäß werden alle für die Werbedauer das Gefühl nicht los, daß sie im Grunde nur die anderen an der Aktion beteiligten wie nicht beteiligten Wettbewerber alimentieren. Und die mit diesem Etat beschäftigten Mitarbeiter der betreuenden Agentur benötigen mehr Nervenkraft und Fingerspitzengefühl als üblich, um dem Dauerbeschuß beim meist hart an der Rentabilitätsgrenze schrappenden Etat zu widerstehen. All das muß so sein – nur dann laufen Gemeinschaftsanzeigen zumindest halbwegs erfolgreich.

Checkliste: Gemeinschaftsanzeigen – ein hartes Stück Arbeit

1) Ist es möglich, die beteiligten auftraggebenden Unternehmen auf gemeinsame Zielsetzung und Argumentation zu einigen, bevor eine Agentur mit dem Anzeigengestalten loslegt?

2) Gibt es eine Persönlichkeit auf Auftraggeber- oder Agenturseite, die auch die zu erwartenden ständigen Querelen vor und während der Gemeinschaftsaktion elegant auszubügeln imstande ist?

3) Liegt eine aktuelle Markterhebung vor, die nicht nur die effektive Richtung für die Werbekampagne manifestiert, sondern auch ständig als Fundament für die Richtigkeit der Aktion bei den laufend zutage tretenden anderslautenden Meinungsäußerungen der finanzierenden Unternehmen dienen kann?

4) Liegen ausreichende finanzielle Mittel vor, so daß die Werbung greifen kann, und ist eine Mindestdauer von üblicherweise drei Jahren festgelegt?

5) Gibt es ein kleines, qualifiziertes Entscheidungsgremium, das die gemeinschaftlichen Auftraggeber kompetent vertreten kann – im Aktionsvorfeld der Informationssammlung, beim Agenturbriefing, bei den Präsentationen, während der Aktion?

6) Gibt es einen konkreten Anlaß für die Werbekampagne – Marktänderung, Substitutionswettbewerb, Umwelt- und Recyclingprobleme – oder nur ein allgemeines Unwohlsein, man müßte mal was fürs imaginäre Image tun?

7) Sind die Unternehmen, die sich zur gemeinsamen Kampagne zusammentun wollen, überhaupt gemeinschaftsfähig – also auch kompromißbereit, oder wollen einige wenige von vornherein das Sagen haben?

8) Gelingt es, in den Anzeigen die an der Aktion teilnehmenden Firmen aufzuführen – wenn auch nur auf kleinem Raum?

9) Können die an der Aktion direkt beteiligten Persönlichkeiten von Auftraggeber- und Agenturseite einander faire Partner bleiben – bei allen Schwierigkeiten und Frustrationen, die Gemeinschaftswerbungen automatisch in hohem Maße mit sich bringen?

10) Ist gewährleistet, daß die an der Werbekampagne beteiligten Unternehmen laufend über jedes wichtige Detail unterrichtet werden, damit sie psychologisch eingebunden bleiben und praktisch eigene Aktionen darauf ausrichten können?

Gemeinschaftsanzeigen – kommentierte Beispiele

Erfolgreiches Motiv aus einer Gemeinschaftswerbung, die vom Dialogtext und den zugeordneten, verstärkenden Bildern lebt. Die ganze Anzeige ist eine Story, die sich über drei Motive zieht, von denen aber jedes einzeln bestehen kann. Der Coupon-Einsender erhält die komplette Story, die als Kurzgeschichte die Argumente fürs Produkt der Zielgruppe nahebringt. Der große Coupon-Erfolg bestätigt die Richtigkeit von Konzeption und Gestaltung der Serie.

DIE FENSTER-STORY (TEIL 1):

„Aluminium, ich sage nur: ALUMINIUM!"

Jeder, der einen Neubau in Angriff nimmt oder sich Gedanken über seine Altbau-Renovierung macht, muß viele Entscheidungen treffen. Gisela und Gerd Einermann haben gewußt und sind bereits zu fast allen Punkten einig. Was ihnen aber auch zu ihrem Eigenheim-Glück fehlt, sind die Fenster.

Gerd: „Ich glaube, ich hab's ... ja, ich hab's!"

Gisela: „Was hast Du?"

Gerd: „Alle wichtigen Argumente für eine wichtige Entscheidung habe ich."

Gisela: „Und die wäre...?"

Gerd: „Seit Wochen überlegen wir doch, welche Fenster für unseren Neubau die richtigen wären, und jetzt hab' ich's."

Aluminium-Fenster sind die Lösung.

Gisela: „Und?"

Gerd: „Aluminium, ich sage nur: Aluminium!"

Gisela: „Moment mal! Du meinst also, wir sollten uns für Aluminium-Fenster entscheiden. Und warum bitte...?"

Gerd: „Zum Beispiel habe ich mir Gedanken über die Heizkosten gemacht. Fenster aus nichtmetallischem Material haben nämlich leider eine dumme Eigenschaft."

Gisela: „Nämlich?"

Aluminium-Fenster bewahren ihre Stabilität und Schließgenauigkeit.

Gerd: „Das Material arbeitet und verzieht sich mit der Zeit, was zur Folge hat, daß die Fenster nicht mehr richtig schließen, und das wiederum bedeutet..."

Gisela: „...daß wir unser sauer verdientes Geld zum Fenster rausheizen."

Aluminium-Fenster verziehen sich nicht.

Gerd: „Genau! Und das passiert uns mit Aluminium-Fenstern nicht. Die können sich nämlich nicht verziehen und schließen deshalb nach Jahren noch so wie am ersten Tag."

Obwohl Gerd Einermann seine Frau Gisela sichtlich beeindruckt hatte, war das Thema Aluminium-Fenster noch lange nicht vom Tisch. Wie nun die Unterhaltung zwischen den beiden weiterging, können Sie in der nächsten Ausgabe lesen. Oder Sie lesen Ihre gesamte Aufmerksamkeit auf den Coupon rechts.

Starker Anzeigenauftritt einer gemeinschaftlichen Werbung: ein Bildbeispiel voll Lebenslust; im Text das Zielgruppenangebot der speziellen modernen Ausbautechnik. Ein Motiv aus einer Serie, die durch Sofortkommunikation der wichtigsten Aussagen und eindrucksvolle Gestaltung, die in jedem der vielen Details stimmt, eine Branche aufrüttelt und eine Zielgruppe zum Denken und Handeln bringt.

Nach dem Doppelbett jetzt das Doppelbad.

Das ist die erfreulichste Entwicklung seit der Abschaffung der Besuchsritze: Man kommt sich näher im Doppelbad. Denn doppelt gewaschen geht nicht nur schneller. Es macht auch mehr Spaß als die Einzelhaft im Badezimmer. Und es ist eine glückliche Verbindung von praktischen Erwägungen und dem Lust-Prinzip. Wir von der deutschen Sanitär-Wirtschaft hätten da eine Menge Ideen anzubieten: Doppelwannen in rund, oval oder als platzsparendes Eckmodell, auch mit Whirl-Effekt, Dusch-Badekombinationen und Doppelwaschtische. Gehen Sie mit Ihrem Sanitär-Installateur durch die Fachausstellung Bad. Oder schreiben Sie an die Vereinigung Deutsche Sanitärwirtschaft, Postfach 38 40, 5800 Hagen 1. Wir helfen Ihnen gern.

Ihr Bad vom Fachmann

Die gemeinsame Kampagne der Sanitär-Industrie, des Sanitär-Fachgroßhandels und des Sanitär-Handwerks.

Tapeten nicht würdig-ernst, sondern heiterlocker ins Bewußtsein rufen heißt die Devise dieser Gemeinschaftsaktion. Der kurze Text ist zugleich die lange Schlagzeile, das starke Stück Tapete eindrucksvolles Dokument für die Argumentation: Farbe wirkt schöner und beglückender als monotone Uni-Mode. Vom Bild-Text-Aufbau her sicherlich eine Serie, die sich vorbildlich von der oft üblichen Eigenlobargumentation abhebt.

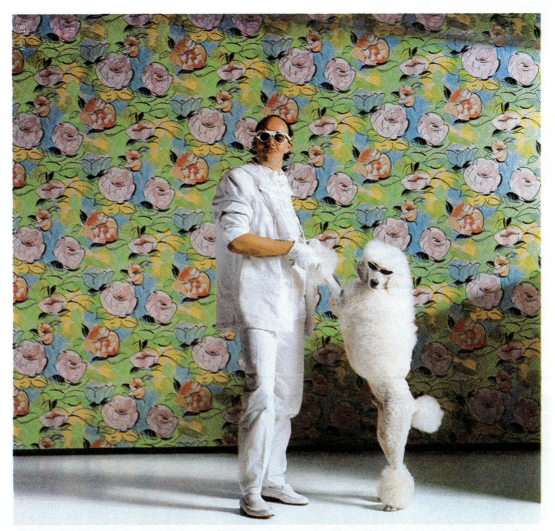

„Und jeden Abend saßen wir in unseren vier weißen[1] Wänden auf unserem weißen[2] Sofa vor unserem weißen[3] Marmorcouchtisch, tranken Weißwein[4], guckten in der Glotze Miami Vice[5], und unser weißer[6] Hund glotzte mit."

[1] [2] [3] [4] [5] [6] *Mit Tapete ist das Leben nicht mehr so blaß.*

Tapete. Kleb Dir eine.

Auftritt betont sachlich, ehrlich, offen: die deutsche chemische Industrie informiert. Die große Schlagzeile und der Kastentext transportieren die Hauptbotschaft. Das Bild praktisch emotional wiederholend wirkt. Nach der angegebenen Zielsetzung wird direkt der Beweis des bereits erreichten Erfolgs dokumentiert. Die Einzelelemente sind stimmig einander zugeordnet. Vorbildlicher Abschluß, weil er das Bemühen um den Dialog belegt: durch das Angebot der weiterführenden Information per Post, schriftlich oder telefonisch zum Ortstarif.

Pflanzenschutzmittel: So wenig wie möglich, so viel wie nötig.

Pflanzenschutzmittel pro Tonne Feldfrüchte 1980 bis 1986

−20%

Dank gezieltem Einsatz brauchen Landwirte heute für die gleiche Erntemenge 20% weniger Pflanzenschutzmittel als 1980.

Moderne Pflanzenschutzmittel wirken immer gezielter und können deshalb erheblich sparsamer eingesetzt werden. Sie schonen die Nützlinge, schützen die Artenvielfalt und bauen sich immer schneller in unschädliche Bestandteile ab.

Fordern Sie dazu weitere Informationen und unsere Umwelt-Leitlinien an: Verband der Chemischen Industrie e.V., Karlstraße 21, 6000 Frankfurt/Main 1. Oder rufen Sie an. Zum Ortstarif.

☎ 0130/5599

Die Deutsche Chemische Industrie.

Betont zurückhaltend zeigt sich der Bundesverband der Pharmazeutischen Industrie in seiner Anzeigenserie, die auf die Gesundheitsreform antwortet. Eine vertrauenswürdige Identifikationsfigur, die persönlich vorgestellt wird, antwortet akzeptabel auf Fragen, die uns alle angehen. Auf dem Hintergrund der Reformdiskussion und Themenproblematik eine *lobenswert sachliche, leise Anzeigenkampagne*. Was hätte man da so laut wie falsch ein zerstörendes Donnerwetter loslassen können...

Frau Dr. Eberlein, Gründerin der Gesellschaft für Gesundheitsvorsorge, weiß um den Wert von Naturarzneimitteln als nützliche Ergänzung zur Vorbeugung und in der Therapie.

Pharma-Fortschritt? Er macht die Naturkräfte wertvoller.

Die Natur stellt viele wichtige Arzneistoffe zur Verfügung. Doch von der Pflanze bis zum fertigen Naturarzneimittel ist es ein weiter Weg. Ihn zu gehen erfordert vielfältiges Wissen, große Forschungsanstrengungen und viel Geld. Denn: Unbedenklichkeit, zuverlässige Wirksamkeit und gleichbleibende Qualität müssen auch bei Arzneimitteln aus Naturstoffen gesichert bleiben. Zu unser aller Nutzen.

Pharma-Fortschritt ist Fortschritt für die Menschen
Bundesverband der Pharmazeutischen Industrie e.V.

Name:
Straße: Ort:
Bitte fordern Sie unsere kostenlose Broschüre „Tatsachen überzeugen" an.
Bundesverband der Pharmazeutischen Industrie e.V., Postfach 11 02 51,
6000 Frankfurt/M 1.

Klare Zielgruppenansprache: Bauherren, die in ihrer Mietwohnung Ärger mit Lärm haben. Das Spezialthema Hausmusik ist dabei nur Vehikel zum bekannten Gesamtkomplex, der psychologisch auch den Straßenlärm einschließt, Blickfangfoto dabei so bieder wie eindringlich. Geht aber die absolute Unterordnung des Auftraggebers „Kalksandstein" dabei nicht zu weit?

Hausmusik nebenan?? Nie gehört!

Musiker wollen üben, Nachbarn wollen Ruhe. Mit Wänden aus Kalksandstein kommen beide zu ihrem Recht. Denn Kalksandstein ist ein idealer Baustoff zum Schutz vor Lärm. Aber Kalksandstein kann noch mehr: zum Beispiel für ein gesundes, angenehmes Raumklima sorgen. Ganz genau sagt Ihnen das unsere Broschüre. Wenn Sie den Coupon einsenden, kommt sie per Post.

KALKSANDSTEIN. GESUND BAUEN, BESSER LEBEN.

An: Kalksandstein-Information, Entenfangweg 15, 3000 Hannover 21.

Bitte senden Sie mir Informations-Material über Kalksandstein.
Name:
Straße:
PLZ, Ort:

KS*
KALKSANDSTEIN

Anzeigen fürs Image

Beim Begriff Image weiß man, worum es geht. Jede Wohngegend, Tiergattung, Nation, bekannte wie unbekannte Persönlichkeit, jedes Unternehmen wie jede Marke haben ihr Image: ihr geprägtes imaginäres Erscheinungsbild in der mehr oder weniger breiten Öffentlichkeit, das keineswegs mit der Wirklichkeit übereinstimmen muß. Aber das Image der Politikerpersönlichkeit entscheidet, ob sie gewählt wird. Das Image eines Unternehmens entscheidet über Bankkredite, Großaufträge, Aktienstand und Mitarbeitermotivation. Das Image eines Produktes bestimmt Menschen dazu, freudig zuzugreifen oder verächtlich die Nase zu rümpfen. Der Ruf eines Lokals entscheidet über Zahl und Klasse der Gäste, eines Fußballklubs über Eintrittzahler, eines Reiselandes über Touristenmengen, eines Beratungsunternehmens über Klienten.

Das Image all dieser unterschiedlichen Gruppierungen läßt sich auch mit Anzeigen beeinflussen. Auch – denn die Realität muß stimmen, Mißstände lassen sich über Werbung keinesfalls vertuschen, höchstens eine kurze Zeit lang.

Besonders vor der Konzeption von Imageanzeigen kommt es darauf an, die Seele des Ist-Zustandes freizulegen und ehrlich in den Mittelpunkt des werblichen Tuns zu stellen:

1. Welches Image ist vorhanden – welches soll erzielt werden?
2. Ist das angestrebte Image auch halbwegs deckungsgleich mit der Realität?
3. Welche klar definierte Zielgruppe hat man im Auge?
   (Die meistzitierte breite Öffentlichkeit ist nur eine von vielen und selten die richtige.)

An diese Basisfragen – sind sie erst einmal geklärt – schließen sich folgerichtig die Überlegungen zur Werbekonzeption an. Und häufig genug ist das Ergebnis eine Anzeigenkampagne in der meinungsbildenden Presse: Managermagazine, überregionale Tageszeitungen, einschlägige Fachzeitschriften, führende Illustrierte.

Wohlgemerkt, Imageanzeigen verkaufen nun mal direkt keine Produkte oder Dienstleistungen, sondern zielen auf Ansehensanhebung von Menschen, Unternehmen, Institutionen oder Warengruppen. Sie wirken im Vorfeld von Wahl- und Kaufentscheidungen, beeinflussen aber weitaus mehr als eine zufällige Zahl von Wählerstimmen und zur Zeit erreichbare Umsatzgrößen: Sie schaffen das permanente, positive psychologische Umfeld für sämtliche relevanten Rahmenbedingungen der Erfolgswirkfaktoren von Personen, Unternehmen, Waren und Dienstleistungen.

Da die Gesetzmäßigkeiten der Kommunikationswirkungen stets parallel verlaufen, ergeben sich für Imageanzeigen die gleichen kreativen Rahmenbedingungen und Ansatzmöglichkeiten wie für andere Anzeigen auch. Und die unterschiedlichen Wege werden genutzt, wie die Beispiele zeigen.

Dabei ist es unabdingbar, sich schon im Denkansatz zu lösen von Aufgaben wie Produktverkauf, Mehrumsatz oder Distributionserweiterung, weil all das bei der Imageprägung nur nachgeordnete Zielsetzungen sein können.

Es geht darum, sich zu konzentrieren auf die Meinung, die in der Öffentlichkeit existiert, die man nutzen oder korrigieren will. Dabei werden in der Regel *die unterschiedlichsten Gruppierungen der öffentlichen Meinung durchaus von verschiedenen Imagefeldern geprägt*, die auf das gleiche Unternehmen einwirken. Angestellte, Kunden oder Aktionäre einer Bank haben zwangsläufig ein unterschiedliches Bild von ihr. Für Mitarbeiter, Anwohner, verantwortliche Politiker, Lieferanten oder Eigner bietet ein und dieselbe Chemiefabrik mindestens fünf verschiedene Imagesegmente. Sich hier erst mal auf einen verbindlichen Nenner zu einigen und diesen dann als formulierten Leitsatz gültig für die kreative Umsetzung in Anzeigen konsequent weiterzuverfolgen, zeigt wahres zielklares Miteinander der Kunden einerseits und der Kreativen auf der anderen Seite der Schreibtische.

Soll sich im Denken der Zielgruppe ein Wandel vollziehen – und schließlich darum geht es bei Imagekampagnen – ist es meist unabdingbar, ihn erst in den Köpfen der leitenden Damen und Herren des auftraggebenden Unternehmens sich vollziehen zu lassen; natürlich auch in den Köpfen aller anderen Mitarbeiter. So hat Imageprägnanz ihre Probe erst in den eigenen Reihen zu bestehen. Denn der Wind, der aus dem Haus heraus in die nahe und weite Welt weht, macht bei der Imageprägung einen entscheidenden Anteil aus. Er fällt gewichtig in die Waagschale des Erfolges auch millionenschwerer Imagekampagnen.

Hier dürfen Anzeigen keineswegs alleine stehen. Sie sollten das Angebot der weiteren Information enthalten als Folgeglied in der Kommunikationskette. Wenn aufgrund der Anzeigenqualität sich der Flüchtigbetrachter zu einem Intensivleser verwandelt hat, muß er die deutlich sichtbare Chance erhalten, für ihn interessante Details mühelos abzurufen: über Telefon, Fax, Postkarte, Coupon – was immer ihm der Anzeigengeber bieten kann. Denn es muß schon funktionieren: die wohlverbreitete Persönlichkeit am anderen Ende der Leitung, die Auskunft gibt; die aussagestarke Broschüre oder Firmenzeitung, die übersandt wird; die Einladung zur Veranstaltung oder Werksbesichtigung, die nachhaltig beeindrucken können im Sinne der angestrebten Imageprofilierung.

Was können Imageanzeigen konkret bewirken? Zum Beispiel die gesamte Leistungspalette eines Unternehmens aufzeigen, das eigentlich nur für Waschmittel mittlerer Qualität bekannt ist, jetzt aber auch hochwertige Reiniger und Erzeugnisse aus dem biologischen Bereich bietet, wie natürliche Pflanzenschutzmittel, schonende Autowaschprodukte oder sogar Spezialtierfutter. Die Gründe für die Zielsetzung der Imageänderung können vielfältig sein. Ein Beispiel: Politiker und Banker sollen darüber unterrichtet werden, daß ein Unternehmen weder auf einen Markt beschränkt ist noch umweltschädliche Produkte herstellt. Daß dabei der scheinbar kostspielige Umweg über doppelseitige Farbanzeigen genommen wird, statt einfach einige wenige Schreiben zu verfassen, hat starke Gründe.

Es ist die geballte Kraft und hohe Akzeptanz seriös bedruckten Papiers, vereint mit dem Erahnen der hohen Kosten, dem Respekt vor dem ansehnlichen Auftreten in der Öffentlichkeit und dem Wissen, daß aufgrund der Anzeigen nun auch alle anderen direkt und indirekt Beteiligten informiert sind.

Imageanzeigen können ganz schön die Stimmung und damit die Aktienkurse anheben, wenn ein bis dato eigentlich unbekanntes Unternehmen frisch an die Börse geht. Wer will schon Anteile haben von einer Firma, über der ein Nebelschleier liegt. Anzeigen, gut gestaltet und informativ getextet, können einen Null-Bekanntheitsgrad positiv „pushen".

Ganze Branchen könnten über Imageanzeigen ins rechte Licht gerückt werden, die z.B. fälschlicherweise bekannt waren für geringe Recyclinganstrengungen und damit den Umweltinitiativen angeblich zu lange abwartend gegenüberstanden. Anzeigen könnten deutlich machen, daß Recycling hier längst Tradition, verstärkte Wiederverwendung Realität und umweltschonende Produktion seit Jahren selbstverständlich sind. Welche Aufgabe für Unternehmer wie Agentur, dies deutlich machen zu dürfen. Wer öffentlich Meinung macht, wird respektiert!

Imageanzeigen tragen z.B. dazu bei, einem weiteren Partnerland den Weg in die Europäische Gemeinschaft zu ebnen. Sie helfen Parteien und Politikern, sich ins rechte Bild zu setzen. Wobei die üblichen abgedroschenen Floskeln mit Portrait wohl nur noch in der Hoffnung der Anzeigengeber helfen. Zum Überzeugen gehört heute erfreulicherweise mehr.

Angestrebte wirtschaftliche wie politische Ziele lassen sich über Imageanzeigen konkret weiterverfolgen, Konsequenzen für die Legislative initiieren. Denn die Entscheider sind von dem Faktum des gedruckten Wortes mit abhängig, sind so zu beeindrucken und positiv zu gewinnen. Der Faszination einer Anzeigenserie, die mit klarer Meinung die Öffentlichkeit unterrichtet, kann man sich nicht entziehen. Dieses Wissen ist inzwischen Allgemeingut geworden. Die Umfrage einer führenden PR-Agentur bei den 100 größten Unternehmen der Bundesrepublik Deutschland ergab, daß bei den Managern Werbung in Zeitungen und Zeitschriften an der Spitze liegt, um das Unternehmensimage zu beeinflussen.

Dabei zeigt sich erfreulicherweise auch ein Trend zur Textanzeige, in die Abbildungen integriert sind. Die Forderung nach konkreter Information statt nutzloser inhaltsloser Vernebelungsschlagwörter kann so beispielhaft erfüllt werden. Auftraggeber wie Agenturen sind gezwungen, sich konkret mit dem auseinanderzusetzen, was sie der Zielgruppe mitteilen wollen: der Flucht in den sinnlosen Dunst der Phrasendrescherei wird ein deutlicher Riegel vorgeschoben.

Checkliste: Wie das Image profilieren?

1) Sie wissen aus dem Gefühl heraus oder vom Hörensagen, es muß etwas fürs Image getan werden. Liegt eine Meinungsumfrage vor, auf deren Ergebnisse Sie konkret bauen können?

2) Kann die Realität mit einer Imageänderung überhaupt Schritt halten?

3) Haben Sie präzise Vorstellungen von Zielgruppen?

4) Müssen Sie nicht unterschiedliche Informationskampagnen machen für die unterschiedlichen Zielgruppen?

5) Welchen Wandel im Denken der Zielpersonen streben Sie an?

6) Sind die eigenen Mitarbeiter in das geänderte Denken integriert, auf Reaktionen vorbereitet?

7) Stehen die Anzeigen isoliert, oder bieten sie konkret weiterführende Informationen an?

8) Liegen diese Informationen vor, sind Mitarbeiter darauf vorbereitet, sie ohne Zeitverlust den Auftragenden zu vermitteln?

9) Konnten Sie sich auf ein überzeugendes, logisches Informationsbündel einigen – statt auf einen unverbindlichen Textschwall?

10) Können Sie sich der Meinung anschließen, daß richtig konzipierte Anzeigen das geeignete Werbemittel zur Imageprofilierung sind – und handeln Sie danach?

Image-Anzeigen – kommentierte Beispiele

Motiv aus einer beispielhaften doppelseitigen Anzeigenserie, *imageprägend* für die Daimler-Benz AG. Die Headline: eine zum Sprichwort gewordene Weisheit – mit Namen des historischen Urhebers. Der locker gesetzte, lesbare Text informiert über die Fakten des Unternehmens und sein Technikverständnis. Das Farbbild dokumentiert den hohen Stand der Technologie. Sonst nur gestaltende Typografie auf viel freiem weißem Raum. Überzeugend durch Großzügigkeit anstelle oft üblicher druckvoller Argumentationsfülle.

„Von
nichts kommt
nichts."

Lucretius

Wer Erster sein will, muß besser sein als die anderen.

Das war schon immer so: Erfolge kommen nicht von ungefähr, sondern sind das Ergebnis einer besonderen Leistungsbereitschaft, eines hohen Qualitätsanspruchs und - nicht zuletzt - einer langen Erfahrung.

Mit unserem Engagement im Motorsport knüpfen wir an die große Tradition von Daimler-Benz an, im harten Wettbewerb der Technik neue Ideen und Entwicklungen auf die Probe zu stellen.

Es geht also weniger um Ruhm und Ehre als darum, mit den im Renneinsatz gewonnenen Erfahrungen die Qualität, die Sicherheit und die Ausdauer unserer Automobile weiter zu verbessern.

Dazu haben unsere Forscher die besten Voraussetzungen.

Sie haben Zugang zu den faszinierenden Feldern der Hochtechnologie im Daimler-Benz-Konzern. Der ständige Austausch von Erfahrung und Wissen auf den Gebieten der Luft- und Raumfahrt, der Kommunikationstechnik und der Mikroelektronik eröffnet unseren Wissenschaftlern bisher ungeahnte Möglichkeiten für neue, intelligente Lösungen.

Es ist unser Ziel, auch in Zukunft den anderen immer ein Stück voraus zu sein.

Nicht nur auf den Rennstrecken.

DAIMLERBENZ

Daimler-Benz AG, Öffentlichkeitsarbeit und Wirtschaftspolitik, Mercedesstraße 136, D-7000 Stuttgart 60

Daimler-Benz- und Aerospace-Anzeigen – unverkennbar aufeinander abgestimmt, weil es schließlich um die Dokumentation eines neu entstandenen Konzerns geht. Die Spanne der erfolgreichen 75jährigen Unternehmensgeschichte von den legendären Konstruktionen der Vergangenheit bis hin zum Flugzeug der neunziger Jahre wird eindrucksvoll an zwei Fotos gezeigt. Optisch stark der weiße Raum, in den wie zufällig die Bildunterschriften gesetzt sind und dadurch zusätzliche Bedeutung gewinnen. Die Doppelseite ist exemplarisch für exzellente Anzeigengestaltung.

75 Jahre vergehen wie im Flug.

Es war 1914, also genau vor 75 Jahren, als Claude Dorniers Ideen die ersten Flügel wuchsen:

Graf Zeppelin beauftragte den jungen Konstrukteur, ein „metallenes Riesenflugboot" zu bauen.

Schon ein Jahr später hob es vom Bodensee ab und setzte eine Entwicklung in Gang, die Dorniers Talente als Flugzeug-Konstrukteur immer wieder eindrucksvoll unter Beweis stellte. So wurde bei Dornier vor 60 Jahren die legendäre Do X gebaut – mit 12 Propellern und 169 Plätzen der erste „Jumbo". Oder der senkrechtstartende Strahltransporter Do 31 – und viele weitere Modelle, bis hin zur heute so erfolgreichen Dornier 228.

Bereits Anfang der 60er Jahre unternahm Dornier auch die ersten Schritte ins All, die schon bald zu einer Fülle neuer Entwicklungen führten.

Aus der Flugzeugwerft Dornier entstand auf diese Weise ein Technologiekonzern, der – in der Deutschen Aerospace – in allen wichtigen Disziplinen der Luft- und Raumfahrt tätig ist. Es ist schon stark, was in 75 Jahren alles geschehen kann.

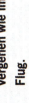

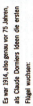

Claude Dornier vor seiner Do K III im Jahre 1931.

Die Dornier 228 wird, neben der schon erfolgreichen Dornier 228, das Regionalverkehrsflugzeug der neunziger Jahre sein – mit Jet-Komfort und hoher Reisegeschwindigkeit.

Deutsche Aerospace
Ein Unternehmen im Daimler-Benz-Konzern.

Deutsche Aerospace AG, Öffentlichkeitsarbeit, Postfach 440320, D-8000 München 44

Wirtschaftsentscheider als Zielgruppe inbegriffen: ein Motiv aus der mehrfach preisgekrönten Anzeigenserie, die neue Maßstäbe setzte für Image- und Investitionsgüterwerbung. Fort vom austauschbaren Maschinenfoto – hin zum unverwechselbar prägenden Anzeigenstil, der die wichtigsten technischen Elemente blickfangsicher aufbaut, der das Unternehmen einer breiten Öffentlichkeit zugänglich gemacht hat. Oben links die Schlagzeile – der Leser sucht sie sich zur weiteren Information über die Bildaussagen. Der Text in sechs Blöcke lesbar aufgeteilt. Selbst wenn man heute die Firmenmarke rechts abdecken würde – die Zielgruppe kennt den Absender.

DREI WEGE. EIN ZIEL.

Wie überall, führen auch in der Fertigung mehrere Wege – also mehrere Bearbeitungstechnologien – zum Ziel.

Von diesen wiederum führen drei zu uns: Fräsen, Bohren und Drehen. Denn genau das sind die Technologien, die wir Schritt für Schritt weiter entwickelt haben. Die wir auf unserem Weg präziser, flexibler und wirtschaftlicher gemacht haben. Schließlich gilt auch für uns: Es geht nicht nur darum, was man macht, sondern vielmehr darum, wie man es macht.

So können wir heute ein ganzes Programm von Werkzeugmaschinen für diese drei Bearbeitungstechnologien bieten. Jede einzelne computergesteuert.

So haben wir dieses Programm so aufgebaut, daß es sich aus ganz unterschiedlichen Baureihen zusammensetzt. Jede für sich bestimmt für besondere Arbeitsbereiche und -aufgaben. Wir haben parallel dazu ein ganzes Programm von zusätzlichen Optionen entwickelt. Um die Möglichkeiten einer jeden MAHO-Maschine zu erweitern. Vom Meßtaster bis zum Digitalisiersystem.

Und wir haben dabei auch an Möglichkeiten gedacht, die über die Maschine hinausgehen: Von CAM-Systemen zur Programmerstellung über CAD/CAM-Systeme zur Konstruktionsunterstützung bis hin zu einem übergreifenden Konzept, in dem die Bereiche Konstruktion, Programmerstellung und Fertigung direkt miteinander verbunden sind: Dem MAHO-CIM-Konzept, das nicht nur individuell aufbaubar, sondern auch individuell ausbaubar ist.

Damit Sie auch hier die Sicherheit haben, genau das zu bekommen, was sich als Investition für Sie am besten auszahlt.

Womit das Ziel klar wäre: Angepaßte Automation. Auch auf neuen Wegen.

MAHO

MAHO Aktiengesellschaft
D-8962 Pfronten

Die Serie, die auf Visualisierung des Fortschritts setzt: Motiv aus einer Imageserie des Chemiekonzerns, der seine Entwicklungen in den Anzeigen optisch intelligent dramatisiert, dazu erläutert, welchen Anteil er an daraus resultierenden Vorteilen für die Lebenspraxis hat. Die Ausführungen sind ein gutes Beispiel dafür, daß auch lange Texte gelesen werden, sofern sie aus interessanten Informationen für die Zielgruppe bestehen. Der Text ist zweifach kreativ unterteilt: durch den thematischen Oberbegriff der Anzeigenserie, der die Mitte beherrscht, und durch Zwischenüberschriften.

Der Werkstoff, der für Sie durch Himmel und Hölle geht.

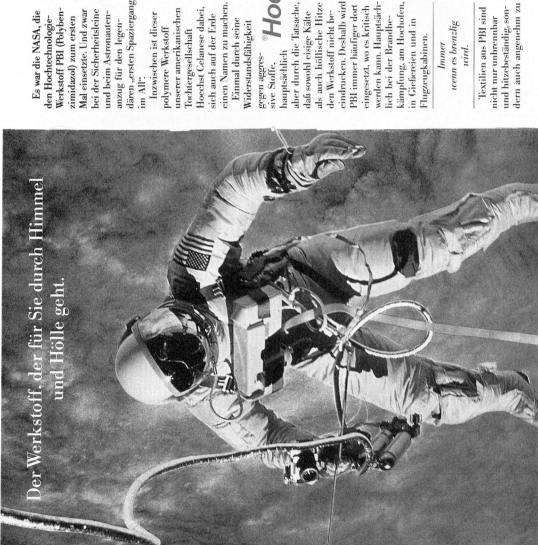

Es war die NASA, die den Hochtechnologie-Werkstoff PBI (Polybenzimidazol) zum ersten Mal einsetzte. Und zwar bei der Sicherheitsleine und beim Astronautenanzug für den legendären „ersten Spaziergang im All":

Inzwischen ist dieser polymere Werkstoff unserer amerikanischen Tochtergesellschaft Hoechst Celanese dabei, sich auch auf der Erde einen Namen zu machen. Einmal durch seine Widerstandsfähigkeit gegen aggressive Stoffe, hauptsächlich aber durch die Tatsache, daß sowohl eisige Kälte als auch höllische Hitze den Werkstoff nicht beeindrucken. Deshalb wird PBI immer häufiger dort eingesetzt, wo es kritisch werden kann. Hauptsächlich bei der Brandbekämpfung, am Hochofen, in Gießereien und in Flugzeugkabinen.

Immer wenn es brenzlig wird.

Textilien aus PBI sind nicht nur unbrennbar und hitzebeständig, sondern auch angenehm zu tragen, denn sie können relativ viel Feuchtigkeit aufnehmen.

Durch Mischung mit anderen Fasern lassen sich sogar gewünschte Eigenschaften „maßschneidern".

Ein Beispiel: Feuerwehrschutzbekleidung, die aus einer PBI-Aramid-Fasermischung besteht, behauptet sich nicht nur gegen Hitze, sondern auch gegen extreme Strapazen. Und gegen die Konkurrenz, was jüngste Marktzahlen in den USA beweisen. Besonderes Interesse an flammhemmenden Materialien zeigt die Luftfahrt-Industrie.

In Zusammenarbeit mit der Federal Aviation Association wurden zahlreiche Brandsituationen simuliert, um flammhemmende Sitzkombinationen zu testen.

Aus PBI werden aber nicht nur Stoffe hergestellt. Auch Folien und papierdünne Hitzeschilde sind gefragt. Sie werden als Brandbarrieren eingesetzt, die Temperaturen von 600°C und mehr stundenlang widerstehen.

Formteile aus PBI sind dabei, ihren festen Platz in den Konstruktionsplänen der Ingenieure zu finden. Besonders in der Luft- und Raumfahrt. Aus gutem Grund: Weder Temperaturschwankungen zwischen minus 160°C und plus 425°C, noch extremer Druck können das ungewöhnlich robuste Werkstück aus der Fassung bringen.

Sicherheit in jeder Form.

PBI – dessen Ausgangsmaterial im Hoechst Werk Griesheim hergestellt wird – ist also ein wahres Allround-Talent unter den neuen polymeren Hochleistungswerkstoffen.

Und ein weiterer Beweis dafür, daß Hoechst High Chem durch Forschungsinitiativen und interdisziplinäre Zusammenarbeit für manches heiße Problem eine sichere Lösung findet.

Hoechst AG, VZW
6230 Frankfurt am Main

®Hoechst High Chem

Hoechst

Praktisch nichts und dennoch alles zeigt diese Imageanzeige der Vereinten Versicherungen. In den schönen, aber leeren Raum kann jeder gedanklich seine Einrichtung stellen – die zu versichern ist. Die starke menschliche Komponente von Mann mit Kind in der Mitte läßt Phantasie für die Versicherungsfälle im Wechsel des Lebens. Der sparsame Text, der alles sagt, so unaufdringlich wie unübersehbar unter dem raumgreifenden Bild – die Konzeption konzentriert sich auf die wichtigste Aussage, und die Zielgruppe verinnerlicht sie augenblicklich.

Resonanzbeispiele für Anzeigenerfolge

Eine Zusammenstellung der STERN-Anzeigenabteilung vom Februar 1988 mit Fallbeispielen 1986/87 macht deutlich, was Anzeigen leisten können. Die folgenden Dokumente aus der STERN-Bibliotheksschrift „Erfolg durch Resonanz 1987" sollten Vorbildfunktion haben.

Hohe Affinität zur Zielgruppe

Werbungtreibender	CMA, Centrale Marketinggesellschaft der deutschen Agrarwirtschaft mbH, Bonn
Agentur	MWI, Markenwerbung International, Hamburg
Produkt	Konsummilch
Werbemittel	Anzeige 1/1 Seite vierfarbig mit aufgeklebter Postkarte + Sticker
Plazierung	STERN 49/86, Seite 83, rechte Seite
Versprochener Nutzen bei Reaktion auf die Anzeige	Verlosung von 1.111 Sweatshirts.
Beschreibung der Kampagne	Es wurden zwei Fliegen mit einer Klappe geschlagen, denn es handelt sich um eine Promotion, bei der die Antwortkarte gleichzeitig Träger eines Stickers ist. Belegt wurden: 1× STERN und 1× Kicker.
Mediabegründung	Zielgruppenspezifische Reichweite. Hohe Affinität zur Zielgruppe.
Erfolg, Rücklaufergebnisse	Insgesamt 6%.

Anzeige 1/1 Seite vierfarbig mit aufgeklebter Postkarte + Sticker. STERN 49/86, Seite 83.

An 180.000 Einsendungen hatte der STERN einen erfreulich hohen Anteil

Werbungtreibender	König & Schlichte GmbH & Co., Steinhagen
Agentur	H.M.K. Hamburger Marketing Kommunikation GmbH, Hamburg
Produkt	Schinkenhäger
Werbemittel Plazierung	Anzeige 1/1 Seite vierfarbig, mit Coupon STERN 16/86, Seite 14, linke Seite
Versprochener Nutzen bei Reaktion auf die Anzeige	Gewinn einer 13-tägigen Reise nach Mexico zur Fußball-WM '86.
Beschreibung der Kampagne	Belegt wurden neben dem STERN die Basis Kombi 3. Der Kicker, die Bild am Sonntag. Insgesamt wurden im ersten Halbjahr 1986 31 Anzeigen geschaltet.
Mediabegründung	Zielgruppen-adäquate Titel.
Erfolg, Rücklaufergebnisse	Insgesamt gab es 180.000 Einsendungen (inklusive Teilnahmekarten), wobei der STERN einen erfreulich hohen Anteil hatte.
Sonstige Anmerkungen	Promotion mit großer Resonanz.

Anzeige 1/1 Seite vierfarbig, mit Coupon. STERN 16/86, Seite 14.

Der STERN hatte einen Anteil von 7% an den Coupon-Rückläufen

Werbungtreibender	Landesverkehrsamt für Südtirol, Bozen
Agentur	IAT/Kleiber-Wurm, München
Produkt	Ferienland Südtirol
Werbemittel	Anzeige 3/4 Seite vierfarbig, mit Coupon
Plazierung	STERN 17/87, Seite 271, rechte Seite
Versprochener Nutzen bei Reaktion auf die Anzeige	Kostenlose Zusendung von Informationsmaterial (Sommerprospekt, Hotelverzeichnis, Essen und Trinken in Südtirol).
Beschreibung der Kampagne	Im Frühjahr/Sommer 1987 wurden folgende Zeitungen und Zeitschriften belegt: Der Tagesspiegel, ADAC-Motorwelt (Nord), Die Zeit, Süddeutsche Zeitung, Prisma, STERN, Schwäbische Zeitung, Südkurier, Sonntag Aktuell, Frankfurter Allgemeine, Hannoversche Allgemeine, Nürnberger Nachrichten.
Mediabegründung	Der STERN wurde belegt, weil er eine Publikumszeitschrift mit hoher Auflage ist.
Erfolg, Rücklaufergebnisse	Insgesamt erbrachten die oben genannten Medien einen Rücklauf von 15.235 Coupons. Der STERN hatte einen Anteil von 1.098 Coupons (ca. 7%).

Anzeige 3/4 Seite vierfarbig, mit Coupon. STERN 17/87, Seite 271.

Auffallend: Die hohe Qualität bei den Rückläufen der STERN-Leser (Kaufabschlüsse)

12seitiger vierfarbiger Beihefter, mit Coupon. STERN 12/87, Teilbelegung Nielsen II.

Werbungtreibender	VKG, Vereinigter Küchenfachhandel, Pforzheim
Agentur	Witt, Kainz + Partner, Lindau
Produkt	Küchenfachhandel
Werbemittel	12seitiger vierfarbiger Beihefter, mit Coupon
Plazierung	STERN 12/87, Teilbelegung Nielsen II
Versprochener Nutzen bei Reaktion auf den Beihefter	a) Kostenlose Zusendung des „Küchenmagazins" b) Teilnahme am Gewinnspiel (Planung einer Küche)
Beschreibung der Kampagne	Der Beihefter wurde in STERN, Bunte, Petra, Für Sie, Zuhause und Journal für die Frau geschaltet.
Mediabegründung	Beim STERN: Reichweite, Umfeld, Image, Qualität der Leserschaft.
Erfolg, Rücklaufergebnisse	Beim STERN: a) ca. 4.000–5.000 Anforderungen für das Küchenmagazin. b) Trotz erheblichen Aufwands für die Teilnahme am Gewinnspiel (eine Grundrißskizze mit vielen Details war Voraussetzung), erbrachte der STERN ca. 1.500 Einsendungen. Dies entspricht ca. 55–60% aller Einsendungen. Auffallend: die hohe Qualität bei den Rückläufen der STERN-Leser! Gemessen an den Kaufabschlüssen!
Sonstige Anmerkungen	Wegen der erfolgreichen Beihefter-Aktion im STERN im Frühjahr erfolgte eine Wiederholung des Beihefters **nur** im STERN im Herbst 1987.

Der STERN erzielte 7.500 Kataloganforderungen

Werbungtreibender	Flötotto GmbH + Co KG, Gütersloh-Friedrichsdorf
Agentur	Baader, Lang, Behnken, Hamburg
Produkt	Flötotto Einrichtungssysteme/Möbel
Werbemittel	Anzeige 1/1 Seite schwarzweiß mit aufgeklebter Postkarte
Plazierung	STERN 36/87, Seite 63, rechte Seite
Versprochener Nutzen bei Reaktion auf die Anzeige	Kostenlose Zusendung der Kataloge.
Beschreibung der Kampagne	Jede Anzeige (sw) hebt eine oder mehrere Unternehmensleistungen hervor (z.B. Produktvorteile, Servicevorteile). Die aufgeklebte Postkarte zeigt eine beispielhafte Einrichtung mit Flötotto-Möbeln (vierfarbig).
Mediabegründung	Zielgruppen-Affinität.
Erfolg, Rücklaufergebnisse	Der STERN erzielte 7.500 Kataloganforderungen.
Sonstige Anmerkungen	Jeder eingesetzte Titel, jede Einschaltung wird im Hinblick auf Wirtschaftlichkeit kontrolliert

Anzeige 1/1 Seite schwarzweiß mit aufgeklebter Postkarte. STERN 36/87, Seite 63.

Die hohe Zielgruppenaffinität des STERN wird durch die Bestellungen bestätigt

Anzeige 1/1 Seite vierfarbig, mit Coupon und beigeklebtem Werbebrief. STERN 36/87, Seite 73.

Werbungtreibender	Nordwestdeutsche Klassenlotterie, Hamburg
Agentur	MPR Markentechnik, Hamburg
Produkt	Lotterie
Werbemittel	Anzeige 1/1 Seite vierfarbig, mit Coupon und beigeklebtem Werbebrief mit Bestellmöglichkeit
Plazierung	STERN 36/87, Seite 73, rechte Seite
Versprochener Nutzen bei Reaktion auf die Anzeige	Teilnahme an der Lotterie mit einer vergleichsweise großen Chance auf einen hohen Lotteriegewinn.
Beschreibung der Kampagne	Image-Dachkampagne mit zusätzlicher Abverkaufsfunktion. Belegte Titel: STERN, Der Spiegel, Neue Revue, Quick, TV Hören und Sehen, Gong, Hörzu.
Mediabegründung	Die hohe Zielgruppenaffinität des STERN, die durch die Anzahl der Bestellrückläufe bestätigt wird.
Erfolg, Rückläufergebnisse	Ausgedrückt in Indexzahlen (Range 0–10): STERN: 5.35, Der Spiegel: 4.86, Neue Revue: 3.77, Quick: 4.06, TV Hören und Sehen: 4.90, Gong: 3.50, Hörzu: 5.09.

In der Zeitung werben

Kurzfristige Information, sofort meßbarer Erfolg, jeden Morgen frische Botschaft – das Werbemedium Zeitung bietet außergewöhnliche Nutzungsmöglichkeiten in vielfältiger Form. Vom Luxushaus in idyllischer Lage bis zum gebrauchten Kochtopf-Set, von frischen Orient-Tomaten bis zu einheimischen blühenden Blumen, vom Wurf Mischlingswelpen bis zur Seele, die eine artverwandte ebensolche sucht, konzentriert sich in Zeitungsanzeigen eine einmalige Weltwerbeschau. Anbieter kurbeln ihr Regionalgeschäft an, Branchen bieten ihr Image dar, Markenartikel preisen die Sonderkonditionssaison, neue Automodelle suchen ihre Käufer, Filme und Opern ihre Besucher, Popstars ihre Fans.

Die werbliche Notwendigkeit von Zeitungen ist längst bewiesen. Druckerstreiks führten zu drastischen regionalen Umsatzeinbußen der traditionellen Inserenten bis hin zum Nullgeschäft. Zeitungswerbung ist durch nichts zu ersetzen.

Um sich die volle Bedeutung des Werbemediums klarzumachen, muß man zunächst das Phänomen Tageszeitung unter die Lupe nehmen. Das erste Gedruckte, das morgens in die Augen fällt, ist normalerweise die Zeitung. Die Menschen lassen es sich nicht nehmen, erst die Schlagzeilen zu überfliegen und das Interessanteste vom Tage zu lesen. Kein Medium informiert so umfassend über das, was sich in den letzten 24 Stunden getan hat – in der Politik, in der Wirtschaft, in Sport, Kultur und kommunalem Leben.

Ihre Liebe zur Zeitungslektüre teilen sich viele Millionen Männer und Frauen. Wer die Tageszeitung aus seinem Privatleben nicht wegdenken kann, müßte eigentlich auch die Chancen sehen, die sie bietet, um mit neuen Kunden ins Geschäft zu kommen, mit alten Kunden im Geschäft zu bleiben.

Schließlich lebt die Zeitung auch von hervorragenden Schriftstellern mit journalistischen Qualitäten. Das Register der berühmten Zeitungsjournalisten ist lang. Ihre klassischen Reportagen und Artikel können Bücher füllen und tun es auch. Viele Schriftsteller – und fast alle Journalisten mit Rang und Namen – haben sich zuerst in der Arbeit für die Tageszeitung bewähren müssen. Und viele von ihnen sind diesem Medium ihr Leben lang treu geblieben. Nach wie vor finden sich in den Tageszeitungen die großen Beiträge, die – sorgfältig recherchiert und spannend geschrieben – ihren Lesern mehr geben als den Überblick über schnell vergessene Tagesaktualitäten; sie vermitteln neue Erkenntnisse und neue Einsichten.

Kein Wunder, daß in diesem Umfeld werbliche Kommunikation gedeiht. So regeln viele tausend Kleinanzeigen täglich den Informationsaustausch zwischen Anbietern und Suchenden, sind der Weg, persönliche Probleme und Wünsche öffentlich kundzutun: die Absicht, sich beruflich zu verbessern, die Neigung zu neuer seelischer Bindung, die Hoffnung, den entflogenen Wellensittich wiederzufinden.

Preiswerter geht es kaum

Die Tageszeitung ist das einzige Massenmedium, das dem einzelnen für ein paar Mark offensteht. Mit seiner kleinen Anzeige wendet er sich an viele tausend Leser; wenn er darunter den einen findet, der reagiert, hat er schon Erfolg. Wer würde da bestreiten, daß die Tageszeitung ein äußerst menschenfreundliches Werbemedium ist.

Und ein schneller Werbeträger ist sie auch. Die Anzeige, an die Sie heute denken, kann Ihre Produkte und Leistungen schon übermorgen verkaufen helfen. Überdies wird die Tageszeitung besonders gründlich gelesen.

Und so wie 75% aller Hausfrauen ihre Tageszeitung immer wieder als aktuellen Einkaufsführer vor dem Weg in den Supermarkt nutzen, so informieren sich viele Kunden auch über Firmen in ihrer Nähe, die schon in der Tageszeitung präsent sind und einen soliden Eindruck machen.

Wer auf der Suche nach beispielhaften Anzeigen die Tageszeitung durchgeht, wird immer wieder auf die großen Kaufhauskonzerne stoßen. Die Anzeigen verkaufen überzeugend – und sind doch mit eigener Ästhetik gestaltet. In ihnen stecken werbliches Können und Erfahrungen im erfolgreichen Verkauf über die Tageszeitungsanzeige.

Viel Spielraum bleibt für eine spontane und aktuelle Gestaltung, die zum Besitzenwollen hinführt. Die lebendige, glaubwürdige Anzeige packt den Leser – der sie morgens beim Zeitunglesen im Grunde auch erwartet.

In ihrer Gesamtheit bringen die Zeitungen täglich Millionen von Werbebotschaften an Frau und Mann. Und jede dieser Verkaufsnachrichten kann regional exakt gesteuert werden.

Gestaltung und Aussagekraft

Eine gute Tageszeitungsanzeige – und sei sie noch so klein – kann man nicht einfach schnell mal zusammenstellen oder von Fachleuten, die sich dafür ausgeben, zusammenstoppeln lassen. Nur ein gestandener Grafiker oder Werbeberater kann Ihnen wirklich weiterhelfen. Er weiß, daß mit einer Einzelanzeige selten gedient ist. Meist braucht man eine Serie, die einheitlich gestaltet ist; die nach und nach die Produktions- und Dienstleistungspalette vorstellt; die aktuelle Aufhänger bietet – Jahreszeiten, Festtage, Einladung zur Schauraumbesichtigung, Bauspartermine.

Durch einen grafisch starken Rahmen können sich Anzeigen vom Umfeld abheben. Oder man läßt weißen Freiraum als Abgrenzung wohltuend wirken. Freiraum, der zwar mitbezahlt wird, der aber die Werbebotschaft positiv optisch herausstellt. Kontrastreiche Fotos oder wirkungsvolle Strichumsetzungen davon sind packende Blickfänge. Die aussagestarke Schlagzeile, der Text voller Argumente, das Firmenzeichen mit Anschrift, die Aufforderung des Lesers zur Handlung sind eigentlich unverzichtbare Elemente der Tageszeitungsanzeigen.

Tageszeitungen werden auch farbig gedruckt. Das sollte man nutzen, wenn man sein Angebot in den Vordergrund rücken will. Natürlich erfordern Anzeigen mit Zusatzfarben auch Mehrkosten. Aber bei entsprechender Anzeigengröße stehen diese in sinnvoller Relation zum Gesamtpreis.

Für den privaten Bereich bieten sich die bewährten Fließtextinserate an, die aus wenigen Textzeilen bestehen, die Wörter am Anfang sind fett gedruckt. Die Kosten bleiben klein, die Wirkung zeigt sich individuell auf Einzelreaktionen angelegt.

Handfeste Kriterien

Man wird nicht alle Möglichkeiten der Anzeigenwerbung nutzen können und braucht handfeste Kriterien zum Vergleich, wo die größte Zahl möglicher Kunden fürs wenigste Geld geboten wird. Zu vergleichen sind Auflagenhöhe, Preise und Leserkreise. Zeitungen berechnen Millimeterpreise. Soviel kostet der Raum von einem Millimeter Höhe eine Spalte breit. Von der Plazierung hängt der Preis ebenfalls ab. Im Anzeigenteil – dort wo die anderen Inserate meist auch stehen – kostet die Einschaltung viel weniger als im Textteil. Es ist also schon eine Überlegung wert, ob man nicht kleine Anzeigen im Text den viel größeren im Anzeigenteil vorziehen könnte. Je öfter und größer man im Zeitraum eines Jahres inseriert, um so mehr Rabatt gibt es. Die zwei Möglichkeiten zum Sparen: die Mal- und die Mengenstaffel. Erstere erhöht sich entsprechend der Häufigkeit der Insertion, letztere entsprechend dem Millimeterraum, der gekauft wird. Vorteilhaft ist es, wenn die Anzeigen regelmäßig an der gleichen Stelle stehen.

Um die Anzeige drucken zu können, braucht die Zeitung eine Druckvorlage. Theoretisch reicht ein Text, der mit der Maschine geschrieben sein sollte, und eine grobe Skizze, aus der man die gewünschte Aufteilung ersehen kann. Natürlich werden Techniker in der Anzeigenabteilung sich Mühe geben, Wünsche nach einer wirkungsvollen Gestaltung zu erfüllen. Aber erstens muß das dort sehr schnell gehen, und zweitens läßt eine Skizze eine Fülle individueller Auslegungsmöglichkeiten offen. So kann man von der Anzeige sehr überrascht werden – auch unliebsam. Entweder beim Korrekturabzug oder nach Erscheinen.

Wenn Sie individuelle Anzeigengestaltung vorziehen, sollte der Grafiker eine fertige Reinzeichnung anlegen; die Zeitung oder Zeitschrift erhält davon einen Reproabzug oder Film und kann diese ohne weitere Arbeit, ohne Irrtümer oder Kompromisse, in die Seite einspiegeln. Und man weiß im voraus genau, wie die Anzeige aussehen wird.

Den Löwenanteil der Tageszeitungsanzeigen hält selbstverständlich der Lebensmitteleinzelhandel, etwa zwei Drittel davon 1/1 Seite groß mit über 30, manchmal bis zu 100 Preisangeboten. Nicht einmal die Hälfte der Anzeigen zeigt Abbildungen, nur gut die Hälfte enthält Herstellermarkenzeichen zur schnelleren Erfassung des Angebotes.

Checkliste: Anzeigen zeitungsgerecht gestaltet?

1) Ist das schnelle, stets tagesfrische Werbemedium Tageszeitung geeignet für Ihre Werbebotschaft?

2) Haben Sie Ihr Angebot so getextet und gestaltet, daß es auch bei flüchtiger Durchsicht der Zeitung zu sehen und zu verstehen ist?

3) Dient ein Bild als Blickfang, eine Marke zur zusätzlichen schnellen Orientierung?

4) Haben Sie die Anzeigen von Fachleuten gestalten lassen, die mit Zeitungsanzeigen Erfahrungen und Erfolge nachweisen können?

5) Kann Ihre Anzeige sich überzeugend behaupten in der Fülle großer und kleiner konkurrierender Blickfänge?

6) Hat die Anzeige einen starken grafischen Rahmen, einen geschlossenen Aufbau, nutzt sie viel weißen Raum zur Abgrenzung?

7) Nutzen Sie die Werbekraft einer einheitlich gestalteten Anzeigenserie mit möglichst vielen Motiven, um Ihren Lesern täglich etwas interessantes Neues zu bieten, wie es der gesamten Zeitung entspricht?

8) Haben Sie geprüft, ob kleinere Anzeigen im Textteil nicht wirkungsvoller sind als größere im Anzeigenteil?

9) Sind Sie über alle kostensparenden Möglichkeiten der Mal- und Mengenstaffel unterrichtet?

10) Legen Sie richtigerweise Wert darauf, der Anzeigenabteilung druckfertige Filme zu liefern?

Anzeigen in Zeitungen – kommentierte Beispiele

Eine starke Traditionsmarke mit den Angeboten des Tages. In den Feldern das Günstigste für die Hausfrauen, die sich per Tageszeitungsanzeige auf ihren Einkauf vorbereiten. Das zum Leben erweckte Markensymbol Kaffeekanne liefert gedruckte gute Laune. Die möglichst groß herausgestellten möglichst kleinen Preise bleiben das Wichtigste im klassischen Aufbau der Anzeige.

Einen entscheidenden Schritt nach vorn dokumentiert diese Tageszeitungsanzeige. Die preislich herausgestellten Sonderangebote der Markenartikel sind auch im Bild zu sehen – starke zusätzlich informierende und damit verkaufende Signale! Der Vorlauftext mit der Ansprache der Leserin durch die abgebildete Dame, die auch unterschrieben hat, löst die Anzeige aus der Anonymität, verleiht ihr entscheidend mehr Kraft.

In der Tageszeitungsanzeige ein redaktioneller Bericht des gleichen Mediums: eine ganzseitige Anzeige nimmt deutlich Stellung zu Artikeln, die gegen das Unternehmen gerichtet sind. Es kündigt eine Anzeigenserie an, die ausführlich und richtig informiert. Grafischer Aufbau, deutlicher Inhalt der Schlagzeile sowie der Text sind von bestechender Klarheit und setzen ein vorbildliches Signal: *nicht wirkungslos intern debattieren, sondern eindrucksvoll anzeigen!*

Wir werden in Zukunft die Information über uns nicht nur anderen überlassen.

Das RWE wurde wegen einer Störung in Biblis heftig kritisiert. Berechtigt daran ist die Kritik an Fehlern bei der Bedienung. Wir haben aus den Fehlern gelernt und sofort nach dem Ereignis praktische Konsequenzen gezogen, um solche oder ähnliche Störungen in Zukunft zu vermeiden.

Unberechtigt aber ist der Vorwurf, daß das RWE den Vorfall verharmlost, falsch beschrieben habe oder gar vertuschen wollte: Wir haben der gesetzlich vorgeschriebenen Meldepflicht entsprochen und alle zuständigen Behörden, Gremien und Institutionen informiert. Die Reaktionen auf den Vorfall haben uns aber klar gemacht, daß auch die breite Öffentlichkeit an einer schnelleren und umfassenderen Information interessiert ist.

Völlig unberechtigt und technisch durch nichts zu begründen ist die Behauptung, daß bei dem Vorfall die drohende Gefahr eines GAU oder gar einer Kernschmelze vorgelegen habe. Vorwürfe, die eindeutig widerlegt wurden: Durch die Studie der Elektrowatt Ingenieurunternehmung (EWI) in Mannheim, der Tochter des renommierten Schweizer Ingenieur- und Beratungsunternehmens EWI in Zürich, die der Bundesumweltminister über mögliche Folgen des Ereignisses in Biblis erstellen ließ.

Das RWE hat eine über 25jährige verantwortliche Betriebserfahrung mit Kernkraftwerken. Wir haben in dieser Zeit ständig – auch zusammen mit den Genehmigungsbehörden – an der weiteren Steigerung der Sicherheit gearbeitet. Die jetzt für Biblis zusätzlich vereinbarten Maßnahmen beispielsweise stehen nur in einem sehr geringen Umfang im Zusammenhang mit dem Störfall vom Dezember 1987.

Die Berichterstattung und die Reaktionen der Öffentlichkeit haben uns gezeigt, daß die Aktivitäten des RWE nicht ausreichend bekannt sind. Deshalb wollen wir Sie in einer Reihe von Anzeigen ausführlich über uns informieren. Über unsere unternehmerischen Ziele ebenso wie über unser unternehmerisches Selbstverständnis.

Wir werden Ihnen an Beispielen deutlich machen, daß das RWE längst mehr ist als nur ein Stromversorgungsunternehmen. Daß wir uns zu einem Technologiekonzern entwickelt haben, der zu den größten deutschen Unternehmungen gehört. Wir werden aufzeigen, wie das RWE hilft, dringende Aufgaben unserer Industriegesellschaft zu lösen.

Wir werden Ihnen darlegen, daß bei uns neben dem Willen zu wirtschaftlichem Erfolg die Vorsorge für Mensch und Umwelt einen besonders hohen Stellenwert hat. Und wie wir unsere wirtschaftliche Leistungsfähigkeit bewußt auch zur positiven Entwicklung in unserem Land einsetzen.

RWE

High-Tech. Versorgung. Entsorgung. Wir denken im Ganzen.

Die klassischen Elemente der Illustriertenanzeige direkt übernommen in die Tageszeitung. Knappe Aussagen, Gestaltung und Wirkung plakativ – schließlich ist das Zeitungsformat größer als das der Zeitschrift. Es wäre noch Raum für weitere Texte oder Darstellungen, aber wie immer ist weniger mehr, weil sonst die Großzügigkeit und damit der Eindruck des starken Partners verlorengingen.

Hier geht es um große Preisnachlässe – da wird gewirbelt. Der Gestalter reiner Anzeigenklassik mag wegsehen – diese Tageszeitungsanzeige steht. Von der riesigen Ankündigung der reduzierten Preise über Angebotsbeschreibungen, Küchenabbildungen mit Unterschriften, Angabe der Öffnungszeiten, eingestreutes Sonderangebot für den Bastler, Lageplan, Anschrift bis hin zu Parkplatzhinweis, Buslinie, Cafeteria, Kinderspielplatz, Telefon. Ein Dokument wirkungsvoll genutzten Raumes.

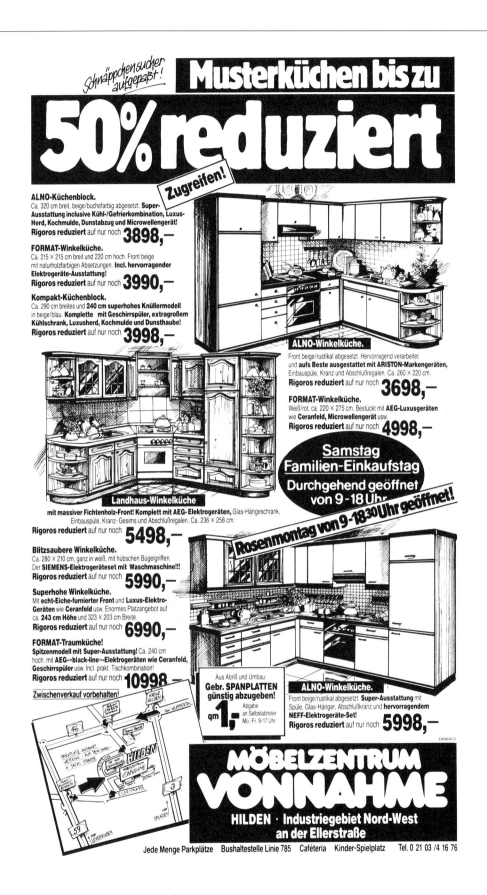

Stellen anzeigen

Einen bedeutenden Anteil der Anzeigen in Zeitungen und sogar Fachzeitschriften haben die Stellenangebote. Die führenden überregionalen Zeitungen wie „Frankfurter Allgemeine", „Welt" und „Süddeutsche", auch die regionalen und sogar wöchentlich erscheinenden Heimatblätter bieten diesen gezielten, unverzichtbaren Markt auf vielen Seiten.

Stellenanzeigen sind das bewährte Mittel der Unternehmen, mit möglichst langfristig geplanter Personalpolitik wirtschaftlich zu handeln. Stellenangebote müssen demnach mehr sein als zufallsaktuelle Anzeigen, die einmal oder wenige Male erscheinen und dann ihre Aufgabe erfüllt haben. *Stellenanzeigen sind ein Teil der gesamten Kommunikationsstrategie eines Unternehmens.* Und keinesfalls einer der nachrangigen. Wobei die Suche nach dem richtigen Nachwuchs zur Ausbildung noch einen eigenen Stellenwert besitzt.

Verwenden wir ausnahmsweise auch hier einmal das vielstrapazierte Wort Marketing und setzen es in Beziehung zum speziellen, hier zur Diskussion stehenden Bereich: Personalmarketing. Damit ist eine unentbehrliche Voraussetzung geschaffen, die Stellenanzeige richtig zu werten: der Arbeitsplatz ist das Produkt des Unternehmens, das es potentiellen Mitarbeitern gegenüber zu verkaufen gilt. So gesehen hat die Stellenanzeige *verkaufsstrategischen Charakter*. Sie soll durch eine gezielte, spezifische Ansprache überzeugen, dadurch den richtigen oder möglichst viele Menschen zum Bewerben anregen.

Aber nicht nur. Die Personalanzeige ist ein hervorragendes Mittel zur Imageprofilierung eines Unternehmens. Sie prägt das Erscheinungsbild im Personalmarkt klar. Aber sie strahlt auch auf weitere Firmenbereiche und Branchen aus. Denn richtig gestaltet, *spiegelt die Stellenanzeige Verantwortung und Bemühen des Unternehmens um die eigenen Mitarbeiter wider. Das bleibt auf Dauer* nicht ohne Einfluß auf das gesamte Imageprofil innerhalb des Unternehmens, im Kunden- und Lieferantenkreis, im Bereich der Finanzpartner und politischen Einflußfaktoren. Das Ziel der positiven Motivation potentieller neuer Mitarbeiter erreicht sie ohnehin. Für den Auftraggeber der Stellenangebote bedeutet das in erster Konsequenz: er kann seine Arbeitsplätze schneller und qualifizierter besetzen.

Dem Faktor menschliche Arbeitskraft kommt im Unternehmen eine entscheidende Schlüsselrolle zu. Daher sei hier der Vollständigkeit halber erwähnt, daß zum Spektrum motivierender Personalinformationsmittel außer der Stellenanzeige auch Plakate, Broschüren, Prospekte, Firmenveranstaltungen – neben den positiven Aussagen von Arbeitskollegen – koordiniert und konzentriert erfolgreich potentielle neue Mitarbeiter gewinnen können.

Der Text von Stellenanzeigen ist am wirksamsten dann, wenn der Leser das Gefühl hat, *individuell* angesprochen zu sein – nicht als einer von vielen. Trifft der Ton seine Persönlichkeit positiv, wächst die Motivation zur Bewerbung.

Daher ist bei der Suche nach qualifizierten Mitarbeitern eine Sammelanzeige mit einer Aufreihung verschiedenster Berufszweige nicht immer empfehlenswert: individuelle und damit attraktive Ansprache werden beeinträchtigt. Der Leser empfindet sich möglicherweise mit seinen beruflichen Wünschen und Vorstellungen in der Anzeige zu wenig berücksichtigt.

Das Gefühl, in einem Arbeitsgebiet einen wichtigen Beitrag leisten zu können, ist im Regelfall höher zu bewerten als meist unverbindliche Gehaltsandeutungen. Wirkungsvolle und zugleich imageprägende Personalanzeigen sind voll in die Corporate Identity des auftraggebenden Unternehmens eingebettet, strahlen die gleichen grafischen und textlichen Signale wie die anderen Kommunikationsmittel aus: Gestaltungsstil, Firmenlogo, Slogan, Kurzbeschreibung der Firma.

Inhaltlich sind bei Stellenanzeigen fünf individuelle Segmente zu berücksichtigen, die sich zu einem wirkungsvollen Ganzen fügen und statt einer Such- eine Angebotsanzeige prägen: 1. Vorstellung des Unternehmens, 2. Berufsangebot, 3. gewünschte Bewerbereigenschaften, 4. Entgelt, 5. Bewerbungsart.

Zur Präsentation des suchenden Unternehmens zählen Branche, Standort und Größe. Es gilt die Faustregel: je unbekanner die Firma, desto deutlicher sollte erklärt werden. Markenartikelunternehmen können auch Produkte nennen, Investitionsgüterfirmen von ihnen errichtete Anlagen und weltweite Verbindungen angeben, Beratungs-Gesellschaften prominente Kunden – soweit möglich.

Das Berufsangebot enthält die Ausschreibungsgründe wie Vergrößerung einer Abteilung, Ausscheiden eines bewährten Mitarbeiters, weitere Spezialisierung oder Diversifizierung des Unternehmens – um Beispiele zu nennen. Die Aufgaben des gesuchten Mitarbeiters sind fest zu umreißen, seine Aufstiegschancen zu erklären, seine Kompetenzen zu trennen. Je detaillierter hier im klaren Kontrast zu den oft schwammigen Ausführungen in Stellenanzeigen vorgegangen wird, um so größer ist die Chance, den passenden Gesuchten, die passende Gesuchte zu finden. Weil schon aus dem Stellenangebot hervorgeht, daß sich die zuständigen Mitarbeiter des Unternehmens mit Sorgfalt engagiert haben und sich im klaren darüber sind, wer zu ihnen paßt.

Die Beschreibung der gewünschten Bewerbereigenschaften führt Alter, Ausbildung und Kenntnisse auf, so konkret wie nötig und so offen wie möglich, wenn es auch auf Anzahl und damit Auswahl der Bewerberinnen und Bewerber ankommt.

Die Angaben zum zu erwartenden Entgelt deuten zumindest die Dotierung an, darüber hinaus möglichst konkret die sozialen Leistungen, Wohnungshilfe, Firmenwagen und sonstige Vergünstigungen und Weiterbildungsmöglichkeiten. Dieser gesamte Punkt der Gegenleistung des Unternehmens ist selten so gehalten, wie der ideale Bewerber es sich wünscht. Dafür gibt es selbstverständlich gute Gründe. Trotzdem liegt hier einer der wichtigen Schlüssel zum Erfolg: je deutlicher das Unternehmen sein Angebot zu formulieren wagt, desto größer die Chancen, die richtige Frau, den richtigen Mann zu bekommen.

Der fünfte Punkt der klassischen Stellenanzeige scheint weitaus unkomplizierter – *die gewünschte Bewerbungsart:* Lichtbild, Lebenslauf, Zeugniskopien – das ist bekannt. Vermag das suchende Unternehmen noch eine kompetente Dame, einen kompetenten Herrn zu nennen, die oder der angeschrieben werden oder zu telefonischen Auskünften kontaktiert werden kann und tatsächlich zu erreichen ist, so sollte man auf diese weitere Kommunikationsmöglichkeit nicht verzichten.

Daß Chiffreanzeigen eine Bewerbungshemmschwelle darstellen können, ist bekannt. Angebote über Personalberater sind ab einer bestimmten Klassifizierung der gesuchten Mitarbeiter üblich, wobei so manche dieser Anzeigen die Klippe umschiffen muß, eine Stelle zu beschreiben, ohne dem Insider gleich das suchende Unternehmen zu verraten. Und das ist oft zu spüren – durch die Anhäufung allgemeingültiger, wenig aussagender Formulierungen.

Stellenanzeigen sind für Verlage einerseits ein sicheres Geschäft. Anderseits ist der Markt zusehends umkämpft. Es gibt inzwischen spezielle Angebotsblätter, z. B. „Der Arbeitsmarkt" oder „Aktueller deutscher Stellenmarkt". Daher werben Zeitungen gezielt für ihre Stellenangebotsteile, die Frankfurter Allgemeine Zeitung z. B. sogar mit Funkspots.

Checkliste: Stellenangebote erfolgreich formuliert?

1) Gibt es eine klare Arbeitsplatzbeschreibung, und ist sie die fundierte Grundlage des Stellenangebotes?

2) Sind alle Informationen über Unternehmen, Arbeitsangebot, gewünschte Bewerbereigenschaften, Entgelt und erbetene Bewerbungsart enthalten?

3) Haben Sie den Unternehmens-Slogan eingebaut, das Firmenlogo?

4) Fügt sich die Anzeige in das gesamte Text- und Gestaltungskonzept der Informationsmittel des Unternehmens?

5) Wird womöglich an der falschen Stelle gespart, weil mehrere Positionen in der gleichen Anzeige ausgeschrieben sind?

6) Strahlt die Anzeige sowohl die Solidität des Unternehmens als auch die Sorgfalt bei der Konzeption des Angebotes aus?

7) Können Sie eine Ansprechpartnerin, einen Ansprechpartner im Unternehmen nennen?

8) Können Sie auf eine Chiffreanzeige verzichten?

9) Kann gegebenenfalls der zwischengeschaltete Personalberater die Stelle ohne Floskeln beschreiben?

10) Gehen Sie mit Ihrem Stellenangebot in die richtigen Medien – regional, überregional, fachgebunden?

Stellenangebote – kommentierte Beispiele

Stellenangebot mit deutlicher Dialogchance – erheblich erfolgversprechender als das übliche „Schreiben Sie uns…", das dem Bewerber einseitig alle Informationen über ihn abzwingt, ohne ihm das Angebot der Gegeninformation zu machen. Das Foto der Hand am Hörer, die Möglichkeit des Telefonierens zum Ortstarif auch am Wochenende schaffen eine Vertrauensbasis, die zum Erfolg führt.

Technische Berufe

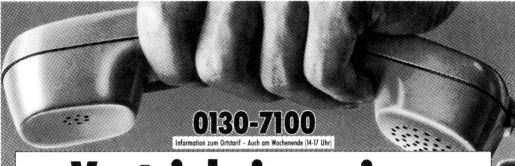

0130-7100
Information zum Ortstarif - Auch am Wochenende (14-17 Uhr)

Vertriebsingenieur
Sanitär/Heizung · Nordrhein-Westfalen

Wir sind die selbständig operierende Tochtergesellschaft des Honeywell Konzerns und nehmen in verschiedenen Marktsegmenten der Sanitär- und Heizungsbranche eine führende Stellung ein. Mit über 600 Mitarbeitern gehören wir zu den modernsten und leistungsfähigsten Armaturenherstellern Europas. Die hervorragende Geschäftsentwicklung erfordert den personellen Ausbau unserer Vertriebsorganisation.

Wir bieten einem Diplom-Ingenieur oder qualifizierten Techniker die Chance, den regionalen Vertrieb unserer Produkte zu übernehmen.

Sie betreuen unseren bestehenden Kundenstamm und erschließen neue Abnehmerkreise. Für den Großhandel sowie für Verarbeiter-Betriebe sind Sie der kompetente Ansprechpartner bei allen Fragen zu unseren Produkten. Sie sorgen für eine fachgerechte Abwicklung der Aufträge von der Angebotserstellung bis zur Lieferung. Durch eine permanente Marktbeobachtung geben Sie wesentliche Impulse zur Optimierung unserer Produkt- und Vertriebsstrategie.

Für diese anspruchsvolle Aufgabe bringen Sie gute Voraussetzungen mit, wenn Sie nach Abschluß Ihres Studiums (Maschinenbau, Energiewirtschaft, Verfahrenstechnik) bereits mehrjährige Erfahrung im technischen Vertrieb gesammelt haben. Sie verfügen über Verkaufstalent und betriebswirtschaftliches Denken. Zu Ihren persönlichen Stärken zählen Einsatzbereitschaft, Eigeninitiative und eine schnelle Auffassungsgabe.

Wir bieten Ihnen ein gutes Einkommen, einen Firmenwagen – auch zur privaten Nutzung –, interessante Vertrags- und Rahmenbedingungen sowie die Sicherheit eines internationalen Unternehmens.

Bei **PARS PERSONAL-MARKETING** liegt Informationsmaterial für Sie bereit, das Sie zum Ortstarif unter Telefon 01 30 / 71 00 – auch am Wochenende – anfordern können. Ihre Bewerbungsunterlagen senden Sie bitte an PARS PERSONAL-MARKETING, Kennziffer FR2273, Wiesenau 27–29, 6000 Frankfurt/Main 1.

AP161271

PARS *PERSONAL-MARKETING*
EIN UNTERNEHMENSBEREICH DER PA CONSULTING-GRUPPE
HAMBURG · HANNOVER · DÜSSELDORF · FRANKFURT · STUTTGART · MÜNCHEN

Klares Angebot, Karriere in Aussicht gestellt, Unternehmen und Anforderungen an den Bewerber eindeutig beschrieben, die Chance telefonischer Rücksprache mit Zeitangabe: eine Stellenanzeige, wie sie sein soll. Der übersichtliche grafische Aufbau mit Absenderangabe der übermittelnden Unternehmensberatung als groß gestaltetes Element mit Negativschrift zwischen den Textblöcken lädt wirkungsvoll ein, sich zu bewerben.

Technischer Betriebsleiter

Unser Auftraggeber ist ein mittelständisches Industrie-Unternehmen in Baden-Württemberg nahe einer attraktiven Großstadt. Mit modernster Technologie und ständigen Erneuerungen hält er im Bereich der Oberflächenveredelung für Aluminium und Stahl eine Spitzenstellung. Im Unternehmen sind rund 80 Mitarbeiter beschäftigt. Zur Entlastung der Betriebsleitung suchen wir den Technischen Betriebsleiter.

Der von uns gesuchte Kandidat muß Erfahrung auf dem Gebiet des Eloxierens und der Pulverbeschichtung mitbringen. Außerdem sollte er kostenbewußt sein mit einer guten Organisationsfähigkeit. Selbständiges Arbeiten und Mitarbeiterführung müssen ihm vertraut sein.

WIR KÜMMERN UNS UM IHRE KARRIERE

Alfred Bantle abc Consultants
Unternehmensberatung und Personalmanagement GmbH
Blumenallee 51 · 5000 Köln 40
Telefon 0221/48 40 28-29

Sie sind ein gestandener **Betriebsmeister oder Techniker aus der Branche der Oberflächenverarbeitung.**

Ihr Alter sollte zwischen 30 und 40 Jahren sein. Die Dotierung ist entsprechend gut.

Wenn Sie diese Aufgabe als Herausforderung ansehen, senden Sie uns bitte Ihre kompletten Bewerbungsunterlagen (Lebenslauf, Lichtbild, Zeugniskopien) mit Angabe Ihrer Gehaltsvorstellung unter der Kennziffer 21018. Für telefonische Rückfragen stehen Ihnen Herr Bantle oder Frau Klevinghaus werktags bis 18.00 Uhr und samstags bis 12.00 Uhr zur Verfügung. Die Beachtung von Sperrvermerken sichern wir Ihnen zu.

AP161218

Das Produkt blickfangsicher und imageprägend vorangestellt – noch ein seltener Weg in Stellenangeboten. Ein Meister wird gesucht. Von einer großen Marke, die sich mit Slogan und Zeichen am Fuß der Anzeige noch einmal verdeutlicht. Hohe Anforderungen werden an den neuen Mitarbeiter gestellt, da kann nicht klar genug dokumentiert werden, wer dahintersteht. Und schließlich sind auch Stellenangebote wichtiger Teil der Kommunikations-Konzeption eines Unternehmens.

In unserem **Werk Berlin-Marienfelde** werden Kraftfahrzeugteile und Motorenteile für unser gesamtes Erzeugnisprogramm hergestellt.

Wir suchen für unseren Produktionsbereich

Meister

Der Aufgabenschwerpunkt wird im Bereich der mechanischen Fertigung liegen.

Wir wenden uns an Interessenten mit einer abgeschlossenen Industriemeisterausbildung, mehrjähriger Berufserfahrung als Meister auf dem Gebiet der Metallbearbeitung und Erfahrung im Einsatz von CNC-Technologie. Bereitschaft zur Schichtarbeit setzen wir voraus.

Wenn Sie an einer Mitarbeit interessiert sind, bewerben Sie sich bitte mit tabellarischem Lebenslauf, Zeugniskopien und Lichtbild.

Daimler-Benz AG
Werk Marienfelde
Personalabteilung für Angestellte
Daimlerstraße 123
1000 Berlin 48

Daimler-Benz: Der Weg

AP 159388

Das dekorative Stellenangebot für den Dekomann. Schon die Gestaltung dürfte den richtigen Bewerber ansprechen, der beruflich mit Formen umgeht. Das Aufgabengebiet ist zwar knapp beschrieben, aber dem Gesuchten vertraut. Was erwartet wird, ist angesprochen. Geschickt sind die Gegenleistungen herausgestellt, allgemein gehalten zwar, aber das Wort ‚Großunternehmen' wirkt.

Wir suchen Sie,

den Dekomann

für die von uns zu betreuenden Verbrauchermärkte, – SB-Warenhäuser, -Baumärkte und Möbelhäuser.

Der Dekomann

sollte in der Lage sein, Konzepte für Aktionen zu erarbeiten, und in den Märkten umzusetzen. Unser Mann sollte motorisiert, und bereit zu häufigen Dienstreisen sein.

Wir bieten ein leistungsgerechtes Gehalt und Sozialleistungen eines Großunternehmens.

Bewerbungen bitte schriftlich an:

arcus -INDUSTRIEWERBUNG GmbH & Co KG
Schlüterstraße 3, 4000 Düsseldorf
Telefon 0211/6 68-26 90

im Hause METRO

AP 161607

Ausbildungsplätze verkaufen zählt zu den wichtigen und zugleich schwierigen Aufgaben der Stellenangebote. Die sonst nicht übliche einstimmende Abbildung fröhlicher Jugend, das groß herausgestellte Ausbildungsplatzangebot, die überzeugende Kurzbeschreibung des Unternehmens, der informative Hinweis auf die Ausbilder und Schulungen sowie der abschließende Slogan bilden ein gutes Beispiel.

Die Antworten auf die Kernfragen

Wenden wir uns den Rahmenbedingungen zu, die ausreichende Wirkung von Anzeigen erst möglich machen:
Wie groß muß eine Anzeige sein, um ihr Ziel zu erreichen?
Muß sie farbig sein, oder reicht schwarzweiß?
Darf sie nur wenig Text haben und dafür ein großes Bild?
Ist ein Foto eindrucksvoller oder eine Grafik?
Wie oft muß sie erscheinen, um überhaupt zu wirken?
Und wo soll sie plaziert werden?

Wie gestalte ich meine Anzeige richtig? Es gibt leider keine Antwort, die sich in einem Satz zusammenfassen ließe. Höchstens diese: es kommt darauf an. Worauf? Auf Produkt, Zielgruppe, Wettbewerb, vorgesehenes Medium.

Und um eine der traditionellen Meinungsverschiedenheiten gleich vorweg in die Denkvarianten zu bringen: das Beharren auf Plazierungsvorgaben kann heute eigentlich nur auf tradierten Vorurteilen oder auf dem Mißtrauen der Anzeigengestaltung gegenüber beruhen – gerechtfertigt ist es nicht.

Die Basis-Wirkungsforschungs-Methoden

Anzeigenwirkungsforschung gibt es seit über acht Jahrzehnten. Strong entwickelte 1912 die erste Version der *Recognition-Methode* zur Untersuchung der Aufmerksamkeitswirkung. Sie wird durchgeführt mit maximaler Gedächtnishilfe, dem Vorzeigen der Anzeigen und Hinterfragen des Wiedererkennens. Die zweite Basismethode: das *Recall-Verfahren*. Es arbeitet mit der Erinnerung der Testpersonen im Sinne des gedächtnismäßigen Reproduzierens, und zwar mit minimaler Gedächtnishilfe. Eine Markenliste z. B. kann als Stütze dienen. Recall mißt einen Lernvorgang durch Anzeigenwirkung bei den Testpersonen.

Auf diesen beiden Grundmethoden basieren alle klassischen Testverfahren. Es gibt eine Unzahl von Verfeinerungen. Viele Meinungsforschungsinstitute sind stolz auf ihre individuellen Varianten. Laufend erscheinen Veröffentlichungen über Verbesserungen in der Anzeigenwirkungsforschung, zu wenig beachtet von den Werbungtreibenden, meist ignoriert von den Anzeigengestaltern. Acht Jahrzehnte Forschungspraxis haben nicht ausgereicht, um ihr zu gerechtfertigter Anerkennung zu verhelfen. Der Werbung haftet fest das Odium der ungezügelten Kreativität als scheinbar wichtigster Teil an.

Auftraggeber projizieren gern in die Gestaltung den Widerpart zu ihrem Alltagsfrust: Ist die tägliche Arbeit am Schreibtisch in endlosen Debatten um Marketingziele, in Produktions- und Verkaufssollerfüllung von unpersönlichen, engen Zwängen vorbestimmt, so muß die Werbekampagne, zu der man seine Meinung sagen darf, den seelischen Befreiungsschlag bringen. Für viele Manager ist das die einzige Möglichkeit, außerhalb ihres fachlich streng begrenzten Aufgabenrahmens mit Rat zu glänzen, ohne für die Folgen direkt zur Verantwortung gezogen zu werden. Neutrale Meinungsforschungsergebnisse würden da nur stören.

Den Anzeigengestaltern beweisen Umfrageergebnisse nur zu oft, wie schief sie mit ihrer Arbeit liegen. Wer hört das schon gern? Demzufolge gibt es seit langem in Kreativkreisen das geflügelte Wort vom „zu Tode testen": Gute Gestaltung wird so oft durch die Meinungsforschungsmangel gedreht, bis die kreative Luft raus und der geistige Biß weg ist. Trotz aller Möglichkeiten der Meinungsforschung vertrauen Werbungtreibende allzu oft immer noch mehr ihrem Gefühl. Menschlich ist das verständlich. Wohin das führt, zeigt jedes Durchblättern eines beliebigen gedruckten Mediums.

Testmethoden werden von drei Hauptkriterien bestimmt: Objektivität, Zuverlässigkeit, Genauigkeit. Es geht in der Regel um Messung von Werbekontakten, von Wirkungen dieser Kontakte und von Kombinationen beider Ziele.

Schon in den dreißiger Jahren unterschied Dr. Starch, „Vater des Copytestes" und nach der Recognition-Methode arbeitend, mehrere Stufen der Werbewirkung: erstens Anzeige gesehen, zweitens Anzeige gesehen und der Marke oder Firma richtig zugeordnet, drittens das meiste – mehr als die Hälfte des Textes – gelesen.

Um bei den noch heute aktuellen – weil praktizierten – Methoden aus der Vergangenheit zu bleiben: schon 1927 wurde das Tachistoskop in der psychologischen Forschung eingestzt. Das ist ein Apparat, mit dem visuelle Reize innerhalb einer extrem kurzen Zeitspanne ermittelt werden können. Er dient letztlich der experimentellen Untersuchung der Beziehung zwischen Motivation bzw. Persönlichkeit und Wahrnehmung. Im Klartext: habe ich eine Anzeige geschaltet und überblättert sie der Leser mäßig gelangweilt, kann er dann zumindest die Marke wahrnehmen, um die es geht? Allerlei Zündstoff natürlich wieder: dem Durchschnittsgestalter geht es um eine kreative Idee, weniger um eine Marke; dem Werbungtreibenden geht es mehr um Mehrumsatz einer Marke als um eine Gestaltungsidee. Tröstlich zu wissen, daß hier „der Zusammenhang zwischen visueller Dominanz und Markenbekanntheit oder gar Markennutzung zumindest strittig ist". Zunächst: auch andere Anzeigen-Testmethoden wie Messung der Pupillenreaktion oder der elektrischen Widerstandsänderung der Haut bei den Testpersonen werden verfochten und ergeben Anhaltswerte. Die häufig praktizierten Verfahren der Anzeigenforschung jedoch sind an den klassischen Recall- und Recognition-Methoden ausgerichtet. Sie messen die Informationsaufnahme indirekt aus der wiedergegebenen Erinnerung an das eigene Betrachtungsverhalten der Testpersonen. Die daraus entstehenden Unwägbarkeiten und negativen Beeinflussungsgrößen in der Ergebnissicherheit umgeht ein anderes Testverfahren, das Karriere gemacht hat.

Die Blickaufzeichnung

Der Werbungtreibende kann sich nicht oft genug klarmachen, daß Anzeigen zwar einen großen Teil seines eigenen Berufsinteresses widerspiegeln, die Leser aber im Normalfall zunächst überhaupt nicht interessieren. Ganz im Gegenteil. Fast immer erwartet er etwas anderes als das, was ihm rein zufällig in seiner Zeitung oder Zeitschrift ins Auge fällt. Daß vorher ein Steuerungsprozeß durch Gestalter und Mediafachmann stattgefunden hat, ist für den Leser unerheblich.

Aber was fällt ihm ins Auge? Und wie mißt man das ohne Umwege zuverlässig?

Den folgenden Ausführungen liegen zwei Dokumentationen der Burda-Verlag GmbH zugrunde: „Blickaufzeichnung" von Otfried Gerloff, April 1988 und „Anzeigenkontakte", Mai 1989.

Die Blickaufzeichnungskamera wird schon länger eingesetzt, vor allem in der wissenschaftlichen Forschung. Waren früher die Geräte nicht gerade bequem für die Testpersonen, so sind sie heute relativ leicht handhabbar. An der Blickaufzeichnungsbrille ist ein Objektiv befestigt, das es ermöglicht, zu dokumentieren, was der Leser sieht. Jede Kopfbewegung wird mit vollzogen. Eine Lichtquelle sendet einen Infrarotstrahl auf die Augen. Dort wird er reflektiert. Der wiederum aufgefangene Reflex markiert durch ein Kreuz im Gesichtsfeld die Stelle, wo sich die größte Sehschärfe ergibt. Ein Videoband zeichnet das Blickverhalten auf; es wird in Schritten von 0,02 Sekunden ausgewertet.

So wird festgehalten, wohin der Blick des Lesers geht, wie lange er dort haftet. Die Blickaufzeichnung gibt nachprüfbar Aufschluß darüber, welche Anzeigen, welche redaktionellen Beiträge das Interesse des Lesers finden – und vor allem, welche Details daraus. Es geht also nicht vordergründig um Anzeigen – sondern so wie im richtigen Leben. Längst steht fest, daß Testpersonen die ihnen gereichte Zeitschrift genauso nutzen, wie sie es auch zu Hause tun: von vorn nach hinten, oder umgekehrt, oder nach Inhaltsverzeichnis, oder nach Zufallsgewohnheit.

Studiosituation und ungewohntes Gestell zur Blickaufzeichnung am Kopf stören nicht – wie zunächst oft angenommen – das Testergebnis: *Die Wirklichkeit ist identisch mit der Methode.* Es ist fast unnötig, zu erwähnen, daß das Verfahren der Blickaufzeichnung mit den Recall-/Recognition-Methoden koordiniert wird und erfolgreich größtmögliche Testsicherheit ergibt.

Die Blickaufzeichnung ermittelt, welche Anzeigenelemente betrachtet werden, wie lange und in welcher Reihenfolge. Das kann Traum des Gestalters werden oder auch Alptraum. Natürlich entscheiden bei jeder Anzeige andere Elemente über den Erfolg. Verraten sei hier schon: *Die Bilder fallen fast immer zuerst ins Auge.*

Die durchschnittliche Betrachtungszeit beträgt nur wenige Sekunden. Innerhalb dieser kurzen Zeit hat der Leser die für ihn wichtigen Informationen aufgenommen – mehr interessiert nicht. Hat der Leser nun das gesehen, was der Werbungtreibende ihm als Wichtigstes zeigen wollte?

Farbe und Größe der Anzeige bzw. ihre Details bestimmen natürlich den optischen Reiz entscheidend. Stark emotionale Bilder werden häufiger betrachtet. Text unter Bildern wird häufiger fixiert als darüber. Bei Textanzeigen ist oben und links oben die prominente Aussageposition.

Also zeigt sich deutlich: Durch Umgestalten eines Motivs nach Blickaufzeichnungsergebnissen ist Optimierung durchaus möglich.

Je häufiger ein Anzeigenelement betrachtet wird, um so besser erinnert sich der Leser daran. Logisch – und darum darf es auch heißen: Blickaufzeichnungsdaten indizieren kognitive Prozesse.

Zwei Komponenten des Verfahrens gilt es, vorab zu klären. Unter Fixation versteht man: das Auge verweilt, kann aufnehmen. Saccaden dienen zur Fortbewegung von einem Fixationspunkt zum anderen; hierbei kann keine Informationsaufnahme stattfinden.

Bis zu fünf Fixationen pro Sekunde sind möglich. Der Bereich des schärfsten Sehens aber macht nur etwa ein Zehntausendstel des gesamten Gesichtsfeldes aus. Also kann das Auge nicht systematisch abtasten, sondern wählt strukturiert aus. Dabei müssen die Punkte fixiert werden, die den größten Informationsgehalt haben.

Man nimmt an, daß Augen sowohl von innerer Lenkung durch Gehirn und Seele als auch von Präsentation des Informationsangebotes geleitet werden. Anzeigendetails also sind für den Betrachter interpretierbar – er leitet davon Erwartungen ab, die wieder Einfluß auf die nächsten Augenbewegungen nehmen, welche die notwendige Kombination des vorhandenen Wissens mit den neuen Informationen widerspiegeln.

So gesehen, war der noch vor einem Jahrzehnt – ja sogar noch heute – fälschlicherweise gültige Gag in der Werbung kaum das anzustrebende Nonplusultra der Kreativität. Stand er doch oft genug quer zum Verständnis der Umworbenen, quer zur Produktbotschaft und dadurch quer zum Werbeerfolg. Genau darum mißtrauen erfahrene Werber den fachinternen Anzeigenpreiskrönungen, die natürlich viel über Kreativität aussagen, wenn auch nur sehr subjektiv. Aber darin liegt ihr Sinn und ihre Berechtigung.

Beim Wahrnehmen von Anzeigen also – und sei es noch so flüchtig – geschieht eine Menge beim Leser. Manchmal bewußt, meist unbewußt. Informationen werden richtig oder falsch eingefangen, selektiert, gespeichert, gehen zum Teil wieder verloren. Die moderne Theorie der selektiven Wahrnehmung besagt: Das Gehirn unterzieht alle Reizinformationen einer genauen strukturellen und semantischen Analyse.

Wenn sich Auftraggeber und Gestalter von Anzeigen dessen immer wieder bewußt werden, lassen sich die Erfolgsergebnisse immer weiter verbessern.

Ist man sich also einig darüber, daß die Wahrnehmung der Anzeigeninhalte entscheidend davon abhängt, was der Umworbene erwartet, worüber er weitere Informationen braucht, so kann es auch eigentlich keine Meinungsverschiedenheit darüber geben, ob das normale Neue oder die kreative Überfliegeridee demjenigen weiterhelfen, der das Geld in die Werbung investiert. *Mag auch fachintern noch so große Begeisterung über außergewöhnliche Umwegwerbeideen herrschen: Auf Dauer wird derjenige Anzeigenauftraggeber immer den größeren Erfolg haben, der seinem Umworbenen nicht das Verstehen-Müssen von Werbung zumutet, sondern sein Angebot sofort verständlich identifizierbar präsentiert.*

Wer die schmale Gratwanderung nicht beherrscht, das Produkt mit einem werblichen Umfeld zu versehen, das sein Image *in direkter Beziehung zu seinem Nutzen* deutlich erkennbar fördert, kann durch Anzeigen sogar mehr schaden als er dem Unternehmen nutzt.

Was geschieht, wenn das Auge des Lesers auf eine Anzeige trifft? Der Vorgang soll verdeutlicht werden, damit man sich beim Gestalten und Beurteilen von Anzeigen erfolgsbewußt darauf einstellt. *Beim ersten Orientierungskontakt, der nur Bruchteile von Sekunden dauert, fällt die Entscheidung, ob weiter betrachtet, aufgenommen und verarbeitet wird.* Somit ist selbstverständlich, daß Anzeigen nach Zielgruppeninteresse, nicht nach Kreativlust und Auftraggebermeinung entstehen dürfen.

Inhalt und Gestaltung der Anzeige sind die beeinflußbaren Größen, Eigenschaften und Vorbedingungen des Betrachters die andere Seite der zu berücksichtigenden Fakten: seine Interessen, Einstellungen, Erfahrungen, Motivationen, Erwartungen, sein Alter, seine Schulbildung – um Beispiele zu nennen.

Wieviel kann der Leser überhaupt erkennen? In der Sekunde etwa vier unterschiedliche Bilder – lautet die Faustregel. Allerdings – es kommt sehr auf ihre Klarheit an. Ein Foto kann optisch direkt greifen – eine abstrakte Computergrafik hat es viel schwerer. Nun machen Sie das mal den Verfechtern der Moderne in der visuellen Gestaltung klar. Für die ist das Neue die Hauptsache – ohne Rücksicht auf seine Wirkung in Werbemitteln und -medium.

Legen wir die auf Seite 299 genannten Burda-Dokumentationen zugrunde, so ergeben sich bei der Anzeigenwirkungs-Meßmethode durch Blickaufzeichnungsforschung nach drei Jahren zusammengefaßt die folgenden Ergebnisse:
1. Klare Farben, klare Formen kann der Leser schnell erkennen.
2. Bilder wirken direkt.
3. Leser können eindeutige Werbebotschaften in Anzeigen schnell registrieren – und verfolgen sie bei Bedarf weiter. Für den Erstkontakt und damit Erfolg oder Mißerfolg reicht eine halbe Sekunde. Man darf davon ausgehen, daß die früher oft zitierten soziodemographischen Leserdaten kaum eine Rolle für den Erstkontakt spielen.

Eine wichtige Hilfe in der Entscheidungsfindung durch die Methode der Blickaufzeichnung ist die Tatsache, daß auch die redaktionellen Beiträge des getesteten Mediums mit einbezogen werden. Hier ergeben sich ebenfalls lohnende Rückschlüsse für eine effektvolle Anzeigengestaltung. Auch hier sind die Ergebnisse weniger überraschend, mehr bestätigend. Aber sie machen Mut zu klaren Wegen:

1. Seiten mit vielen Abbildungen werden kürzer betrachtet, da die Inhalte schneller erfaßbar sind.
2. Bildunterschriften untermauern deutlich den Kommunikationserfolg.
3. Informationsgehalt ist wichtiger als Farbe.

Ging man in der Beurteilung von Anzeigenwirkung bisher auch davon aus, daß Anzeigen blitzschnell vom Leser verstanden werden müssen, so dürfte heute klar sein: hier läge eine klare Überforderung vor. Nur eins ist möglich: die Anzeige so zu gestalten, daß ein Teil – der bildliche Blickfang oder der Inhalt der Schlagzeile – im Sekundenbruchteil des Überfliegens den Betrachter so selbstverständlich interessieren, daß er innehält, um zu prüfen, ob die Botschaft der Anzeige für ihn wichtig sein könne. Alles Vorgänge, die täglich vielmillionenfach allein bei den Lesern in der Bundesrepublik Deutschland automatisch ablaufen – zugunsten oder zuungunsten der Werbungtreibenden.

Vereinfacht ausgedrückt: Alles, was man zunächst mit der Gestaltung einer Anzeige bei der Zielgruppe erreichen kann, ist, einen Sekundenbruchteil lang Interesse erzeugen. Der größte Teil der Mühe von Grafiker, Fotograf und Texter, von Kundenberater sowie den vielen Mitentscheidern auf Kundenseite, von kurzen wesentlichen Gesprächen oder stundenlangen mühevollen Diskussionen müßte auf diesen Sekundenbruchteil konzentriert werden – statt auf geschmäcklerische Beurteilung von Nebensächlichkeiten.

Aber die tägliche Praxis sieht anders aus – und das nutzen die wirklichen Profis auf Agentur- wie Kundenseite konsequent, um dem unsicher diskutierenden Wettbewerb immer wieder im Handumdrehen meist mehr als die entscheidende Nasenlänge voraus zu sein.

Gehen wir wieder in die Praxis der Anzeigengestaltung, so zeigen sich weitere durch solide Testergebnisse belegte Regeln:

1. Die bei allen Emanzipationsbestrebungen erfreulicherweise nicht fortzudiskutierenden auch seelisch-geistigen Unterschiede zwischen den beiden Geschlechtern führen dazu, daß Männer sich differenzierter beim Betrachten von Texten verhalten, während Frauen das häufiger bei den Abbildungen zeigen.
2. Je geringer das Alter und je besser die Ausbildung, um so schneller werden Aussagen erfaßt. Diese Tatsache aber ist weniger erheblich, weil sich immer wieder als wichtiger erweist, welches Interesse beim Leser an der Anzeigenbotschaft selbst besteht.

Man kann – und das ist tröstlich – davon ausgehen, daß 85 % der Leser im Durchschnitt eine Anzeige beachten, die im Format einer halben bis hin zu einer Doppelseite liegt. Wie weit jedoch diese Beachtung die Werbebotschaft im Leser vertieft, darüber ist zunächst nichts ausgesagt.

Die Beachtung ist die Chance. Genutzt wird sie nur, wenn ein entscheidender Teil der Gestaltung dem Betrachter zu signalisieren vermag, daß er hier etwas für ihn persönlich Wesentliches erfährt – bildlich oder textlich.

Beispiele:
„Neues Haar im Handumdrehen" – für den Leser, der unter seiner hohen Stirn leidet.
„3,7 l auf 100 km" – für den Kraftstoff sparenden Autofahrer.
„Mit 300 l über den Winter" – für die energiebewußte Eigenheimheizerin.
„Traumpartner unterm Tannenbaum" – für den einsamen Single.
„Sinnerfüllung Ihrer Seele" – für die Esoterikerin.

Nur wer sich klarzumachen vermag, daß jeder Anzeigenerfolg von zwei Seiten aus zu starten ist – zum ersten vom Angebot her, zum zweiten vom Betrachter aus – der hat Erfolg. Denn Punkt 2 wird meist schmählich hintangestellt, wie jeder Blick in beliebige Anzeigenträger beweist.

Worüber man heute nicht mehr diskutieren sollte, sind überholte Beurteilungsfaktoren wie soziodemografische Strukturen oder generelle Einstellung von Lesern der Werbung gegenüber. Unabhängig von Alter, Geschlecht und Haushaltsnettoeinkommen sowie dem individuellen Werturteil über Werbesprüche packt ein Anzeigenelement den Betrachter über ein Thema, das ihm am Herzen liegt – oder eben nicht.

Natürlich steigt mit der Anzeigengröße die Beachtungschance. Wobei es hier endgültig mit einem Fehlurteil aufzuräumen gilt: Doppelseiten werden keinesfalls überblättert. Ganz im Gegenteil: sie schaffen zu praktisch 100% zumindest einen Orientierungskontakt mit dem Leser. Und das ist doch eigentlich ganz einleuchtend. Denn Zeitschriften werden zum Informieren oder Unterhalten zur Hand genommen. Dann schlägt man Seite um Seite auf, trifft automatisch auf die doppelseitige Anzeige. Ob man nun flott weiterblättert oder intensiv hinschaut, bestimmen Inhalt und Aufmachung der Anzeige, nicht ihr Zwei-Seiten-Format.

Von wo aus man auch an das Thema Anzeige herangeht: ob sie wirkt oder nicht, hängt einzig und allein von ihrer Kernaussage ab. Alle anderen Faktoren sind zwar viel diskutiert, aber stets nur Beiwerk. Sie werden oft nur in den Mittelpunkt gestellt, um von Gestaltungsschwächen abzulenken.

Es liegt zur Zeit noch in der Natur der Sache, daß Anzeigen wesentlich kürzer angeschaut werden als redaktionelle Beiträge. Das nimmt die werbungtreibende Wirtschaft als selbstverständlich hin, ohne darüber nachzudenken, warum das so ist und ob man es nicht ändern könnte – zugunsten der Anzeigen versteht sich.

Natürlich kauft der Leser die Zeitung oder Zeitschrift, um sich dem redaktionellen Inhalt zu widmen, sich zu unterhalten oder zu informieren. Insofern ist sein Interesse primär wie praktisch ausschließlich auf Artikel und Fotos gerichtet – nicht auf Anzeigen. Die Antwort der gängigen Werbeheilslehre auf dieses gewohnte Leserverhalten lautet, Anzeigen so überraschend kreativ zu gestalten, daß sie trotzdem auffallen und das Interesse des Lesers finden. Man kann aber auch Anzeigen inhaltlich und optisch so attraktiv wie Redaktion machen. Das wäre der anzustrebende Weg. Dem steht einiges entgegen. Gängige Anzeigen signalisieren dem Normalbetrachter „hier will mir jemand was verkaufen" und das Unterbewußtsein oder Bewußtsein kappt möglicherweise schlagartig aufkeimende Neugier. Anzeigen dürfen eigentlich nicht wie Redaktion aufgemacht sein oder müssen, wenn sie es denn sind, das stigmatisierende Wort „Anzeige" am Kopf der Seite tragen, damit ja niemand den Inhalt mit der Redaktionsmeinung verwechselt. Inwieweit das heute im Zeitalter des Kommerzfernsehens, des Kultur- und Sportsponsorings, des Product-Placements noch aktuell sein kann, soll hier nicht diskutiert werden.

Wohl aber, wie und wie tiefgreifend Aktualität, Glaubwürdigkeit und gekonnte Gestaltung von redaktionellen Beiträgen auf Anzeigen übertragbar sind. Löst man sich erst mal von der Lehrmeinung, daß Anzeigen so sein müssen, wie sie sind, hat man schon den ersten entscheidenden Schritt getan. Überlegt man als zweiten, wie journalistische Arbeit aufgebaut ist und warum sie größtes Leserinteresse erringt, ist man schon entscheidend vorn.

Wirft man dem Journalismus vor, er hänge sein Mäntelchen nach dem Wind, um der Lesermeinung angepaßt möglichst hohe Auflagen zu verkaufen, so mag das zum Teil berechtigt sein. Aber die Werbung lebt ja selbst davon und damit, möglichst sicher möglichst große Märkte zu gewinnen, um möglichst viele Produkte möglichst gewinnträchtig abzusetzen. Warum dem Journalismus das vorwerfen, wovon man selbst lebt?

Wenn nun Zeitungen und Zeitschriften in erster Linie wegen der vom Leser erwarteten, seine Neugier befriedigenden redaktionellen Beiträge erworben und die Anzeigen als Anhängsel mit in Kauf genommen werden, die bekanntermaßen dazu dienen, den Verkaufspreis des Mediums auf ein erträgliches Maß zu reduzieren, so sollte man sich doch bemühen, auch Anzeigen für das Erwartungsniveau zu gestalten, das für redaktionelle Beiträge gilt. Dann bieten sie auf den individuellen Lesertyp der Zeitschrift oder Zeitung zugeschnittene Informationen. Das wird zu teuer? Im Vergleich zu den bereits anfallenden Mediakosten spielt der Mehrpreis keine entscheidende Rolle, wohl aber der größere Erfolg einer maßgeschneiderten Anzeigenkampagne.

Nicht diejenigen Anzeigenserien machen aufmerksam, die ein paar einsame Werbemotive durch den Blätterwald klotzen und die Leser – soweit diese die Anzeigen überhaupt noch wahrnehmen – nur langweilen können. Sondern im Gegenteil: Es dürften die Unikat-Serien sein – jede Anzeige erscheint nur einmal, unabhängig vom Werbeträger – die soviel Arbeit wie Freude machen, viel Mut zu Entscheidungen verlangen, und viel Erfolg bringen.

Die im April 1988 veröffentlichte Burda-Untersuchung über Blickaufzeichnungsergebnisse – die im Mai 1989 vertieft wurde – brachte eine Fülle für die Anzeigengestaltung nachdenkenswerter Schlußfolgerungen. Der erste Orientierungskontakt bei 1/1 Seiten verläuft kürzer als bei Doppelseiten. Ganz klar, wenn man bedenkt, daß bei Doppelseiten zweimal soviel Fläche und weit mehr Werbeelemente beachtet werden müssen – im Schnitt doppelt so lang.

Und schwarzweiße Anzeigen haben längere

Beachtungszeiten als farbige. Schließen Sie daraus bitte nicht, einfarbige hätten damit automatisch die Nase vorn. So einfach ist es nicht. Farbige Anzeigen sind meist plakativer gestaltet – zeigen das Produkt schneller erfaßbar, nutzen Farben als emotionale Basis, richten häufig einfachere Werbebotschaften an den Leser als die Anzeigen aus der farblosen Fraktion, die oft auf textliche Information abgestimmt sind. Und Er-*Lesen* dauert eben länger als Er-*Fassen*.

Wer schaut länger hin?

Bei den Blickaufzeichnungen ergeben sich Trends der unterschiedlichen Betrachtungsdauer von Anzeigen. Leser im Alter über 50 schauen länger hin als jüngere, Volksschüler länger als Abiturienten, gelegentliche Leser länger als regelmäßige, Werbebefürworter länger als ihre Ablehner.

Eine für die Gestaltung von Anzeigen kaum unterschätzbare immer wiederkehrende Tendenz: auffällige – kreative – Anzeigen werden kürzer beachtet als „unauffällige". Der Leser ist also durchaus zur Weiterorientierung bereit. Der Inhalt, der direkte Nutzen einer Anzeige ist wichtiger als die äußere Aufmachung, die Gestaltung.

Anzeigen, die länger betrachtet werden, schneiden auch bei anschließenden Recall- und Recognition-Tests besser ab. Dabei muß man sich dessen bewußt sein, daß Anzeigen, die erinnert werden, beim Lesen bereits etwas bewirkt haben.

Forschungsergebnisse in der Werbung sind immer interpretierbar. Sie sollen hier weniger zu unumstößlichen Regeln führen als vielmehr tradierte Gestaltungsgesetze sehr in Frage stellen und zu erfolgreichen Empfehlungen beitragen.

Daß die Gestaltung den Bedürfnissen des Lesers so weit wie eben möglich entgegenkommt, ist entscheidend wichtiger als aufgesetzter kreativer Pfiff. Die Rolle des Werbeträgers beschränkt sich darauf, eine definierte Leserschaft mit bestimmten Wünschen und Eigenschaften zu bieten.

Wird eine Anzeige ab einer halben Seite Größe einmal geschaltet, so erreicht sie im Durchschnitt 85% der Leser. Steht sie zwei-, drei- oder viermal hintereinander im gleichen Medium, erhöhen sich die Betrachtungschancen keinesfalls proportional zu den Einschaltkosten. Wer also das gleiche Motiv wiederholt, muß wissen, daß er sich damit der Möglichkeiten begibt, potentielle Kunden immer wieder neu zu fesseln. Auch längere Lesezeit für den redaktionellen Teil einer bestimmten Ausgabe führt nicht proportional zu längeren Betrachtungszeiten auch der Anzeigen. Dort wird bereits beim ersten Kontakt selektiert „Information brauchbar / bedingt brauchbar / unbrauchbar". Letztere Gruppierung wird keines weiteren bewußten Blickes mehr gewürdigt, der mittleren Einstufung gilt nur mäßiges weiteres Interesse.

Dominanz bleibt

Die Blickaufzeichnung gibt auch darüber zuverlässig Auskunft, in welcher Reihenfolge und Intensität die Einzelelemente einer Anzeige betrachtet werden. Das klare Ergebnis: Elemente wie Bild oder Schlagzeile, die bereits beim ersten Hinsehen den Blick anzogen, behalten diese starke Position.

Streitpunkt Plazierung

Die Plazierung auf der linken oder rechten Seite ergibt im Test praktisch gleiche Werte. Unerheblich erweist sich auch, ob das direkte Umfeld der Anzeige nur oder überwiegend Text, nur oder überwiegend Bild ist: Auf Format und Farbe, auf Gestaltung und Text, auf das Produktangebot der Anzeige selbst kommt es entscheidend an.

Dünner oder dicker Heftumfang – besser für die Anzeige? Zwar sind beide beliebte traditionelle Ausreden fürs Nichtinserieren – zu den Zeitpunkten der dünnen Ausgaben im Sommer und Januar sind die Leser auf Reisen und lesen nicht, während sich dicke Hefte nur unter Mühe und Zeitaufwand durchkämmen lassen. Marktforschungsergebnisse aber belegen, daß die Anzeigenbeachtung unabhängig vom Heftumfang praktisch gleich bleibt.

Nach Tradition schreibt man gern eine Plazierung im vorderen Teil des Heftes vor – oder sieht sie zumindest gern dort. Mit der Wirkungsrealität hat diese subjektive Einstellung wenig zu tun. Anzeigen erzielen praktisch gleich gute oder gleich schlechte Wirkungen – unabhängig von der Plazierung vorn, mitten oder hinten im Heft.

Hinsichtlich der optimalen Textfülle für Anzeigen gilt zwar, daß problemlose bekannte Produkte wenig Text brauchen und umgekehrt. Anzeigen mit wenig Text werden in Tests zwar besser erinnert. Aber Vorsicht: Das sagt nichts aus über ihre Absatzwirkung.

Eine GfK-Marktforschungsstudie belegte mit den Mitteln der Blickaufzeichnung, wie Hausfrauen Tageszeitungen lesen und die Anzeigen des Einzelhandels aufnehmen. Dabei lassen sich interessante Blickverläufe verfolgen: in die Anzeige hinein, zurück zur Redaktion, wieder in die gleiche Anzeige oder eine andere. Bestimmte Anzeigen konnten die Blicke deutlich länger bannen als ihr Wettbewerber. Einige Anzeigen von 1/4 Seite wurden nur von 10 % der Betrachterinnen wahrgenommen, während andere im gleichen Format 90 % auf sich zogen. Ab einer halben Seite Größe allerdings wurden Anzeigen einfach deshalb beachtet, weil sie nicht zu übersehen waren.

Wie Sie es auch drehen und wenden: Auf umworbenes Produkt, zielgruppengerechtes Medium, vor allem gekonnte Gestaltung der Anzeige kommt es an – nicht auf Plazierung und Heftumfang.

Lesegewohnheiten und ihr Wandel

In der Bundesrepublik Deutschland gibt es eine in der Welt wohl einmalige Zeitungs- und Zeitschriftenvielfalt. Mag z.B. in den USA Werbung auf das Fernsehen ausgerichtet sein, so sind in Deutschland gedruckte Medien wichtiger. Selbst wenn einerseits bei uns mehr ferngesehen wird, so werden andererseits auch mehr Zeitschriften und Bücher gelesen. Sorgen machen allerdings die Lesegewohnheiten der Jugendlichen: Die tägliche Zeitungslesezeit sank in den letzten zehn Jahren von 27 Minuten auf 13 Minuten; auch wollen sich immer weniger an ein Abonnement binden.

Die Auflagen von Tages- und Wochenzeitungen stagnieren, die Zeitschriften befinden sich auf Expansionskurs. Zahlreiche Neugründungen von Special Interests, Publikums- und Fachblättern bestätigen diese Entwicklung. Seit 1985 wurden ingesamt 1825 neue Titel an den Kiosken präsentiert, bis Ende 1986 waren allerdings auch 756 davon wieder verschwunden.

Publikumszeitschriften erzielten seit 1970 eine Steigerung der verkauften Auflage von 60,3 Millionen auf 103,8 Millionen Exemplare, also um 72 Prozent. Die Zahl der Titel stieg von 237 auf 445.

Wie steht es nun um das leserfreundlich ausgewogene Verhältnis von Redaktions- und Anzeigenvolumen in den Medien? Die Zeitschriftenverleger haben es in einer neutralen Anzeigenstatistik mit 148 Titeln erfaßt. Fast zur Hälfte mit Anzeigen gefüllt ist der Spiegel – genau mit 47,7 Prozent. Der Stern bringt zu 42,3 Prozent Anzeigenseiten. 42 der in dieser Statistik aufgeführten Zeitschriften haben Anzeigenanteile von über 40 Prozent, acht sogar über 50 Prozent.

Mehr über die Medien

Wer Anzeigen gestalten oder ihre Gestaltung beurteilen will, benötigt in erster Linie das Basiswissen um das zu umwerbende Produkt und die wirklichen Wünsche seiner Käufer. Nur so sind erfolgreiche Anzeigen möglich, werden kostspielige Um- und Irrwege falscher kreativer Lösungen ausgeklammert. Neben diesen fundamentalen Kenntnissen muß das Wissen um die richtigen Medien für den Transport der Informationen zum Leser stehen. Gravierende Einschaltfehler sind sonst möglich, und wer sich nicht in der scheinbar unübersichtlichen Flut der Zeitungen und Zeitschriften verirren will, braucht einen kundigen Lotsen, zumindest aber selbst ein Wissensfundament.

Im Anfang schien alles noch ganz einfach. Man geht davon aus, daß in deutschen Landen 1670 die erste Jahresschrift veröffentlicht wurde. In England und Frankreich waren schon fünf Jahre früher die ersten periodischen Schriften wissenschaftlicher Gesellschaften gegründet worden. Die erste Monatsschrift in Deutschland – mit den uns heute geläufigen typischen Merkmalen einer Zeitschrift – erschien 1682 und hieß „acta eruditorum". Etwa 1870 entdeckte man die Fachzeitschriften als Werbeträger, die Karriere der Fachanzeige startete.

Auch heute sind Insertionsmedien dadurch charakterisiert, daß sie periodisch erscheinende Druckerzeugnisse darstellen. Klassische Werbung in Form von Anzeigen, Beilagen und Beiheftern ist möglich. Gedruckte Informationen in diesen Werbemittelformen sind dauerhaft. Der Leser bestimmt selbst den Zeitpunkt der Aufnahme, kann sie wiederholen, paßt die Geschwindigkeit der Informationsaufnahme seinen individuellen Möglichkeiten und Notwendigkeiten an.

Bilden wir erst einmal die vier Hauptgruppen der Insertionsmedien:
1. Zeitungen, die mehr als einmal wöchentlich erscheinen.
2. Zeitschriften, die von wöchentlich bis mehrmals jährlich herausgegeben werden.
3. Anzeigenblätter, die meist wöchentlich erscheinen.
4. Jahrbücher, Adreß- und Fernsprechbücher, Kalender, Fahrpläne – alle mit Erscheinen in größeren Intervallen.

Die Zeitung

Die klassische örtliche Tageszeitung wird im regional begrenzten Gebiet gelesen, im Abonnement verbreitet und behauptet als hochwirksamer Werbeträger, der zudem orts- und zielgruppengenau einzusetzen ist, eine feste Position.

Die Boulevard-Zeitungen wie ‚Bild', ‚Express' oder ‚Abendzeitung' erzielten im Laufe der letzten drei Jahrzehnte einen hohen Anteil am Zeitungsmarkt. Historisch interessierte Leser seien darüber informiert, daß diese Kommunikationsform keine neuzeitliche Erfindung ist, sondern sich bereits Mitte des 19. Jahrhunderts auf den Pariser Boulevards beliebt machte. Der Vertrieb der Boulevardzeitungen geht über den Einzelverkauf. Sie sind ebenfalls als regionale Werbeträger zu nutzen, wobei Anzeigen für Markenartikel und Veranstaltungen im Vordergrund stehen, der Handel sich zurückhält.

Dafür ist er stark vertreten in den Anzeigenblättern, die wöchentlich erscheinen, kostenlos verteilt werden, in der Redaktion regionale Informationen bevorzugen. Sie erfreuen sich bei den Lesern hoher Aufmerksamkeit und Beliebtheit, weil sie vordergründig weder hohe Politik verkaufen wollen noch den Trend der Zeit, sondern Themen aus dem persönlichen Umfeld des Lesers präsentieren. Man kann sich kaum ein ideales Umfeld für Anzeigen des örtlichen Handels, der regionalen Dienstleistungsunternehmen, der privaten Anbieter wie Suchenden vorstellen.

Die überregionalen Tageszeitungen der Bundesrepublik sind schnell aufgelistet: Frankfurter Allgemeine, Welt, Süddeutsche Zeitung. Auch das Handelsblatt rechnet man dazu; es ist auf Wirtschaftsthemen ausgerichtet. Hat man es geschafft, Vertreter dieser vier Blätter auf seiner Pressekonferenz zu sehen, ist sie imagemäßig nach innen erfolgreich gelaufen. Als Werbeträger werden die Überregionalen entsprechend ihrer bundesweiten Verbreitung und gehobenen Leserschaft genutzt von einschlägigen Markenartikelunternehmen, Banken, anderen Dienstleistern. Von entsprechender Bedeutung ist auch der Stellenanteil; derjenige in der Frankfurter Allgemeinen bietet anerkannte Spitzenstellung.

Die Zeit zählt als Wochenzeitung zu den überregionalen meinungsbildenden Zeitungen.

Zwischen klassischen regionalen und überregionalen Zeitungen sind so bedeutende wie auflagenstarke Blätter angesiedelt wie das Hamburger Abendblatt, die Westdeutsche Allgemeine Essen, die Rheinische Post Düsseldorf. Die Aufzählung ließe sich fortsetzen. Es sind jene Presseriesen, die finanzstarke Verlage mit qualifizierter Journalistenmannschaft zum Leben erweckt haben. Es gelang dabei, eine Vielzahl kleinerer regionaler Blätter zu übernehmen, sie nach außen behutsam zu integrieren und ihnen im Laufe der Zeit den Stempel des Großverlages aufzudrücken, ohne den emotionalen regionalen Bezug zu verlieren.

Die starke Leser-Blatt-Bindung prädestiniert diese Zeitungen zum Werbeträger für praktisch jedes Anliegen. Hinzu kommen die Zielgruppen- und Kostenvorteile durch die Möglichkeiten der Belegung vieler regionaler Teilausgaben: der Einzelhändler, der Dienstleister, der nur in einem klar abgegrenzten Gebiet seine Kunden suchen will, kann seine Unterausgabe kostengünstig wählen. Es ist fast überflüssig, darauf hinzuweisen, daß Tageszeitungen für den Stellenanbieter und -sucher unentbehrlich sind: ohne sie drohte dem Arbeitsmarkt der Kollaps.

Die Publikumszeitschrift

Eine zunächst unübersehbare Fülle von Titeln ergibt sich auf dem großen Markt der Zeitschriften: es sind Hunderte. Aber wenn man sortiert, vergleicht, auch dem Laien verständliche Statistiken in die Hand bekommt und liest, lichtet sich der scheinbar undurchdringliche Nebel schnell.

Zunächst: Es ist viel Bewegung im Zeitschriftenmarkt, ständig entstehen neue Blätter und verschwinden oft wieder. Traditionelle Titel erleben plötzliche Blütezeiten und fallen dann wieder zurück. Auflagenstarke Medien müssen auf einmal deutlichen Leserschwund verzeichnen. Spezialobjekte mit abgegrenzter Leserschaft erreichen in relativ kurzer Zeit absolut unerwartet hohe Käuferzahlen – wie Peter Moosleitners interessantes Magazin, das einen bunten Strauß wissenschaftlicher Themen so populär wie aktuell aufbereitet und damit so manches Schulbuch oder Halbintellektuellenmedium in den Schatten stellt.

Man kann das weite Feld der Zeitschriften in drei Hauptgruppen einteilen:
1. Publikums-Zeitschriften
2. Fachzeitschriften,
3. Special-Interest-Zeitschriften, die zwischen den beiden Erstgenannten liegen und sich fortlaufender Beliebtheit erfreuen.

Jede Zeitschrift zielt auf ihr Marktsegment, und je größer es sein soll, desto allgemeiner interessierend müssen die redaktionellen Themen natürlich gehalten werden.

Als führend unter den meinungsbildenden Magazinen werden Spiegel und Stern gehandelt. Schaut man sich die Mediadaten an, sind sie es auch. Die Insertion im Spiegel ist sicherlich zwingend, will man so sinnvoll wie kostengünstig gehobene Zielgruppen ansprechen und überzeugen. Der Stern hält seit Jahrzehnten seine unangefochtene Position, wiewohl auch beeinflußt von Auflagenschwankungen, die deutlich von redaktionellen Einflüssen abhängen. Der Stern gilt als Pflichtblatt für den Kreativitätsnachweis der Anzeigengestalter. Alle anderen professionellen Zeitungs- und Zeitschriftenmacher mögen es verzeihen: die doppelseitige angeschnittene Farbanzeige im Stern ist eben der aktuelle kreative Maßstab aller Werbedinge.

Ein hochinteressantes Objekt unter den Zeitschriften ist die Bunte. Verfolgt man ihre Entwicklung über die Jahrzehnte, erlebt man ein erfreuliches Dokument der Wandlungsfähigkeit eines Mediums jenseits von vordergründigem Intellekt oder halbstarker Ideologie, beide beliebt als journalistische Rezepte zur Darstellung der Verderbnis dieser Erde.

Läßt man das übliche kurzfristige Auf und Ab von Auflagen – oft genug unberechtigt als Basis für oder gegen Insertion ins Feld geführt – sinnvollerweise außer acht, ist gerade die Bunte der Beweis dafür, daß mit einer in Werbekreisen nicht immer im Vordergrund stehenden Zielgruppe – kaufkräftige Leserinnen und Leser in den besten Jahren mit gängigen Ansichten – sehr gut zu rechnen ist.

Programmzeitschriften, Frauenzeitschriften, Jugendzeitschriften, Männermagazine – welche anderen Medien können denn diese Werbekraft und Transparenz bieten? Schließlich sind die Leser jedes nennenswerten Blattes in Analysen durchleuchtet vom Inhalt ihrer Geldbörse bis zu dem ihrer Kühltruhe, vom Besitz einer Kamera oder Liegewiese bis hin zu Frühstücksvorlieben, Wünschen nach Wohnraumgestaltung oder Urlaubsträumen.

Da nun mal Liebe oder Geld die heutigen Urquellen menschlichen Tuns sind, spielt dies auch hinter den Medienkulissen die entscheidende Rolle. Wobei wir die erstgenannte Quelle hier beiseite lassen können – man ist dort nicht immer freundlich zueinander. Also wenden wir uns getrost der zweiten zu. Verlage versuchen laufend, einander auszustechen. Das ist erstens menschlich, entspricht zweitens voll dem Geist unseres bewährten Wettbewerbs-Wirtschaftssystems.

Auftraggeber von Anzeigen sollten das wissen und stets beherzigen. „Wer redet, hat recht" – das gilt vordergründig auch hier. Verlagsrepräsentanten verkaufen ihren bestehenden oder potentiellen Kunden ihr Medium natürlich immer als das beste. Das ist so verständlich wie vordergründig. Denn gute Repräsentanten brauchen das nicht. Sie besorgen sich Informationen über den Kunden vor dem Besuch, um so seine Interessen beim Gespräch in den Vordergrund stellen zu können – nicht die eigenen. Hier haben Sie das Kriterium dafür, mit wem Sie sinnvollerweise sprechen sollten – und mit wem nicht. Mit vielen Verlagsrepräsentanten entwickeln Auftraggeber im Laufe der Jahre respektvolle freundschaftliche Geschäftsbeziehungen, die beiden Seiten nutzen.

Die Fachzeitschrift

Wenden wir uns dem riesigen Gebiet der Fachzeitschriften zu. Die Zeiten der reinen Veröffentlichung gesammelter Fachaufsätze ist längst vorbei – höchstens dokumentierenden Veröffentlichungen von Institutionen vorbehalten. Im Laufe der letzten Jahre haben viele Fachmedien Wege gesucht und gefunden, um Fachwissen, lesefreundlich aufbereitet, zu präsentieren. Die Blätter sind eindeutig strukturiert, klar und übersichtlich gegliedert, die Aufsätze werden kürzer gefaßt, Kurzmeldungen nach Themenbereichen zusammengestellt. Erheblich größere Sorgfalt wird auf die Bildinformation gelegt: die Fotos inhaltsreicher, größer und farbig, die technischen Darstellungen verständlich grafisch umgesetzt. Die gesamte Gestaltung vieler Fachzeitschriften wurde freundlich, zielgruppengerecht, zeitgemäß – und damit um Längen besser als fast alle Anzeigen, für die sie als Werbeträger dienen.

Blättern Sie Industrie-Anzeiger, Maschinenmarkt oder Scope-Journal durch – um nur drei Beispiele zu nennen – und betrachten Sie den redaktionellen Teil dieser Medien als Vorbild für Ihre Anzeigengestaltung.

Viele Jahrzehnte lang galt die Regel, Fachanzeigen müßten ihre Leser als Fachleute ansprechen – nicht als Menschen. Vergessen Sie das, und tun Sie das Gegenteil. Versuchen Sie es wenigstens.

Ob Sie mit Anzeigen Maschinen verkaufen wollen, Zubehörteile, Software oder Berufskleidung: für den Leser, den Sie zu erreichen suchen, ist das Thema wichtiger Teil seines persönlichen menschlichen Seins. Warum sollten Sie ihn dann als gefühlsarmen Berufsscheuklappenträger ansprechen?

Jede Fachzeitschrift, die Sie durchblättern, hat ein kreatives Anzeigengefälle. Da gibt es die simple Einfalt Marke „Qualität, die für sich spricht", wie die schon bessere Leistungsangabe „3000 Umdrehungen in sieben Sekunden", die geläufige Pyramide mit dem Motto „Unsere Leistung steht ganz oben", wie die Einstimmer „Alles für den Umweltschutz".

Gerade das weite Feld der Fachzeitschriften ist noch in weiten Arealen ungenutzt von den Unternehmen. Weitaus mehr als bei den Publikumsillustrierten sind Fachzeitschriftenredakteure auf Zusammenarbeit mit den Fachleuten der Industrie bedacht, um aktuell und das Leserinteresse treffend berichten zu können. Laufend finden Pressekonferenzen, Firmenbesichtigungen, Tage der offenen Tür, Messebeteiligungen, schriftliche wie mündliche Informationen statt, um diesem Ziel möglichst nahezukommen.

Dabei ist hier keinesfalls die Rede von der Erschleichung kostenloser redaktioneller Berichterstattung, um vermeintlich Geld für Anzeigen sparen zu können. Ganz im Gegenteil: erst *Redaktion und Anzeige zusammen sind zeitgemäße Kommunikation.* Man kann beides nicht voneinander trennen. Als Doppel sind sie unschlagbar in ihrer Wirkung. Nochmals: sehen Sie Anzeigen und Presseartikel nicht als getrennte Gebiete, denn sie gehören eng zusammen. Das eine ohne das andere ist nicht einmal die halbe Strecke. Und sehen Sie auch

nichts Ehrenrühriges darin, beides miteinander zu verbinden. Im Gegenteil, jeder Fachjournalist ist aufgeschlossen für sinnvolle Informationen über Unternehmen, ihre Leistungen, ihre Fortschritte. Er lebt davon, Neues aufzubereiten, den Lesern fachgerecht zu bieten. Und unerläßliche Informationsquellen sind nun einmal die Unternehmen seiner Branche. Meist hat der Journalist Mühe, die Fakten zu erhalten, weil Firmen zögern, etwas über sich auszusagen.

Der vorgeschobene Grund: die Konkurrenz soll nichts davon wissen. Der tatsächliche: Unwissen um die Zusammenarbeit mit Journalisten, Scheu vor dem gedruckten Wort, Angst vor der Auseinandersetzung, fehlende Risikobereitschaft. Dabei wissen Insider, daß die Chancen riesig sind, der Nutzen für Journalisten wie Informationsgeber groß ist. Ganz Erfahrene leben mit dem Curd-Jürgens-Motto „Hauptsache, der Name ist richtig geschrieben", und sie leben nicht schlecht dabei. Tatsache: *für die Öffentlichkeit ist nur das wirklich, was veröffentlicht ist.*

Dieser kurze Ausflug in den Fachjournalismus darf in einem Buch einfach nicht fehlen, in dem von erfolgreichen Fachanzeigen die Rede ist. Und Fachzeitschriften leben nicht von ihren Abonnenten, sondern von den Anzeigen. Das zeigt sich stets deutlich, wenn eine Fachzeitschrift als eigenes Projekt auch kostenmäßig ehrlich erfaßt wird und nicht aus Verlegerliebe oder Verbandszuschüssen finanziert wird.

Special Interest

Die Mediaanalysen registrieren einen steigenden Anteil von Special-Interest-Zeitschriften. Es sind Medien, die sich an die breite Bevölkerung richten, jedoch mit spezieller Thematik: Bauen und Wohnen („Wohnidee"), Autobegeisterung („Auto-Bild"), oder Reisen oder Fotografie-Leidenschaft, oder Segeln und Surfen – die Aufzählung ließe sich noch lange fortführen. Es gibt einen Arbeitskreis Special Interest (ASI), dessen 56 Titel aus 13 Verlagen eine verbreitete Auflage von über 4,4 Millionen Exemplaren erreichen.

Natürlich bieten diese Medien eine große Chance zur erfolgreichen Anzeigenwerbung, will man diesen speziellen Zielgruppen auch etwas Spezielles bieten. Denn die Leser haben aktives Interesse an einschlägigen Angeboten und Informationen; sie nutzen ihr Medium intensiv, und das führt zu außerordentlichen Kontaktchancen; sie haben eine emotionale Bindung ans Medium, und sind damit aufgeschlossen für die darin übermittelten Botschaften.

Meinungsstudien machten sichtbar, daß diese spezielle Leserschaft aber keinesfalls einseitig interessiert ist, sondern im Gegenteil überdurchschnittlich vielseitige Interessenstrukturen aufweist. Das führt zu einer höheren Nutzung von Anzeigeninhalten hier unabhängig von ihrem Umfeld.

Nun haben Special-Interest-Zeitschriften natürlich eine meinungsbildende Funktion in ihrem jeweiligen Themenbereich. Und ihre Leser zählen zu den Meinungsbildnern im entsprechenden Marktsegment. Respekt und Sympathie betreffend Fachkompetenz der SI-Nutzer strahlen naturgemäß auch auf weitere Produktfelder aus.

Selbstverständlich nutzen Special-Interest-Leser auch die General-Interest-Medien, die Publikumszeitschriften, sind also kommunikationsaktive Personen und haben überdurchschnittlich viele Kontakte mit Werbung.

Boomt ein Markt wie der Computerbereich und sind riesige Wissensdefizite zu füllen, kann eine gutgemachte Special-Interest-Zeitschrift zum großen Erfolg führen. Das geschah z. B. mit „Chip" aus dem Vogel Verlag Würzburg. Das Medium hat 165 000 verkaufte Exemplare und gibt zusätzlich laufend Sonderausgaben heraus. Berichtet wird über das Interessensgebiet Mikrocomputer in seinen technischen, gesellschaftlichen und wirtschaftlichen Bezügen. Das Blatt ist inzwischen eine Institution, eine Weltanschauung und fundierte Basis für weitere Verlagsaktivitäten. Welcher einschlägige Anzeigenauftraggeber könnte – oder wollte – es umgehen?

Faszination Stadtillustrierte

Aktuell im Printmedien-Trend: der Stadtmagazin-Markt. Seit den frühen siebziger Jahren gibt es die lokalen Illustrierten schon, die zunächst alternativ-ökologisch festgeschrieben waren. Doch da nur Mäuse locken kann, wer Käse und Speck bereithält, wurden die Magazine durch Farbe und Glanz ansehnlicher, durch Konsumtips und mehr Regionalinformationen inhaltsreicher. Inzwischen haben Großverlage diesen Markt in die Hand genommen und weitgehend besetzt. Media-Fakten-Aktuell, ein Service von ad eins, Die Stadtillustrierten, Verlag Gruner + Jahr AG & Co., nennt mit Stand November 1989 insgesamt 98 Einzeltitel in 49 Städten. Mittelpunkt des redaktionellen Angebotes ist der regionale Veranstaltungskalender, ein Teil über Kultur und die willkommene Rubrik Lebenshilfe, gezielt für Leute zwischen 18 und 35.

Die Gesamtauflage der Stadtillustrierten dürfte bei über 2,5 Millionen Exemplaren liegen; das bieten ‚Stern' und ‚Spiegel' zusammen. Der Markt ist wachstumsverdächtig. Schließlich liegen junge Menschen in der Großstadt voll in der Linie der Zielgruppe, die Konsumgüteranbieter werblich für sich gewinnen wollen.

Themen-Produktnähe der Zeitschriften

Im Rahmen der „Funktionsanalyse '88 – Inhalte und Funktionen von Zeitschriften" hat 1988 die Jahreszeiten-Verlag GmbH Hamburg die Inhalte 90 führender Medien durchleuchten lassen. Die ermittelten Themenbereiche ergeben die unterschiedlichen redaktionellen Umfelder einer zielgruppengerechten Anzeigenplanung (Seiten 318/319).

In einer zweiten Statistik abgegrenzt wurden einerseits die redaktionellen Bereiche Beratung und Sachinformation, andererseits Unterhaltung und Zeitgeschehen. Ablesen läßt sich hier unter anderem der zielgruppengenaue kreative Ansatz für die Anzeigengestaltung, der für den erstgenannten Bereich im Rationellen, für den zweiten im Emotionalen liegen könnte – soweit man bereit ist, bei der Gestaltung von der Zielgruppe, ihren bewiesenen Bedürfnissen und ihren Medien auszugehen (Seiten 320/321).

Themen-Produkt-Nähe der Zeitschriften

Zusammensetzung einer durchschnittlichen Ausgabe in Prozent	Mode zum Kaufen A TPN	Mode zum Selbermachen B TPN	Kosmetik und Frisuren C TPN	Ernährung, Kochen und Rezepte D TPN	Gastlichkeit und Getränke E TPN	Wohnung, Haus und Garten F TPN	Selbermachen G TPN	Kinder, Entwicklung, Erziehung H TPN	Gesundheit, Medizin, Fitness I TPN	Partnerschaft und sexuelle Aufklärung J TPN	Urlaub und Reisen K TPN	Rat und Recht, Beruf, Geld L TPN	Hobby M TPN	Auto, Motorrad N TPN	Politik und Wirtschaft O TPN	Wissenschaft, Natur, Kunst Kultur P TPN	Sensationelle Unterhaltung Q TPN
Für Sie																	
Petra																	
Brigitte																	
Freundin																	
Journal für die Frau																	
Bild der Frau																	
Tina																	
Bella																	
Vital																	
Goldene Gesundheit																	
Cosmopolitan																	
Frau aktuell																	
Essen & Trinken																	
Meine Familie & ich																	
Feinschmecker																	
Carina																	
Maxi																	
Prima																	
Ratgeber																	
Neue Mode																	
Burda Moden																	
Ingrid																	
Katrin/Welt der Frau																	
Gabi *																	
Eltern																	
Leben + Erziehen																	
Spielen + Lernen																	
Frau im Leben																	
7 Tage																	
Das Goldene Blatt																	
Echo der Frau																	
Das Neue Blatt																	
Frau mit Herz																	
Freizeit Revue																	
Frau im Spiegel																	
Neue Welt																	
Neue Post																	
Die Aktuelle																	
Das Neue																	
Wohnidee																	
Selbst ist der Mann																	
Selber machen																	
Zuhause																	
Schöner Wohnen																	
Mein Schöner Garten																	
Das Haus																	
Architektur & Wohnen																	
Ambiente																	

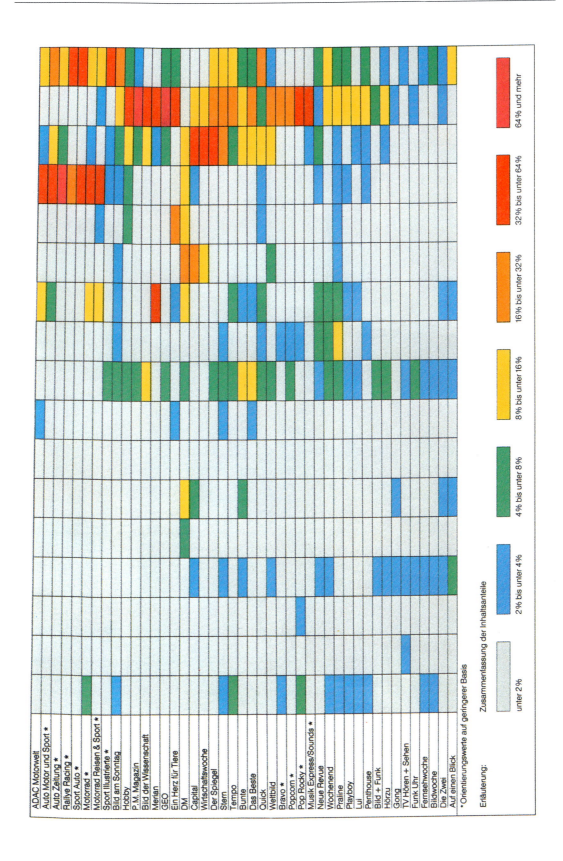

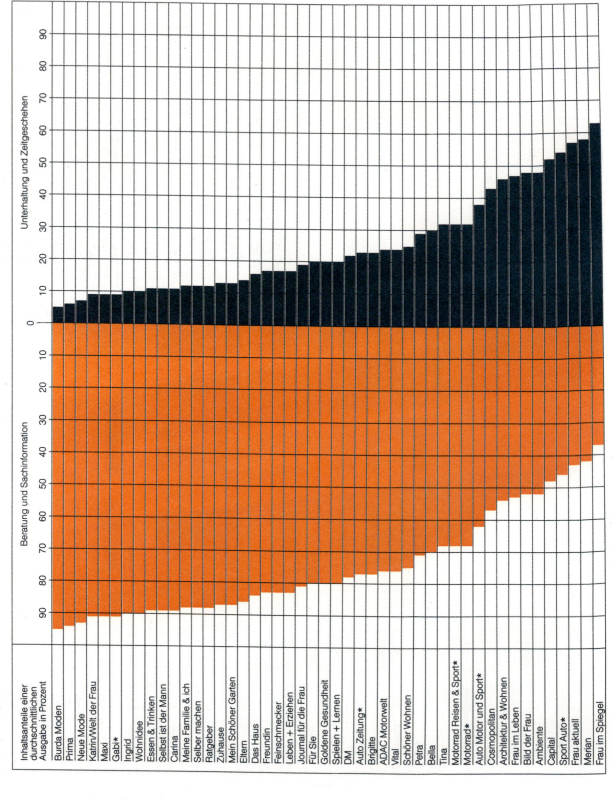

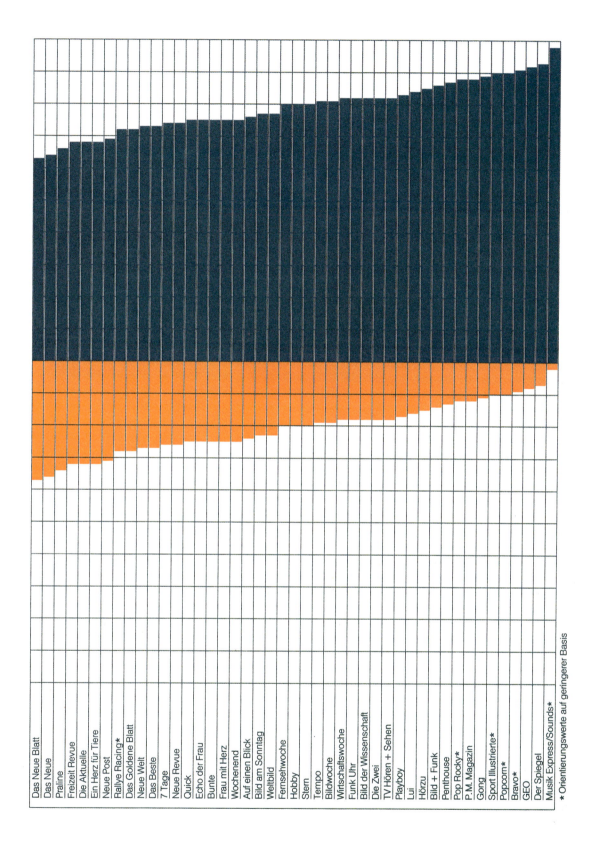

Printmedien in Europa

Eine europaweite Zusammenstellung des Verlages Gruner + Jahr AG & Co. Hamburg vom März 1988 ergab die folgende vergleichende Übersicht für die Printmedien:

Bundesrepublik Deutschland
- ca. 2 500 Publikumszeitschriften
  - Zeitschriften mit kontrollierter Auflage: 411
  - kontrollierte verkaufte Auflage: 102 Mio Exemplare
  - Angebot größer als Nachfrage
  - Anteil an den Werbeaufwendungen: 20 %
- 437 Zeitungen mit kontrollierter Auflage
  - 18 nationale
  - 419 regionale
  - Nachfrage geringer als Angebot
  - Anteil an den Werbeaufwendungen: 49 %
- 2 800 Fachzeitschriften
  - Anteil an den Werbeaufwendungen: 11 %
- Anteil Print gesamt an den Werbeaufwendungen: 80 %

Österreich
- 150 Publikumszeitschriften
  - starker Overflow deutscher Zeitschriften
  - Zeitschriften mit kontrollierter Auflage: 50
  - kontrollierte Druckauflage: 4,9 Mio Exemplare
- 110 Zeitungen
  - die meisten davon Regionalzeitungen
  - Anteil an den Werbeaufwendungen: 33 %
- 350 Fachzeitschriften
- unbegrenzter Anzeigenraum
- Anteil Print gesamt an den Werbeaufwendungen: 52 %

Belgien
- 131 Publikumszeitschriften
  - in flämischen/französischen Sprachfassungen
  - starker Overspill von Zeitschriften aus F und NL
  - Zeitschriften mit kontrollierter Auflage: 33
- ß 98 Zeitungen
  - national und regional
  - Anteil an den Werbeaufwendungen: 32 %
- 1 310 Fachzeitschriften
  - Anteil an den Werbeaufwendungen: 5 %

– kontrollierte verkaufte Auflage: 5,4 Mio Exemplare – Anteil an den Werbeaufwendungen: 30 %	☐ Angebot größer als Nachfrage ☐ Anteil Print gesamt an den Werbeaufwendungen: 67 %
Luxemburg ☐ Zwei wichtige Publikumszeitschriften für Luxemburg ☐ Starker Overflow aus Deutschland, Frankreich, Belgien	☐ Sechs Zeitungen für Luxemburg ☐ Nachfrage geringer als Angebot
Dänemark ☐ 35 Publikumszeitschriften – Zeitschriften mit kontrollierter Auflage: 32 – kontrollierte verkaufte Auflage: 3,1 Mio Exemplare ☐ 48 regionale Zeitungen	☐ Zeitschriften/Zeitungen bedeutendstes Medium ☐ ca. 600 Fachtitel ☐ Nachfrage generell geringer als Angebot ☐ Anteil Print gesamt an den Werbeaufwendungen: 96 %
Finnland ☐ 58 Publikumszeitschriften – Zeitschriften mit kontrollierter Auflage: 58 – kontrollierte verkaufte Auflage: 8,7 Mio Exemplare – Angebot und Nachfrage gleich ☐ 192 Zeitungen – vorwiegend regional – Anteil an den Werbeaufwendungen: 78 % – Angebot größer als Nachfrage – Zeitungen mit kontrollierter Auflage: 94	☐ 183 Fachzeitschriften ☐ Anteil Print gesamt an den Werbeaufwendungen: 88 %
Frankreich ☐ 900 Publikumszeitschriften – Zeitschriften mit kontrollierter Auflage: 220 – kontrollierte verkaufte Auflage: 55,3 Mio Exemplare – Angebot größer als Nachfrage – Anteil Zeitschriften an den Werbeaufwendungen: 20 %	☐ 125 Zeitungen – 93 regionale – 32 nationale – Nachfrage und Angebot gleich (national) – Nachfrage kleiner als Angebot (regional) – Anteil Zeitungen an den Werbeaufwendungen: 20 % ☐ 12 000 Fachtitel – Anteil Fachtitel an den Werbeaufwendungen: 18 % ☐ Anteil Print gesamt an den Werbeaufwendungen: 58 %

Griechenland
- ca. 50 Publikumszeitschriften
  - Zeitschriften mit kontrollierter Auflage: keine
  - Nachfrage kleiner als Angebot
  - Anteil an den Werbeaufwendungen: 26 %
- 210 Zeitungen
  - 30 nationale
  - 180 regionale
  - Nachfrage kleiner als Angebot
  - Anteil an den Werbeaufwendungen: 15 %
- Anteil Print gesamt an den Werbeaufwendungen: 41 %
- Fachzeitschriften
  - keine zuverlässigen Informationen vorhanden

Irland
- 60 Publikumszeitschriften
  - Zeitschriften mit kontrollierter Auflage: 12
  - kontrollierte verkaufte Auflage: 410 000 Exemplare
  - Nachfrage kleiner als Angebot
- Fachzeitschriften
  - 114 Titel
- Anteil Publikums-/Fachzeitschriften an den Werbeaufwendungen: 8 %
- 36 Zeitungen mit kontrollierter Auflage
  - 9 nationale
  - 27 regionale
  - Nachfrage kleiner als Angebot
  - Anteil an den Werbeaufwendungen: 31 %
- Anteil Print gesamt an den Werbeaufwendungen: 39 %

Italien
- 250 Publikumszeitschriften
  - Zeitschriften mit kontrollierter Auflage: 110
  - In Spitzenmonaten Nachfrage größer als Angebot
  - Anteil an den Werbeaufwendungen: 20 % (teilweise mit Fachzeitschriften)
- 83 Zeitungen
  - 8 große regionale
  - 59 kleinere regionale
  - Nachfrage und Angebot gleich
  - Anteil an den Werbeaufwendungen: 32 %
- Fachzeitschriften
  - 1 450 Titel
  - Anteil an den Werbeaufwendungen: Siehe Publikumszeitschriften
- Anteil Print gesamt an den Werbeaufwendungen: 42 %

Niederlande
- 96 Publikumszeitschriften
  - Zeitschriften mit kontrollierter Auflage: 86
  - Angebot und Nachfrage gleich
  - Anteil an den Werbeaufwendungen: 15 %
- ca. 1 500 Fachzeitschriften

- ☐ 54 Zeitungen (kontrolliert)
  - 8 nationale
  - 46 regionale
  - Angebot und Nachfrage gleich
  - Anteil an den Werbeaufwendungen: 48 %

Norwegen
- ☐ 47 Publikumszeitschriften
  - Zeitschriften mit kontrollierter Auflage: 30
  - kontrollierte verkaufte Auflage: 3,9 Mio Exemplare
  - Nachfrage kleiner als Angebot
  - Anteil an den Werbeaufwendungen: 13 %
- ☐ 159 Zeitungen (kontrolliert)
  - 8 nationale
  - 151 regionale
  - Nachfrage kleiner als Angebot
  - Anteil an den Werbeaufwendungen: 75 %
- ☐ Fachzeitschriften
  - 240 Titel
  - Anteil an den Werbeaufwendungen: 9 %
- ☐ Anteil Print gesamt an den Werbeaufwendungen: 97 %

Portugal
- ☐ 200 Publikumszeitschriften
  - erhebliches Overflow von ausländischen Zeitschriften (aus Frankreich, Deutschland, Spanien)
  - Zeitschriften mit kontrollierter Auflage: noch nicht veröffentlicht
  - Nachfrage geringer als Angebot
- ☐ ca. 297 Zeitungen
  - 38 nationale
  - 259 regionale
  - Nachfrage kleiner als Angebot
  - Anteil an den Werbeaufwendungen: 19 %
- ☐ ca. 100 Fachzeitschriften

Spanien
- ☐ 900 Publikumszeitschriften
  - 200 mit Auflagen über 10 000 Exemplare
  - Zeitschriften mit kontrollierter Auflage: 90
  - kontrolliert verkaufte Auflage: 8,5 Mio Exemplare
  - Nachfrage kleiner als Angebot
  - Anteil an den Werbeaufwendungen: 12 %
- ☐ 123 Zeitungen
  - 1 national
  - 122 regional
  - Angebot größer als Nachfrage
  - Anteil an den Werbeaufwendungen: 20 %
- ☐ 1 100 Fachzeitschriften
- ☐ Anteil Print gesamt an den Werbeaufwendungen: 32 %

Schweden
- ☐ 150 Publikumszeitschriften
  - Zeitschriften mit kontrollierter Auflage: 120
  - kontrollierte verkaufte Auflage: 14 Mio
- ☐ 181 Zeitungen
  - 5 nationale
  - 176 regionale
  - Angebot größer als Nachfrage

Exemplare
- Angebot größer als Nachfrage
- Anteil an den Werbeaufwendungen: 13 %
- Anteil an den Werbeaufwendungen: 75 %
- □ 400 Fachzeitschriften

Schweiz
- □ 56 Publikumszeitschriften
  - einschließlich Overflow-Zeitschriften mit Werbemöglichkeiten für die Schweiz
  - Zeitschriften mit kontrollierter Auflage: 30
  - kontrollierte verbreitete Auflage: 5,84 Mio Exemplare
  - Angebot und Nachfrage gleich
  - Anteil an den Werbeaufwendungen: 10 %
- □ 271 Zeitungen
  - 11 nationale (nach Sprachgebieten)
  - 260 regionale/lokale
  - Nachfrage geringer als Angebot
  - Anteil an den Werbeaufwendungen: 61 %
- □ 941 Fachzeitschriften

Großbritannien
- □ 1 150 Publikumszeitschriften
  - Zeitschriften mit kontrollierter Auflage: 305
  - kontrollierte verkaufte Auflage: 55 Mio. Exemplare
  - Angebot größer als Nachfrage
  - Anteil an den Werbeaufwendungen: 6 %
- □ ca. 1 600 Zeitungen
  - Zeitungen mit kontrollierter Auflage: 600
  - 20 nationale
  - ca. 1 600 regionale
  - Nachfrage kleiner als Angebot
  - Anteil an den Werbeaufwendungen: 44 %
- □ 2 500 Fachzeitschriften
  - Anteil an den Werbeaufwendungen: 9 %

Die Medien-Werbewelt

Es gibt eine Fülle von Mediabegriffen, die naturgemäß in erster Linie den Mediaspezialisten geläufig sind. Damit verständigen sie sich fachlich und legen den Kunden bei Präsentationen die Millionen von Kontaktchancen für seine Anzeigen vor, folgt er nur dem sorgsam erarbeiteten Plan. Es ist ein jahrzehntealtes geübtes Ritual: die Mediaplaner tragen sachlich ihre Zahlen vor, die Kunden nicken verständnisvoll, lassen dann die Medien streichen, die irgendwann mal einen mißliebigen Artikel gedruckt haben, lassen dafür die Medien einsetzen, die bei ihnen zu Hause gelesen werden. Der Planungskern bleibt weitgehend erhalten, im Grunde gleicht sich alles irgendwie wieder aus.

Einige Media-Grundbegriffe sollte man kennen, um mitreden und mitentscheiden zu können:

AG.MA
Arbeitsgemeinschaft Media-Analyse

IVW
Informationsgemeinschaft zur Feststellung der Verbreitung von Werbeträgern (stellt Auflagenhöhen fest)

MA
Media-Analysen

Nielsen-Gebiete:
Aufteilung der Bundesrepublik Deutschland in sechs Regionen zwecks Steuerung, Promotion und Kontrolle werbender und verkaufender Aktivitäten

N I	Schleswig-Holstein, Hamburg, Niedersachsen, Bremen
N II	Nordrhein-Westfalen
N III a	Hessen, Rheinland-Pfalz, Saar
N III b	Baden-Württemberg
N IV	Bayern
N V	Berlin West

Reichweite:
Anteil der Gesamtbevölkerung oder einer vorgegebenen Zielgruppe in Prozenten und/oder Millionen Personen, der von einem bestimmten Werbeträger erreicht wird.

Tausenderpreis:
Relation von Auflagenhöhe und Anzeigenpreis

Tausend-Leser-Preis:
Preis für 1/1-seitige Insertion bei 1000 Lesern

Nachdem nun diese Grundbegriffe geklärt sind, lassen Sie uns an drei Beispielen weiter in die Medienwelt eindringen, um hier sattelfester zu werden und die Entscheidungen für eigene Anzeigenplazierungen sicherer treffen zu können.

Beispiel 1 vergleicht die Zielgruppenleistungen der drei bundesdeutschen überregionalen, meinungsbildenden Abonnentenzeitungen Frankfurter Allgemeine Zeitung, Süddeutsche Zeitung und Die Welt. Gegenübergestellt werden Alter, Bildung, Berufe, Haushaltsnettoeinkommen, Einwohner von Großstädten und Nielsen-Ballungsräume.

Beispiel 2 aus der MA 89 vergleicht Prozentzahlen und Lesermillionen der Jahre 1988 und 1989 von 138 Printmedien und elektronischer Medienbranche für die Zielgruppen Gesamt, Männer und Frauen.

Die Tabellen sind entnommen aus medien aktuell Nr. 10/24. 7. 89 und wurden mit Unterstützung der Marktforschung der Axel Springer Verlag AG erstellt.

Beispiel 3 nennt die Zahlen der gedruckten und verkauften Auflagen von 129 Printmedien im III. Quartal 1989, zeigt die Differenzen zum vorhergehenden Quartal sowie zum entsprechenden Quartal des Vorjahres absolut und in Prozenten. Quelle ist die IVW Informationsgemeinschaft zur Feststellung der Verbreitung von Werbeträgern, entnommen aus medien aktuell Nr. 22 vom 16. 10. 89.

Beispiel 1: Media-Analyse 1989 / MA 89 Zielgruppen – Leistungen der drei vergleichbaren überregionalen, meinungsbildenden Abonnementzeitungen			
Zielgruppen	**FAZ**	**SZ**	**DIE WELT**
Bevölkerung (48 820 000)	900 000	1 100 000	690 000
Männer (22 930 000)	550 000	630 000	430 000
Frauen (25 890 000)	350 000	470 000	260 000
Altersgruppen			
14–19 Jahre	50 000	60 000	30 000
20–29 Jahre	200 000	250 000	140 000
30–39 Jahre	150 000	240 000	110 000
40–49 Jahre	210 000	250 000	160 000
50–59 Jahre	150 000	140 000	110 000
60 Jahre u. älter	150 000	190 000	170 000
Bildung			
weiterführende Schule, Abitur, Hochschulreife, Studium (19 890 000)	720 000	830 000	560 000
Abitur, Hochschulreife, Studium (7 030 000)	460 000	470 000	350 000
Berufe (ausgeübt)			
berufstätig (23 590 000)	520 000	650 000	380 000
Inhaber, Leiter v. Unternehmen, Freie Berufe (370 000)	20 000	50 000	30 000
Inhaber, Leiter v. Unternehmen, Freie Berufe, Selbständige (2 400 000)	70 000	150 000	80 000
Inhaber, Leiter v. Unternehmen, Freie Berufe, Selbständige, leitende Angestellte			

und Beamte (3 880 000)	200 000	260 000	170 000
30–39 Jahre (1 370 000)	60 000	100 000	60 000
40–49 Jahre (2 570 000)	120 000	190 000	110 000
Inhaber, Leiter v. Unternehmen, Freie Berufe, Selbständige, qualifizierte und leitende Angestellte und Beamte in gehobenem und höherem Dienst (8 440 000)	370 000	450 000	290 000
bis 39 Jahre (3 890 000)	150 000	210 000	120 000
bis 49 Jahre (6 280 000)	260 000	350 000	200 000
Haushaltsnettoeinkommen monatlich DM 3000,– und mehr (23 700 000)	690 000	780 000	500 000
monatlich DM 4000,– und mehr (12 290 000)	450 000	510 000	360 000
Großstädte 500 000 Einwohner und mehr (Boustedt) (21 030 000)	470 000	640 000	330 000
Die 10 Nielsen Ballungsräume (20 310 000)	410 000	660 000	340 000
Norden/Nielsen I + V (11 380 000)	160 000	90 000	330 000
Mitte/Nielsen II + IIIa (21 380 000)	530 000	120 000	230 000
Süden/Nielsen IIIb + IV (16 070 000)	210 000	900 000	130 000

Beispiel 2: MA 89
Reichweite Leser pro Ausgabe — **Gesamt**

Titel	MA 89 %	MA 89 Mio	MA 88 %	MA 88 Mio	Index (%-Basis)
Gesamt	100,0	48,82	100,0	48,69	100
Bunte	10,4	5,07	10,2	4,99	101
Neue Revue	7,3	3,56	6,9	3,37	105
Quick	7,5	3,65	7,1	3,43	106
Stern	15,9	7,74	15,6	7,59	102
Weltbild	1,3	0,65	1,5	0,73	89
Bild am Sonntag	19,5	9,53	19,9	9,67	98
Bild + Funk	4,8	2,36	5,0	2,45	96
Fernsehwoche	11,2	5,45	11,0	5,38	101

Funk Uhr	9,2	4,49	9,3	4,55	98
Gong	6,6	3,22	6,6	3,22	100
Hörzu	20,3	9,90	20,4	9,95	99
TV Hören u. Sehen	13,2	6,47	13,7	6,65	97
Auf einen Blick	7,7	3,75	7,6	3,70	101
Bildwoche	3,3	1,63	3,5	1,70	96
Die Zwei	2,8	1,39	2,9	1,42	97
Die Aktuelle	4,4	2,16	4,3	2,08	104
Bella	3,0	1,47	3,0	1,44	102
Bild der Frau	7,4	3,62	7,7	3,76	96
Echo der Frau	1,6	0,79	1,8	0,89	89
Frau aktuell	1,7	0,84	1,7	0,84	100
Frau im Spiegel	4,6	2,23	4,5	2,21	101
Frau mit Herz	1,5	0,72	1,4	0,69	104
Freizeit Revue	6,3	3,09	5,9	2,87	108
Das Gold. Blatt	3,8	1,84	3,8	1,86	98
Das Neue	1,4	0,70	1,4	0,70	99
Das Neue Blatt	5,2	2,55	5,1	2,46	103
Neue Post	6,4	3,14	6,3	3,05	102
Neue Welt	2,3	1,11	2,0	0,98	113
Praline	4,4	2,15	4,2	2,04	105
Tina	7,5	3,65	7,0	3,41	107
Wochenend	3,1	1,53	3,0	1,47	104
7 Tage	1,5	0,73	1,5	0,72	102
Brigitte	8,2	3,99	8,5	4,15	96
Freundin	5,7	2,79	5,5	2,67	104
Für Sie	5,3	2,60	5,7	2,78	93
Journal für die Frau	2,6	1,27	2,5	1,19	106
Meine Geschichte	1,1	0,53	1,1	0,52	101
Romanwoche	1,1	0,54	1,0	0,49	110
Burda Moden	4,4	2,15	4,8	2,36	91
Carina	1,6	0,78	1,9	0,92	85
Cosmopolitan	1,7	0,84	1,6	0,78	107
Eltern	4,0	1,95	3,6	1,76	111
Essen & Trinken	3,1	1,49	3,0	1,47	101
Frau im Leben	0,7	0,36	0,8	0,40	89
Ingrid	1,2	0,60	1,4	0,67	89
Leben & Erziehen	0,9	0,43	1,2	0,57	76
Madame	0,9	0,43	0,9	0,45	95
Maxi	1,9	0,92	1,7	0,84	109
Meine Familie & ich	3,0	1,47	3,1	1,49	98
Neue Mode	2,4	1,16	2,4	1,19	98
Petra	2,3	1,10	2,2	1,08	102
Prima	1,4	0,70	1,5	0,74	94
Ratgeber	1,6	0,79	2,0	0,97	82
Spielen u. Lernen	0,9	0,45	0,8	0,37	120
Strick & Schick	2,0	0,96	1,8	0,89	108

Verena	1,0	0,50	1,0	0,46	108
Vital	1,6	0,79	1,5	0,73	108
Vogue	1,3	0,62	1,1	0,53	116
Goldene Gesundheit	1,2	0,60	1,4	0,67	91
Medizin heute	2,8	1,38	2,6	1,26	110
Bravo	4,5	2,19	4,9	2,39	92
Micky Maus	2,9	1,43	3,1	1,49	96
Mädchen	1,7	0,83	1,6	0,80	104
Pop Rocky	1,1	0,52	1,2	0,60	87
Musik Exp. Sounds	1,0	0,50	1,0	0,49	103
Popcorn	1,2	0,59	1,3	0,64	93
Kicker Sportmagazin	4,1	2,02	4,3	2,08	97
Fußballmagazin	2,6	1,25	2,2	1,08	115
Surf	0,7	0,33	0,8	0,37	89
Auto Bild	5,8	2,84	5,6	2,71	105
Auto Motor + Sport	4,4	2,14	4,4	2,14	100
Auto Zeitung	1,9	0,92	1,9	0,94	97
Mot Die Autozeitschrift	1,1	0,53	0,9	0,43	122
Motorrad	1,5	0,73	1,7	0,82	89
Motorrad Reisen & Sport	0,5	0,25	0,6	0,28	92
ACE-Lenkrad	2,4	1,18	2,0	0,96	123
ADAC-Motorwelt	27,8	13,59	26,5	12,92	105
Gute Fahrt	1,0	0,49	1,0	0,51	95
PS Motorradzeitung	0,8	0,37	0,9	0,46	81
Sport Auto	1,5	0,75	1,2	0,58	129
Lui	0,6	0,31	0,6	0,31	100
Penthouse	0,9	0,45	0,9	0,44	102
Playboy	2,6	1,25	2,5	1,19	104
Selber machen	1,8	0,90	1,7	0,82	109
Selbst ist der Mann	1,8	0,88	1,6	0,80	110
Video Magazin	1,7	0,81	1,6	0,78	104
Das Haus	8,2	4,02	8,6	4,17	96
Mein schöner Garten	4,1	1,99	4,3	2,11	94
Schöner Wohnen	3,9	1,90	3,8	1,83	103
Wohnidee	1,2	0,58	1,0	0,47	122
Zuhause	1,1	0,55	1,2	0,59	93
Wild und Hund	1,0	0,46	1,0	0,47	99
Bild der Wissenschaft	1,3	0,65	1,2	0,58	112
Chip	1,5	0,72	1,2	0,60	119
Cinema	1,5	0,75	1,4	0,69	109
Geo	5,9	2,86	5,7	2,77	103
Herz für Tiere	3,1	1,50	3,2	1,56	96
Hobby-Magazin der Technik	1,2	0,58	1,3	0,63	92

Kosmos	0,6	0,30	0,6	0,30	101
Merian	2,0	0,98	1,8	0,87	112
Natur	1,7	0,85	1,9	0,90	94
P.M. Magazin	3,1	1,49	2,8	1,38	108
Pan	0,7	0,36	0,7	0,36	98
Spektrum der Wissenschaft	0,8	0,39	0,8	0,38	104
Der Spiegel	11,0	5,36	10,7	5,19	103
Wirtschaftswoche	1,2	0,59	1,3	0,62	95
Das Beste	7,4	3,60	7,2	3,50	103
Capital	2,7	1,30	2,5	1,23	106
DM	1,9	0,95	1,9	0,90	105
Manager Magazin	1,0	0,47	0,8	0,41	115
Bayernkurier	0,8	0,38	0,8	0,40	95
Welt am Sonntag	2,5	1,20	2,5	1,23	97
Die Zeit	3,0	1,48	3,0	1,44	103
BWZ	5,2	2,54	5,2	2,55	99
IWZ	6,9	3,35	6,7	3,25	103
prisma	12,5	6,09	12,2	5,95	102
rtv	13,0	6,35	11,8	5,74	110
Die Abendzeitung	1,1	0,53	0,0	0,00	0
Bild	22,6	11,05	24,5	11,92	92
Express	1,7	0,82	1,7	0,84	97
Hamburger Morgenpost	0,7	0,34	0,7	0,35	99
tz München	0,6	0,28	0,7	0,32	89
FAZ	1,8	0,90	2,1	1,01	89
Frankfurter Rundschau	1,4	0,66	1,0	0,48	137
Süddeutsche Zeitung	2,3	1,10	2,1	1,01	108
Die Welt	1,4	0,69	1,4	0,68	100
Konpress	9,4	4,60	9,8	4,76	96
Lesemappe	20,3	9,91	19,8	9,66	102
ARD 1 ges. 1/2	16,7	8,16	17,6	8,57	95
ZDF 1/2	16,7	8,14	17,5	8,54	95
RTL plus 1/2	2,5	1,23	0,7	0,34	365
SAT 1 1/2	2,0	0,98	0,6	0,31	316

Beispiel 2: MA 89 Reichweite Leser pro Ausgabe					Männer
	MA 89		MA 88		Index
Titel	%	Mio	%	Mio	(%-Basis)
Gesamt	100,0	22,92	100,0	22,74	100
Bunte	9,0	2,07	9,0	2,06	100
Neue Revue	8,6	1,97	7,9	1,80	108
Quick	8,5	1,96	7,9	1,79	108
Stern	18,7	4,29	18,5	4,20	101
Weltbild	1,4	0,33	1,7	0,38	87
Bild am Sonntag	24,8	5,68	24,6	5,59	101
Bild + Funk	4,3	0,99	4,8	1,08	91
Fernsehwoche	10,8	2,48	10,5	2,38	103
Funk Uhr	8,8	2,01	9,2	2,10	95
Gong	6,8	1,56	6,8	1,54	101
Hörzu	20,9	4,80	21,2	4,82	99
TV Hören u. Sehen	13,5	3,09	13,8	3,13	98
Auf einen Blick	6,7	1,53	6,5	1,49	102
Bildwoche	2,8	0,65	2,8	0,65	99
Die Zwei	2,1	0,47	2,2	0,50	95
Die Aktuelle	2,6	0,60	2,5	0,57	105
Bella	1,1	0,26	1,2	0,28	91
Bild der Frau	4,1	0,93	4,9	1,11	84
Echo der Frau	0,8	0,18	1,0	0,23	76
Frau aktuell	0,7	0,16	0,9	0,21	75
Frau im Spiegel	1,9	0,45	2,3	0,53	84
Frau mit Herz	0,6	0,14	0,8	0,18	75
Freizeit Revue	4,9	1,13	5,2	1,18	95
Das Gold. Blatt	2,1	0,48	2,2	0,49	98
Das Neue	0,8	0,19	1,0	0,23	82
Das Neue Blatt	3,5	0,81	3,2	0,74	110
Neue Post	4,0	0,93	4,4	1,00	92
Neue Welt	1,7	0,39	1,6	0,36	108
Praline	5,3	1,22	5,1	1,16	104
Tina	3,6	0,83	3,4	0,77	106
Wochenend	4,0	0,93	3,6	0,82	112
7 Tage	1,1	0,25	1,0	0,23	107
Brigitte	2,7	0,63	2,8	0,63	99
Freundin	1,6	0,37	1,6	0,36	102
Für Sie	1,4	0,33	1,7	0,39	85
Journal für die Frau	0,7	0,15	0,7	0,15	100
Meine Geschichte	0,3	0,06	0,4	0,09	66
Romanwoche	0,5	0,11	0,5	0,12	92

Burda Moden	1,2	0,27	1,7	0,38	70
Carina	0,4	0,08	0,4	0,09	89
Cosmopolitan	0,9	0,20	0,8	0,18	108
Eltern	2,8	0,63	2,6	0,59	106
Essen & Trinken	2,0	0,45	1,8	0,40	111
Frau im Leben	0,3	0,08	0,3	0,08	102
Ingrid	0,1	0,03	0,2	0,04	56
Leben & Erziehen	0,7	0,15	0,8	0,18	86
Madame	0,2	0,05	0,2	0,05	106
Maxi	0,3	0,07	0,3	0,08	97
Meine Familie & ich	1,4	0,31	1,4	0,31	100
Neue Mode	0,5	0,13	0,5	0,11	108
Petra	0,6	0,14	0,7	0,16	91
Prima	0,4	0,08	0,5	0,11	75
Ratgeber	1,1	0,25	1,5	0,35	70
Spielen u. Lernen	0,5	0,12	0,4	0,09	130
Strick & Schick	0,3	0,08	0,3	0,07	115
Verena	0,2	0,03	0,2	0,05	65
Vital	1,0	0,23	1,0	0,23	99
Vogue	0,6	0,13	0,6	0,13	101
Goldene Gesundheit	0,7	0,16	0,8	0,18	89
Medizin heute	2,4	0,56	2,1	0,47	118
Bravo	4,5	1,03	4,7	1,06	97
Micky Maus	3,2	0,74	3,3	0,74	99
Mädchen	0,6	0,13	0,6	0,14	90
Pop Rocky	1,2	0,28	1,4	0,31	91
Musik Exp. Sounds	1,4	0,33	1,3	0,29	112
Popcorn	1,1	0,26	1,2	0,27	96
Kicker Sportmagazin	7,8	1,78	8,0	1,83	97
Fußballmagazin	4,9	1,13	4,3	0,98	115
Surf	0,9	0,21	1,0	0,23	92
Auto Bild	10,6	2,44	9,8	2,24	108
Auto Motor + Sport	7,6	1,73	7,7	1,74	99
Auto Zeitung	3,5	0,79	3,5	0,79	100
Mot Die Autozeitschrift	2,1	0,47	1,6	0,37	128
Motorrad	2,6	0,60	3,1	0,69	86
Motorrad Reisen & Sport	0,9	0,20	1,0	0,24	86
ACE-Lenkrad	3,4	0,78	2,8	0,64	120
ADAC-Motorwelt	39,8	9,12	37,2	8,47	107
Gute Fahrt	1,7	0,39	1,7	0,39	98
PS Motorradzeitung	1,3	0,30	1,6	0,36	83
Sport Auto	2,7	0,62	2,2	0,49	126
Lui	1,1	0,26	1,1	0,24	104
Penthouse	1,6	0,37	1,5	0,34	107

Playboy	4,4	1,01	4,1	0,93	107
Selber machen	2,6	0,60	2,2	0,49	122
Selbst ist der Mann	2,9	0,66	2,6	0,60	110
Video Magazin	2,6	0,60	2,4	0,54	110
Das Haus	9,3	2,13	9,2	2,10	101
Mein schöner Garten	4,2	0,97	4,5	1,02	95
Schöner Wohnen	3,7	0,86	3,6	0,81	105
Wohnidee	1,0	0,22	0,7	0,16	136
Zuhause	0,9	0,20	1,0	0,22	91
Wild und Hund	1,5	0,34	1,3	0,29	114
Bild der Wissenschaft	2,0	0,45	1,7	0,38	119
Chip	2,6	0,60	2,1	0,49	123
Cinema	2,3	0,52	2,0	0,46	111
Geo	7,0	1,60	6,9	1,56	102
Herz für Tiere	2,5	0,57	2,6	0,60	94
Hobby-Magazin der Technik	2,1	0,48	2,3	0,52	93
Kosmos	0,9	0,20	0,8	0,19	103
Merian	2,0	0,46	1,6	0,37	121
Natur	2,0	0,47	2,1	0,48	97
P.M. Magazin	4,6	1,06	4,2	0,95	110
Pan	0,8	0,18	0,8	0,17	102
Spektrum der Wissenschaft	1,2	0,27	1,2	0,27	100
Der Spiegel	14,8	3,39	13,8	3,14	107
Wirtschaftswoche	1,9	0,43	2,0	0,45	94
Das Beste	7,2	1,65	7,1	1,62	101
Capital	4,3	0,98	4,0	0,92	106
DM	3,1	0,71	2,9	0,65	107
Manager Magazin	1,7	0,38	1,5	0,33	112
Bayernkurier	1,1	0,26	1,2	0,28	91
Welt am Sonntag	3,0	0,69	3,0	0,68	99
Die Zeit	3,5	0,81	3,5	0,80	100
BWZ	5,1	1,18	5,0	1,14	102
IWZ	6,9	1,59	6,1	1,39	114
prisma	12,2	2,80	12,3	2,80	99
rtv	12,8	2,93	11,6	2,63	111
Die Abendzeitung	1,1	0,26	0,0	0,00	0
Bild	27,4	6,29	29,5	6,70	93
Express	2,0	0,46	2,1	0,47	98
Hamburger Morgenpost	0,9	0,21	0,9	0,21	101
tz München	0,7	0,16	0,7	0,16	99
FAZ	2,4	0,55	2,7	0,62	87
Frankfurter Rundschau	1,6	0,37	1,1	0,25	149

Süddeutsche Zeitung	2,8	0,63	2,6	0,59	107
Die Welt	1,9	0,43	1,9	0,43	99
Konpress	7,9	1,81	8,4	1,90	94
Lesemappe	19,5	4,47	19,0	4,32	103
ARD 1 ges. 1/2	16,0	3,67	17,7	4,02	90
ZDF 1/2	15,7	3,60	17,2	3,91	91
RTL plus 1/2	2,7	0,62	0,7	0,16	397
SAT 1 1/2	2,1	0,47	0,6	0,14	324

Beispiel 2: MA 89
Reichweite Leser pro Ausgabe   Frauen

Titel	MA 89 %	MA 89 Mio	MA 88 %	MA 88 Mio	Index (%-Basis)
Gesamt	100,0	25,90	100,0	25,95	100
Bunte	11,6	3,00	11,3	2,93	103
Neue Revue	6,1	1,59	6,0	1,57	102
Quick	6,5	1,69	6,3	1,64	103
Stern	13,3	3,45	13,1	3,39	102
Weltbild	1,2	0,32	1,4	0,36	90
Bild am Sonntag	14,9	3,85	15,7	4,08	95
Bild + Funk	5,3	1,37	5,3	1,37	100
Fernsehwoche	11,5	2,97	11,5	3,00	99
Funk Uhr	9,6	2,48	9,4	2,45	101
Gong	6,4	1,66	6,5	1,68	99
Hörzu	19,7	5,10	19,8	5,14	99
TV Hören u. Sehen	13,0	3,38	13,6	3,52	96
Auf einen Blick	8,6	2,22	8,5	2,22	100
Bildwoche	3,8	0,98	4,0	1,05	94
Die Zwei	3,5	0,91	3,6	0,92	99
Die Aktuelle	6,0	1,55	5,8	1,50	103
Bella	4,7	1,22	4,5	1,16	105
Bild der Frau	10,4	2,69	10,2	2,65	102
Echo der Frau	2,4	0,61	2,5	0,65	94
Frau aktuell	2,6	0,68	2,4	0,64	108
Frau im Spiegel	6,9	1,79	6,5	1,68	106
Frau mit Herz	2,3	0,58	2,0	0,51	115
Freizeit Revue	7,6	1,96	6,5	1,69	116
Das Gold. Blatt	5,2	1,35	5,3	1,37	99
Das Neue	2,0	0,51	1,8	0,47	108
Das Neue Blatt	6,7	1,74	6,7	1,73	101
Neue Post	8,5	2,21	7,9	2,05	108

Neue Welt	2,8	0,72	2,4	0,62	117
Praline	3,6	0,93	3,4	0,88	106
Tina	10,9	2,82	10,2	2,64	107
Wochenend	2,3	0,60	2,5	0,64	93
7 Tage	1,9	0,48	1,9	0,48	100
Brigitte	13,0	3,37	13,6	3,52	96
Freundin	9,3	2,42	8,9	2,31	105
Für Sie	8,8	2,27	9,2	2,39	95
Journal für die Frau	4,3	1,12	4,0	1,04	108
Meine Geschichte	1,8	0,47	1,7	0,43	109
Romanwoche	1,7	0,43	1,4	0,37	116
Burda Moden	7,3	1,88	7,6	1,98	95
Carina	2,7	0,70	3,2	0,82	85
Cosmopolitan	2,5	0,65	2,3	0,60	107
Eltern	5,1	1,32	4,5	1,16	113
Essen & Trinken	4,0	1,04	4,1	1,07	97
Frau im Leben	1,1	0,28	1,2	0,32	86
Ingrid	2,2	0,57	2,4	0,62	92
Leben & Erziehen	1,1	0,28	1,5	0,40	71
Madame	1,5	0,38	1,6	0,40	94
Maxi	3,3	0,84	2,9	0,76	111
Meine Familie & ich	4,5	1,16	4,5	1,18	98
Neue Mode	4,0	1,04	4,1	1,07	97
Petra	3,7	0,96	3,6	0,93	104
Prima	2,4	0,62	2,4	0,63	98
Ratgeber	2,1	0,55	2,4	0,62	89
Spielen u. Lernen	1,2	0,32	1,1	0,28	117
Strick & Schick	3,4	0,89	3,2	0,83	108
Verena	1,8	0,47	1,6	0,41	114
Vital	2,2	0,56	1,9	0,50	113
Vogue	1,9	0,49	1,6	0,40	122
Goldene Gesundheit	1,7	0,44	1,9	0,48	92
Medizin heute	3,2	0,82	3,0	0,78	105
Bravo	4,5	1,16	5,1	1,33	87
Micky Maus	2,7	0,69	2,9	0,75	93
Mädchen	2,7	0,70	2,5	0,66	107
Pop Rocky	0,9	0,24	1,1	0,29	82
Musik Exp. Sounds	0,7	0,18	0,8	0,20	90
Popcorn	1,3	0,33	1,4	0,37	90
Kicker Sportmagazin	0,9	0,24	1,0	0,25	94
Fußballmagazin	0,5	0,12	0,4	0,10	113
Surf	0,4	0,11	0,5	0,14	84
Auto Bild	1,6	0,40	1,8	0,47	86
Auto Motor + Sport	1,6	0,40	1,5	0,40	102

Auto Zeitung	0,5	0,12	0,6	0,15	83
Mot Die Autozeitschrift	0,2	0,06	0,2	0,06	86
Motorrad	0,5	0,13	0,5	0,12	107
Motorrad Reisen & Sport	0,2	0,05	0,2	0,04	122
ACE-Lenkrad	1,6	0,40	1,2	0,31	129
ADAC-Motorwelt	17,2	4,46	17,1	4,45	101
Gute Fahrt	0,4	0,10	0,5	0,12	85
PS Motorradzeitung	0,3	0,07	0,4	0,10	73
Sport Auto	0,5	0,13	0,4	0,09	138
Lui	0,2	0,05	0,2	0,06	84
Penthouse	0,3	0,08	0,4	0,10	82
Playboy	0,9	0,24	1,0	0,26	92
Selber machen	1,2	0,30	1,3	0,33	91
Selbst ist der Mann	0,8	0,22	0,8	0,20	109
Video Magazin	0,8	0,21	0,9	0,24	90
Das Haus	7,3	1,89	8,0	2,07	92
Mein schöner Garten	3,9	1,01	4,2	1,09	94
Schöner Wohnen	4,0	1,04	3,9	1,01	102
Wohnidee	1,4	0,36	1,2	0,31	115
Zuhause	1,3	0,35	1,4	0,37	94
Wild und Hund	0,5	0,13	0,7	0,17	73
Bild der Wissenschaft	0,8	0,20	0,8	0,21	97
Chip	0,5	0,12	0,5	0,12	104
Cinema	0,9	0,23	0,9	0,22	105
Geo	4,9	1,26	4,7	1,21	104
Herz für Tiere	3,6	0,93	3,7	0,96	98
Hobby-Magazin der Technik	0,4	0,09	0,4	0,11	85
Kosmos	0,4	0,11	0,4	0,11	96
Merian	2,0	0,52	1,9	0,50	105
Natur	1,5	0,38	1,6	0,42	91
P.M. Magazin	1,7	0,44	1,7	0,43	101
Pan	0,7	0,18	0,7	0,19	94
Spektrum der Wissenschaft	0,5	0,12	0,4	0,11	113
Der Spiegel	7,6	1,97	7,9	2,06	96
Wirtschaftswoche	0,6	0,16	0,7	0,17	94
Das Beste	7,5	1,95	7,2	1,88	104
Capital	1,3	0,33	1,2	0,31	105
DM	0,9	0,24	1,0	0,25	97
Manager Magazin	0,3	0,09	0,3	0,07	122
Bayernkurier	0,5	0,12	0,4	0,12	103
Welt am Sonntag	2,0	0,51	2,1	0,54	94
Die Zeit	2,6	0,67	2,5	0,64	106
BWZ	5,2	1,36	5,4	1,41	97
IWZ	6,8	1,76	7,2	1,87	94

prisma	12,7	3,29	12,1	3,14	105
rtv	13,2	3,42	12,0	3,12	110
Die Abendzeitung	1,0	0,27	0,0	0,00	0
Bild	18,4	4,76	20,1	5,22	91
Express	1,4	0,36	1,4	0,37	97
Hamburger Morgenpost	0,5	0,13	0,5	0,14	95
tz München	0,5	0,13	0,6	0,16	79
FAZ	1,4	0,35	1,5	0,39	91
Frankfurter Rundschau	1,1	0,29	0,9	0,23	125
Süddeutsche Zeitung	1,8	0,47	1,7	0,43	110
Die Welt	1,0	0,26	1,0	0,25	101
Konpress	10,8	2,79	11,0	2,86	98
Lesemappe	21,0	5,44	20,6	5,35	102
ARD 1 ges. 1/2	17,3	4,48	17,5	4,55	99
ZDF 1/2	17,5	4,54	17,8	4,63	98
RTL plus 1/2	2,4	0,61	0,7	0,18	337
SAT 1 1/2	2,0	0,51	0,6	0,16	308

Beispiel 3:
IVW-Zahlen III. Quartal 1989

Titel	Druck	Verkauf	Differenz zu II/89		Differenz zu III/88	
			absolut	in %	absolut	in %
Hörzu	3370370	3010079	− 44221	− 1,4	− 81920	− 2,6
TV Hören und Sehen	2788360	2476839	− 30378	− 1,2	+ 13634	+ 0,6
Auf einen Blick	2833260	2396137	− 19575	− 0,8	+ 90563	+ 3,9
Fernsehwoche	2625266	2246997	− 46564	− 2,0	+ 79027	+ 3,6
Funkuhr	2122846	1850263	− 68841	− 3,6	−112828	− 5,7
Gong	1217900	1035493	− 9441	− 0,9	+ 32398	+ 3,2
Bild + Funk	1150077	980631	− 5029	− 0,5	+ 1117	+ 0,1
Bildwoche	1301602	917448	− 12977	− 1,4	− 334	−
Die Zwei	1280769	893640	− 13274	− 1,5	− 32709	− 3,5
RTV	3956259	3900980	+ 29228	+ 0,8	+187394	+ 5,0
Prisma	2821088	2817046	− 15404	− 0,5	+ 74276	+ 2,7
IWZ	1554617	1552680	− 7937	− 0,5	+ 1948	+ 0,1
BWZ	1348954	1348954	− 12215	− 0,9	+ 12740	+ 0,9
Stern	1660500	1343653	+ 33076	+ 2,5	− 47665	− 3,4
Neue Revue	1181818	970030	+ 345	−	− 46994	− 4,6
Bunte	1232769	965313	+ 8933	+ 0,9	− 46408	− 4,6
Quick	922383	731710	− 2065	− 0,3	− 36551	− 4,8
Weltbild	300167	283650	− 587	− 0,2	− 4518	− 1,6
Tempo	289497	168417	+ 7464	+ 4,6	− 17018	− 9,2
Wiener	188831	114705	+ 1644	+ 1,5	− 9839	− 7,9

Bild der Frau	2 498 650	2 010 525	− 12 231	− 0,6	− 2 867	− 0,1
Neue Post	2 032 334	1 693 671	+ 63 446	+ 3,9	− 44 437	− 2,6
Tina	1 922 774	1 608 767	+ 64 200	+ 4,2	+ 23 438	+ 1,5
Freizeit Revue	1 686 846	1 362 458	+ 10 683	+ 0,8	− 81 048	− 5,6
Das Neue Blatt	1 476 946	1 202 450	+ 83 199	+ 7,4	− 18 684	− 5,6
Frau im Spiegel	975 192	775 095	+ 25 261	+ 3,4	− 39 955	− 4,9
Die Aktuelle	981 731	687 043	+ 28 026	+ 4,3	− 34 076	− 4,7
Das Neue	824 354	584 526	+ 2 565	+ 0,4	+ 33 044	+ 6,0
Bella	713 249	507 453	+ 15 717	+ 3,2	− 69 925	−12,1
Das Goldene Blatt	718 491	486 767	+ 8 350	+ 1,7	− 16 459	− 3,2
Neue Welt	698 985	486 244	+ 33 762	+ 7,5	+ 8 192	+ 1,7
Glücksrevue	605 615	380 689	+ 4 096	+ 1,1	+ 4 556	+ 1,2
Echo der Frau	504 346	335 534	+ 20 240	+ 6,4	− 4 221	− 1,2
Frau aktuell	498 412	325 759	+ 18 475	+ 6,0	+ 9 961	+ 3,2
Frau mit Herz	336 023	190 529	+ 14 804	+ 7,8	+ 9 963	+ 5,2
7 Tage	342 670	180 731	+ 8 488	+ 4,7	− 6 307	− 3,5
Praline	964 828	721 748	+ 15 916	+ 2,3	− 40 399	− 5,3
Wochenend	828 578	605 156	+ 15 361	+ 2,6	− 22 631	− 3,6
Brigitte	1 295 333	1 067 127	+ 2 357	+ 0,2	− 52 918	− 4,7
Für Sie	1 025 813	829 840	+ 49 331	+ 6,3	+ 3 347	+ 0,4
Freundin	972 286	780 587	+ 2 791	+ 0,4	− 35 636	− 4,4
Journal für die Frau	634 833	466 266	+ 14 784	+ 3,3	− 233	−
Burda Moden	1 484 585	1 141 008	− 64 859	− 5,4	− 157 124	−12,1
Prima	871 667	589 354	+ 5 795	+ 1,0	− 58 463	− 9,0
Eltern	773 733	584 436	+ 9 262	+ 1,6	+ 13 165	+ 2,3
Neue Mode	712 052	472 670	− 4 258	− 0,9	− 41 399	− 8,1
Maxi	672 113	452 692	− 12 375	− 2,7	− 63 340	−12,3
Petra	603 077	433 485	+ 12 918	+ 3,1	− 20 587	− 4,5
Carina	544 396	405 339	− 10 590	− 2,5	− 55 148	−12,0
Cosmopolitan	571 400	404 916	+ 6 523	+ 1,6	− 16 338	− 3,9
Vital	577 030	380 823	+ 15 251	+ 4,2	− 21 307	− 5,3
Verena	509 053	360 610	+ 7 176	+ 2,0	+ 6 374	+ 1,8
Ratgeber	384 413	330 386	− 1 434	− 0,4	− 14 910	− 4,5
Frau im Leben/Zenit	325 400	313 502	+ 115	−	− 4 340	− 1,4
Anna	268 712	159 486	− 11 655	− 6,8	− 6 749	− 4,1
Strick + Schick	253 833	132 345	+ 1 468	+ 1,1	− 40 218	−23,3
Elle	340 500	170 400	+ 7 032	+ 4,3		neu
Viva	247 116	128 472	+ 8 171	+ 6,8		neu
Madame	155 055	112 313	+ 1 975	+ 1,8	− 3 925	− 3,4
Vogue	172 000	110 633	+ 19 327	+21,2	− 4 410	− 3,8
Harper's Bazaar	145 337	92 574	+ 7 430	+ 8,7	− 2 614	− 2,8
Meine Familie und ich	953 567	763 298	+ 2 955	+ 0,4	− 4 970	− 0,6
Essen + Trinken	296 000	230 518	− 2 657	− 1,1	− 5 498	− 2,3
Schöner Essen	278 724	182 359	− 4 005	− 2,1	− 7 885	− 4,1
Kochen und Genießen	188 560	115 421	+ 3 102	+ 2,8	− 18 337	−13,7
Goldene Gesundheit	222 500	116 002	+ 1 430	+ 1,2	− 20 310	−14,9

Bravo	1387722	1011135	−	10445	−	1,0	− 57660	− 5,4
Bravo Girl	867823	587111	+	56511	+	10,7	+104827	+21,7
Mädchen	608616	385313	+	39726	+	11,5	− 54775	−12,4
Popcorn	445167	235355	+	9999	+	4,4	− 84241	−26,4
Pop Rocky	351743	200693	+	5301	+	2,7	+ 40047	+24,9
Musik Express	230333	152169	+	4051	+	2,7	− 3218	− 2,1
Sport Bild	948077	641207	+	94860	+	17,4	+128562	+25,1
Kicker Mo.	395659	253225	+	26341	+	11,6	+ 11425	+ 4,7
Kicker Do.	335183	212936	+	21528	+	11,2	+ 6966	+ 3,4
Sports	205829	134461	+	1496	+	1,1	+ 25318	+23,2
Auto Bild	1153935	827744	+	40133	+	5,1	+ 32539	+ 4,1
Auto Motor + Sport	621348	488242	+	12431	+	2,6	− 43	−
Das Motorrad	208464	170383	−	3214	−	1,9	− 12376	− 6,8
Auto Zeitung	215906	139480	+	8690	+	6,6	+ 5108	+ 3,8
Mot. Auto-Zeitschrift	183754	125810	+	389	+	0,3	+ 4328	+ 3,6
Rallye Racing	110575	70718	+	204	+	0,3	− 7574	− 9,7
Sport Auto	125714	70587	+	2075	+	3,0	− 3865	− 5,2
ADAC Motorwelt	9124316	9061345	+	131721	+	1,5	+361464	+ 4,2
ACE Lenkrad	536883	503648	+	5783	+	1,2	+ 4957	+ 1,0
Gute Fahrt	212367	158681	+	2131	+	1,4	− 9998	− 5,9
Playboy	436669	330277	+	6892	+	2,1	− 24913	− 7,0
Penthouse	437200	274115	+	2772	+	1,0	− 10970	− 3,9
Lui	284000	189745	+	3155	+	1,7	− 13185	− 6,5
Esquire	115400	64463	+	1951	+	3,1	− 4015	− 5,9
Männer Vogue	98500	48567	−	1756	−	3,5	− 2354	− 4,7
Selbst ist der Mann	256293	184013	−	7603	−	4,0	− 3032	− 1,6
Selbermachen	229380	161113	−	3440	−	2,1	− 20793	−11,4
Foto Magazin	131585	98299	+	2806	+	2,9	+ 304	+ 0,3
Color Foto	106147	80116	−	1934	−	2,4	− 9070	−10,2
Das Haus	2531000	2478846	−	7045	−	0,3	− 44305	− 1,8
Mein schöner Garten	540833	402237	+	19159	+	5,0	+ 22630	+ 6,0
Schöner Wohnen	440000	331161	−	11434	−	3,3	− 35280	− 9,6
Zuhause	328603	254208	−	11287	−	4,3	− 28778	−10,2
Flora	321333	205204	−	3298	−	1,6	+ 2316	+ 1,1
Wohnidee	311576	189659	+	2322	+	1,2	+ 2813	+ 1,5
Geo	606001	540584	+	5938	+	1,1	+ 10105	+ 1,9
P.M.	584442	456571	+	21098	+	4,8	+ 20179	+ 4,6
Merian	236925	221721	+	5124	+	2,4	− 11774	− 5,0
Natur	252255	195109	+	16850	+	9,5	+ 7348	+ 3,9
Ein Herz für Tiere	305677	192649	+	4474	+	2,4	− 5225	− 2,6
Pan	188333	144633	−	736	−	0,5	− 6995	− 4,6
Hobby	162274	137192	+	1967	+	1,5	− 3876	− 2,7
Spektrum der Wissenschaft	147893	126539	+	638	+	0,5	− 656	− 0,5
Bild der Wissenschaft	143133	124508	+	279	+	0,2	+ 714	+ 0,6
Art	84965	70615	−	1605	−	2,2	− 1509	− 2,1

Das Beste	1 491 344	1 301 091	−	20 319	−	1,5	−	59 306	− 4,4
Der Spiegel	1 214 379	1 029 681	+	54 593	+	5,6	+	39 511	+ 4,0
Capital	312 105	243 618	−	6 374	−	2,5	−	3 534	− 1,4
DM	233 633	176 679	−	379	−	0,2	+	13 008	+ 7,9
Wirtschaftswoche	166 692	135 295	+	2 727	+	2,1	+	4 806	+ 3,7
VDI-Nachrichten	142 600	130 210	+	769	+	0,6	+	3 781	+ 3,0
Impulse	160 980	127 931	−	206	−	0,2	+	1 447	+ 1,1
Manager Magazin	114 400	89 768	+	3 939	−	4,6	+	4 270	+ 5,0
BamS	3 029 969	2 510 341	+	136 564	+	5,8	+	77 855	+ 3,2
WamS	515 561	378 331	+	7 064	+	2,3	+	20 911	+ 5,9
Die Zeit	578 188	480 627	+	2 277	+	0,5	+	11 876	+ 2,5
Sonntagsblatt	118 192	107 433	−	2 963	−	2,7	−	7 812	− 6,8
Rhein. Merkur	111 354	103 487	−	834	−	0,8	−	2 778	− 2,6
Süddeutsche Zeitung	453 670	383 236	+	6 542	+	1,7	+	10 981	+ 2,9
FAZ	452 798	367 512	+	5 556	+	1,5	+	13 547	+ 3,8
Welt	310 033	223 251	+	2 001	+	0,9	+	2 041	+ 0,9
Handelsblatt	142 342	121 018	+	1 029	+	0,9	+	3 689	+ 3,1
Bild Gesamt	5 253 963	4 433 343	+	91 752	+	2,1	−	28 934	− 0,6

Was praktisch tun, um richtig einzuschalten?

1. Die Medien finden

Mit einer Reihe von Zeitungen und Zeitschriften ist man ohnehin vertraut. Aber gehen sie wirklich an die richtige Zielgruppe und gibt es nicht noch wichtigere? Der Medienmarkt ist doch laufend in Bewegung. Es fehlt nicht an einschlägigen Medienkatalogen. Vor allem kurz vorgestellt sei hier der „Stamm-Leitfaden durch Presse und Werbung", das Presse- und Medienhandbuch aus dem Stamm-Verlag, Essen. Es erscheint jährlich überarbeitet seit über vier Jahrzehnten und weist zuverlässig den Weg durch die Datenvielfalt von Presse und Werbung. Der Stamm-Leitfaden informiert über selbständige Zeitungen und Nebenausgaben in der Bundesrepublik Deutschland und in der DDR, über Anzeigenblätter, Fach- und Publikumszeitschriften sowie sonstige wenigstens einmal jährlich erscheinende Veröffentlichungen in der Bundesrepublik Deutschland und in der DDR, über Werkzeitschriften, über Zeitungen und Zeitschriften in vielen Ländern, über deutschsprachige Zeitungen und Zeitschriften im fremdsprachigen Ausland.

Der Stamm-Leitfaden enthält weiterhin Angaben über Funk- und Fernsehwerbung, über Werbemöglichkeiten in Lichtspieltheatern, über Plakatanschlag sowie über alle sonstigen Werbearten und andere einschlägige Anschriften.

Der Anzeigenplaner findet, nach Verlagsorten und Zielgruppen geordnet, die Angaben über Auflage, Satzspiegel, Erscheinungstermine, Anzeigenschlüsse, Spaltenzahl und Breite, mm-Preis, Seitenpreis, Druckart und Beilagenpreis.

Die von der IVW Informationsgemeinschaft zur Feststellung der Verbreitung von Werbeträgern geprüften Zahlen der Auflagen sind fett gedruckt und bieten eine zusätzliche Medienauswahlbasis.

2. Verlage und Repräsentanten kontaktieren

Sie haben sich aus Ihrem Erfahrungsschatz und aus Mediakatalogen bzw. dem Stamm-Leitfaden die Zeitungen und Zeitschriften ausgesucht, die für eine Anzeigenwerbung in Frage kommen könnten. Wie sichern Sie sich jetzt die detaillierten Insertionsinformationen, die unerläßlich sind für Ihre Planung und Entscheidung?

Fordern Sie von den Anzeigenabteilungen der Verlage Anzeigentarif und Erscheinungsplan an. Der Tarif enthält alle Angaben über die möglichen Anzeigengrößen, die Preise dafür, die Rabattstaffeln für häufiges oder insgesamt mehrere Seiten füllendes Inserieren – die Mal- und Mengenstaffel. Der Tarif informiert über Teilausgaben-

Publikationen aus dem verlag moderne industrie

Publikationen für den Erfolg

verlag moderne industrie
Justus-von-Liebig-Str. 1, 8910 Landsberg
Postf. 17 51, Tel. 0 81 91/125-0
Tx. 5 27 208, Telefax 0 81 91/125-483

Beispiel eines Anzeigentarifs

KONSTRUKTION & ELEKTRONIK
Wochenzeitung für das Konstruktions-Management

Media-Daten 1990

1
Redaktion, Verlag
Umfangs-Analyse
Inhaltsanalyse

publikationsgesellschaft verlag moderne industrie AG & Co. KG, Justus-von-Liebig-Straße 1, 8910 Landsberg/Lech, Telefon 0 81 91 / 125-0, Telex 5 27 208, Telefax 0 81 91 / 125-483

1. Kurzcharakteristik:
KONSTRUKTION & ELEKTRONIK ist die einzige Wochenzeitung, die speziell für Konstrukteure und Entwickler gemacht wird.

Die hohe Auflage von 40.000 Exemplaren erschließt den Inserenten Marktsegmente, die von Monatszeitschriften mit niederiger Auflage nicht erreicht werden können.

2. Organ: —

3. Herausgeber: verlag moderne industrie AG

4. Redaktion: Dipl.-Ing. (FH) Franz Graf, Gerhard Vogel

5. Anzeigen: Anzeigenleitung: Gisela Mengling

6. Jahrgang/Jahr: 13. Jahrgang 1990
Erscheinungsweise: wöchentlich, Mittwoch

7. Verlag: publikationsgesellschaft verlag moderne industrie AG & Co. KG

8. Postanschrift: Justus-von-Liebig-Straße 1, Postfach 1751 8910 Landsberg/Lech

9. Telefon: 0 81 91 / 125-0

10. Telex: 5 27 208

11. Telegramm: —
Telefax: 0 81 91 / 125-483

12. Erscheinungs-/Redaktionsplan: siehe Anlage

13. Bezugspreis: (inkl. Versandkosten)
Jahresabonnement DM 112,—
Einzelverkaufspreis DM 2,50

14. Umfangs-Analyse 1988 = 45 Ausgaben
Format der Zeitschrift: 365 mm hoch, 255 mm breit
Gesamtumfang: 1116 Seiten = 100,0 %
Redaktionsteil: 773 Seiten = 69,3 %
Anzeigenteil: 343 Seiten = 30,7 %

davon
Gelegenheitsanzeigen: – Seiten = – % } vom
Einhefter/Einkleber: 10 Seiten = 2,9 % } Anzeigenumfang

Beilagen: 10 Stück, davon Teilbeilagen 6 Stück

15. Inhaltsanalyse des Redaktionsteil 1988 = 773 Seiten
Nachrichten, Meldungen, Kommentare = 162 Seiten = 21 %
Wirtschaft, Management, Profile = 93 Seiten = 12 %
Fachbeiträge, Reports, Interviews = 371 Seiten = 48 %
Perspektiven, Trendberichte = 62 Seiten = 8 %
Produktinformationen, Marktübersichten = 85 Seiten = 11 %
773 Seiten = 100 %

KONSTRUKTION & ELEKTRONIK
Wochenzeitung für das Konstruktions-Management

Media-Daten 1990

2
Auflagen- und Verbreitungsanalyse

publikationsgesellschaft verlag moderne industrie AG & Co. KG, Justus-von-Liebig-Straße 1, 8910 Landsberg/Lech, Telefon 0 81 91 / 125-0, Telex 5 27 208, Telefax 0 81 91 / 125-483

16. Auflagenkontrolle:

17. Auflagen-Analyse: Exemplare pro Ausgabe im Jahresdurchschnitt (1. Juli 1988 bis 30. Juni 1989)

Druckauflage: **39.991**

Tatsächlich verbreitete Auflage: (TvA) 39.880

1068 Abonnierte Exemplare
– davon **Sammelbezug**
– davon **Mitgliedsstücke**

Verkaufte Auflage: 1068 – Einzelverkauf

Freistücke* 38.812

111 Rest-, Archiv- und Belegexemplare

* Die Lieferung erfolgt an ausgewählte Empfänger, die nach ihrem Funktionsbereich, der Größenklasse und dem Wirtschaftszweig ihres Betriebes zur Zielgruppe gehören.

18. Geographische Verbreitungs-Analyse:

	Analyse an tatsächlich verbreiteter Auflage	
	%	Exemplare
Bundesrepublik und Westberlin	99,5	39.680
DDR	–	–
Ausland	0,5	200
Tatsächlich verbreitete Auflage	100,0	39.880

Gesamtverbeitung Inland	Anteil an tatsächl. verbr. Auflage	
	%	Exemplare
Nielsen-Gebiet 1 Schleswig-Holstein, Hamburg, Niedersachsen, Bremen	9,9	3.908
Nielsen-Gebiet 2 Nordrhein-Westfalen	26,4	10.489
Nielsen-Gebiet 3 a Hessen, Rheinland-Pfalz, Saarland	15,5	6.141
Nielsen-Gebiet 3 b Baden-Württemberg	28,3	11.246
Nielsen-Gebiet 4 Bayern	18,8	7.457
Nielsen-Gebiet 5 Westberlin	1,1	439
Inland	100,0	39.680

Termin- und Redaktionsplan 1990

Monat	Ausgabe	Erscheinungstermin	Anzeigenschluß	Antriebstechnik	Hydraulik/Pneumatik	Steuerungstechnik und Automatisierung	Meß-Regeltechnik	Elektrotechnik/Elektronik	CAD/PC + Peripherie	Werkstoffe/Halbzeuge	Verbindungstechnik	ST = Sonderteil/Schwerpunktthema / MB = Marktbild	Messen
Januar	1	3.1	12.12.	●	ST			●	MB		●	ST: Fluidtechnik / MB: AD-Wandler	
	2	10.1.	19.12.	●				MB	●	●	ST	ST: Verbindungstechnik / MB: Identsysteme	
	3	17.1.	2.1.	MB	●			ST	●			ST: Stromversorgung (USV) / MB: Tribologie	
	4	24.1.	9.1.	●	●			ST	MB	●		ST: Steckverbinder / MB: Plotter	
	5	31.1.	16.1.	●	MB			●	ST	●		ST: LWL/Kabel / MB: Verschraubungen	
Februar	6	7.2	23.1.	ST	●	●	MB	●	●	●	●	ST: Antriebstechnik / MB: Winkelcodierer	ITS, Stuttgart 7.2.–10.2.90
	7	14.2.	30.1.	●	MB	●		ST		●	●	ST: Näherungsschalter/Lichtschranken / MB: Filter	
	8	21.2.	6.2.	●	●	MB		ST				ST: Gehäuse/Lüfter / MB: Industrie PC	
	9	28.2.	13.2.	●				●	MB	ST		ST: Werkstoffe / MB: USV	
März	10	7.3.	20.2.	●	●			●	ST			ST: Relais / MB: EMV-Gehäuse	EMV '90, Karlsruhe 13.3.–15.3.90
	11	14.3.	27.2.	●	●	●	●	●	MB	ST		ST: PC-CAD / MB: Batterien	CeBIT Hannover 21.3.–28.3.90
	12	21.3.	6.3.	●		ST	●	●	MB	●		ST: Steuerungstechnik/SPS/VME / MB: Monitore	CeBIT Hannover 21.3.–28.3.90
	13	28.3.	13.3.	●	●			ST			MB	ST: Befehls- u. Meldegeräte / MB: Kleben	
April	14	4.4.	20.3.	●	ST			●	MB	●		ST: Fluidtechnik / MB: Lüfter + Kühler	
	15	11.4.	27.3.		●	●		ST	MB			ST: Steckverbinder / MB: Oberflächenveredelung	
	16	18.4.	30.3.	ST	●	●	●	ST	●	●	●	ST: Antriebstechnik / Weltmarkt Elektronik u. Elektrotechnik	Hannover Messe Industrie 2.5.–9.5.90
	17	25.4.	6.4.	MB	●	MB	●	●	●	●	●	MB: Stufenlose Getriebe / MESSE-AUSGABE / MB: VME-Bus-Systeme	Hannover Messe Industrie 2.5.–9.5.90
Mai	18	2.5.	12.4.	●	●	MB	●	●	ST	●	●	ST: CAM-fähige CAD-Systeme / MB: SPS	Hannover Messe Industrie 2.5.–9.5.90
	19	9.5.	23.4.	●	MB			●	ST		●	ST: ASICs / MB: Dichtungen	ASIC '90, Nürnberg 15.5.–17.5.90 / Antriebstechnik, Zürich 14.5.–18.5.90
	20	16.5	30.4.	●	●			ST			●	ST: Gehäuse/Lüfter / MB: Näherungsschalter	
	21	23.5	8.5.	MB			●	●	ST	●		ST: CAT '90 / MB: Frequenzumrichter	CAT '90, Stuttgart 29.5.–1.6.90 / Ident/Vision, Stuttgart 29.5.–31.5.90
	22	30.5.	14.5.	●		●		ST		●	MB	ST: Stromversorgung/-Wandler / MB: Montage-Schrauben	
Juni	23	6.6.	18.5.	●	MB			●	ST			ST: LED/LCD/Displays / MB: Schwenkmotoren	
	24	13.6.	28.5.	●		●		MB		ST		ST: Werkstoffe / MB: Steckverbinder	
	25	20.6.	1.6.	ST		●	●	MB				ST: Antriebstechnik / MB: 19-Zoll-Gehäuse	
	26	27.6.	11.6.				MB	ST	●		●	ST: LWL/Kabel / MB: Endoskope	

Beispiel eines Termin- und Redaktionsplanes sowie der allgemeinen Geschäftsbedingungen

Termin- und Redaktionsplan 1990

Monat	Ausgabe	Erscheinungstermin	Anzeigenschluß	Antriebstechnik	Hydraulik-Pneumatik	Steuerungstechnik und Automatisierung	Meß-Regeltechnik	Elektrotechnik/Elektronik	CAD/PC + Peripherie	Werkstoffe/Halbzeuge	Verbindungstechnik	ST = Sonderteil/Schwerpunktthema / MB = Marktbild	Messen
Juli	27	3.7.	19.6.	●	ST		●	MB	●			ST: Fluidtechnik / MB: LED/LCD	
Juli	28	11.7.	26.6.	●		MB	●	ST				ST: Näherungsschalter/Lichtschranken / MB: Steuerungen für den Maschinenbau	
Juli	29	18.7.	3.7.	MB		●		ST			●	ST: Relais / MB: Drehgeber	
Juli	30	25.7.	10.7.	MB	●			●	ST	●		ST: CAD/CAM + Peripherie / MB: Riemenantriebe	
August	31	1.8.	17.7.	●	●			ST		MB		ST: Stromversorgung (USV) / MB: Technische Keramik	
August	32	8.8.	24.7.	●	MB		●	ST				ST: Gehäuse/Lüfter / MB: Schnellverschlußkupplungen	
August	33	15.8.	31.7.	●	●		MB	ST				ST: Steckverbinder / MB: Durchflußmeßgeräte	
August	34	22.8.	7.8.	●		●		MB	●		ST	ST: Verbindungstechnik / MB: LWL	AMB, Stuttgart 4.9.–8.9.90
August	35	29.8.	14.8.		●	●	●	MB		ST		ST: Werkstoffe / MB: Lichtschranken	Motek, Sinsheim 5.9.–8.9.90
September	36	5.9.	21.8.	●	●			ST	MB			ST: LED/LCD/Displays / MB: CAD-Leiterplattenlayout	Drives/90, Sindelfingen 4.9.–6.9.90
September	37	12.9.	28.8.	●		●	●	ST	MB			ST: ASICs / MB: P-CAD-Mechanik	

Allgemeine Geschäftsbedingungen (nur gültig im kaufmännischen Geschäftsverkehr)

1. Anzeigen-Aufträge sind im Zweifelsfalle innerhalb eines Jahres abzuwickeln.

2. Für die Aufnahme von Anzeigen in bestimmten Nummern oder Ausgaben oder an bestimmten Plätzen wird keine Gewähr geleistet.

3. Probeabzüge werden nur auf ausdrücklichen Wunsch geliefert. Der Auftraggeber trägt die Verantwortung für die Richtigkeit des zurückgesandten Abzugs. Wird der Abzug nicht fristgemäß zurückgeschickt, so gilt die Genehmigung zum Druck als erteilt.

4. Der Verlag gewährleistet die drucktechnisch einwandfreie Wiedergabe der Anzeigen. Ungeeignete oder beschädigte Druckunterlagen werden dem Auftraggeber unverzüglich zurückgesandt.

5. Der Auftraggeber ist bei ganz oder teilweise unleserlichen, unrichtigen oder unvollständigem Abdruck der Anzeige zu einer Zahlungsminderung oder zu einem Ersatzanspruch berechtigt, es sei denn, daß durch die Mängel der Zweck der Insertion nur unerheblich beeinträchtigt wird. Die Mängelbeschwerde muß, triftig begründet, spätestens innerhalb von vier Wochen nach Rechnungslegung schriftlich beim Verlag angebracht werden.

6. Sind etwaige Mängel bei den Druckunterlagen nicht sofort erkennbar, sondern werden dieselben erst beim Druckvorgang deutlich, so hat der Werbungtreibende bei ungenügendem Abdruck keine Ansprüche.

7. Die Haftung für mittelbare oder unmittelbare Schäden aus Vertragsverletzungen wird der Höhe nach auf den jeweiligen Nettopreis der Anzeige beschränkt, es sei denn, daß der Schaden auf vorsätzlicher oder grob fahrlässiger Vertragsverletzung beruht.

8. Der Verlag liefert sofort nach Erscheinen der Anzeige Seitenbelege; komplette Hefte nur ab viertelseitigen Anzeigen.

9. Die in der Anzeigen-Preisliste bezeichneten Nachlässe werden nur den Werbungtreibenden und nur für die innerhalb eines Jahres erscheinenden Anzeigen gewährt. Die Frist beginnt mit dem Erscheinen der ersten Anzeige, wenn nicht anders vereinbart.

10. Bei Erweiterung des Auftrages entsteht ein Anspruch auf rückwirkenden Rabatt, sofern der Grundauftrag bereits rabattfähig war; der Anspruch erlischt, wenn er nicht spätestens einen Monat nach Ablauf des Anzeigen-Jahres geltend gemacht wird. Erreicht ein Auftrag nicht die vorgesehene Anzeigenzahl, so wird der zuviel gewährte Preisnachlaß nachträglich in Rechnung gestellt.

11. Kosten für erhebliche Änderungen ursprünglich vereinbarter Ausführungen und für Lieferungen bestellter Druckstöcke, Filme oder Zeichnungen hat der Auftraggeber zu bezahlen.

12. Bei Chiffre-Anzeigen übernimmt der Verlag die Aufbewahrung und beschleunigte Weiterleitung der eingehenden Offerten. Eingeschriebene Sendungen werden nur dann eingeschrieben weitergeleitet, wenn der Portobetrag mitgeschickt wird. Eine Gewähr für Verwahrung und rechtzeitige Weitergabe der Offerten kann nicht übernommen werden.

13. Bei Änderung der Anzeigen-Preisliste gelten die neuen Bedingungen auch für laufende Aufträge.

14. Ein Auflagenrückgang ist nur dann von Einfluß auf das Vertragsverhältnis, wenn eine Auflagenhöhe zugesichert ist und diese um mehr als 20 % sinkt.

15. Textanzeigen, die auf Grund ihrer Gestaltung nicht als Anzeigen erkennbar sind, werden als Werbung deutlich kenntlich gemacht.

16. Wenn die Zeitschrift infolge höherer Gewalt, Streik oder dergleichen nicht erscheinen kann, entfällt für den Verlag jede Haftung gegenüber dem Auftraggeber.

17. Bei Nichtigkeit einer Klausel bleibt die Wirksamkeit der übrigen Bestimmungen unberührt.

18. Erfüllungsort und Gerichtsstand ist Landsberg/Lech.

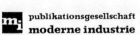
publikationsgesellschaft moderne industrie

publikationsgesellschaft verlag moderne industrie AG & Co. KG, Justus-von-Liebig-Straße 1, 8910 Landsberg, Postfach 1751, Telefon 0 81 91 / 125 - 1, Telex: 527 208, Telefax: 0 81 91 / 125 - 211

belegung und daraus resultierende Kombinationsrabatte, Beilagen- und Beihefterpreise sowie weitere Details der praktischen Werbedurchführung.

Der Erscheinungsplan sagt Ihnen die geplanten redaktionellen Schwerpunkte der einzelnen Ausgaben, die Tage des jeweiligen Erscheinens und die entsprechend davor liegenden Anzeigenschlüsse, an denen die Druckvorlagen beim Verlag eingetroffen sein sollten.

Großverlage bieten Ihnen Computer-Auszählungen der Zielgruppen-Rangreihen.

Im allgemeinen wird jeder Verlag, dem Sie Ihre Anzeigen anvertrauen, einen für Sie zuständigen beratenden Repräsentanten haben. Und generell sind die Zeiten vorbei, in denen es bei diesen festen oder freien Mitarbeitern so vordergründig penetrant lediglich um Aufträge ging, daß man Abstand halten mußte. Ganz im Gegenteil: Machen Sie sich Verlagsrepräsentanten zu freundschaftlich verbundenen Geschäftspartnern, wo immer es geht. Sie werden bald spüren, daß menschliche Kontakte vor allem im Zeitalter der Entfremdung durch fortschreitende Techniken immer unentbehrlicher und für beide Seiten nützlicher werden.

Sie werden bemerken, daß von seiten des Verlagsrepräsentanten ein sehr freundliches Echo kommt, und zwar unabhängig vom Auftragsvolumen. Dabei geht es nicht um den Wert der Werbegeschenke, die Sie hin und wieder erhalten. Ein Tip zwischendurch: Auch ein Verlagsmitarbeiter im Außendienst wird sich über Ihre Geste freuen, wenn Sie ihm einmal ein Präsent überreichen, das Sie ansonsten für Journalisten reserviert haben. Vielmehr aber geht es um berechtigte persönliche Anerkennung des Repräsentanten bzw. der Repräsentantin, und die ist leider von Auftraggeberseite her noch nicht überall üblich geworden. Daher: bleiben Sie stets freundlich, nehmen Sie sich ein wenig Zeit, seien Sie offen für ein Gespräch – es wird sich für Sie menschlich und fachlich immer auszahlen.

3. Den Anzeigenplan visualisieren

Natürlich werden Sie im Kopf haben, wann Sie wo inserieren wollen. Machen Sie das auch optisch sichtbar. Es hilft, bestehende Zweifel zu klären und die Terminfolge zu optimieren. Der praktische Aufwand ist nicht groß.

Nehmen Sie ein Blatt Papier und schreiben Sie an den Kopf der Seite von links nach rechts die Monatsnamen von Januar bis Dezember. Links davor schreiben Sie untereinander die Zeitungen bzw. Zeitschriften, die Sie belegen wollen. Machen Sie in die Monate Kreuze, in denen Anzeigen erscheinen sollen.

Und nun überdenken Sie neu: Sind die Anzeigenplazierungen gleichmäßig über das Jahr verteilt, weil Sie kontinuierlich werben wollen? Oder stehen sie schwerpunktmäßig da, wo Sie Ihren größten Absatz anstreben oder ihn in verkaufsschwachen Zeiten ankurbeln wollen? Denken Sie dabei auch daran, daß Anzeigen Zeit zum Wirken brauchen. Sind die Anzeigen in den einzelnen Medien monatlich versetzt terminiert, damit Sie die Leser zeitlich unterschiedlich kontaktieren?

Gemeinschaftswerbung Aluminium-Fenster

	März	April	Mai	Juni	Juli	Aug.	Sept.
Schöner Wohnen		X		X		X	
Das Haus		X		X		X	
Althaus-Modernisierung	X		X				X
Zuhause			X		X		X

Beispiel: Ausschnitt eines Anzeigenplanes

4. Belege, Resonanz, Nachplanung

Haben Sie die Druckunterlagen rechtzeitig zum Anzeigenschluß beim Verlag eintreffend verschickt, können Sie sich in Ruhe auf die Resonanz vorbereiten. Erst werden noch die eintreffenden Beleghefte geprüft. Wurde die Anzeige so wiedergegeben, wie Sie sie vorgegeben hatten? Manche Kunden versuchen jetzt, die Druckqualität zu bemängeln, um Preisnachlässe oder Ersatzanzeigen herauszuschinden. Machen Sie das nur bei tatsächlich nachweisbarem, berechtigtem Anlaß. Ansonsten: Beweisen Sie sich als Fachmann, der einerseits weiß, daß es im weiten Print-Feld auslegbare Ansichten gibt, der aber andererseits seine Qualifikation nicht über Mängelrügen vortäuschen muß. Das Grau wurde grauer als geplant, der Farbsatz hat einen Farbstich, die Kennziffer wurde verspätet nachgereicht und der Verlag hatte kaum eine Chance, sie richtig einzufügen, Paßlinien wurden mitgedruckt? Seien Sie ehrlich: Welche von diesen Kleinigkeiten sollte realistisch über Erfolg oder Mißerfolg der Anzeige entscheiden?

Zur nicht enden wollenden Plazierungsdiskussion: Die Anzeige wurde zu weit vorn oder ausgerechnet in der Mitte oder zu weit hinten oder links oder rechts zu nahe/zu fern vom ihr Themenfeld betreffenden redaktionellen Artikel geschaltet? Nochmals: Ist sie für die Zielgruppe packend gestaltet, spielt es keine Rolle. Ist sie langweilig, wird sie ohnehin übersehen.

Oft vergehen zwischen Verabschieden der Reinzeichnungen und dem Erscheinen der Anzeigen einige Wochen. Lassen Sie sich vom plötzlichen Echo nicht überraschen. Seien Sie vorbereitet auf den Erfolg. Auf Bestellungen, Anrufe, Briefe, Coupon-Rückläufe, Reklamationen – auch die gibt es natürlich, wenn die Ware nicht hält, was die Werbung verspricht.

Sie werden den Verlauf der Anzeigenkampagne ständig im Auge halten, die Resonanzen miterleben, die Klippen zu spüren bekommen. Halten Sie stets sofort schriftlich fest, was Sie beim nächsten Mal ändern müssen, um zu einer weiteren gezielten Feinplanung zu kommen.

Transparenz für Fachmedien

Vom Anzeigenumsatz her gesehen, zählen die Fachzeitschriften zu den Spitzenmedien – er liegt höher als z. B. beim Werbefunk oder Plakatanschlag. Zwar sind die Fachzeitschriften Basiswerbeträger für Industrie und Gewerbe, vor allem für Investitionsgüter. Die Zuwachsraten allerdings werden von Jahr zu Jahr kleiner, obwohl die Titelzahl laufend wächst.

Ein Grund dafür mag in der schwierigen Transparenz des Fachmedien-Marktes liegen. Nehmen wir zum Vergleich die Publikumsmedien. Sie streuen breit, ihre Reichweiten betreffen weitgehend ähnliche Leserschaften und werden damit vergleichbar. Fachmedien aber müssen von Natur aus enge Zielgruppen haben. Je besser das Blatt ist, um so einmaliger und individueller die Zusammensetzung der Leser. Was kann man da vergleichen und im Ernst gegeneinandersetzen, um den Insertionskunden die Einschaltentscheidungen zu erleichtern?

Zunächst: immerhin rund ein Drittel der etwa 3000 Fachzeitschriften läßt die Auflagenangaben durch die IVW Informationsgemeinschaft zur Feststellung der Verbreitung von Werbeträgern überprüfen.

Der ZAW Zentralausschuß der Werbewirtschaft hat ein Rahmenschema für Werbeträgeranalysen erarbeitet, das zwar Minimalbedingungen nennt, die sich aber bisher bei den komplizierten Reichweiten-Analysen der Fachzeitschriften als praktisch wenig durchführbar erwiesen.

So kommt es, daß nur für etwa 100 der insgesamt 3000 Fachzeitschriften Daten vorliegen, die einigermaßen vergleichbar sind. Einige der aktuellen Untersuchungen seien hier aufgeführt. Vorab noch: Es gibt den AMF Arbeitskreis Mediainformationen Fachzeitschriften, einen Ausschuß der Fachgruppe Fachzeitschriften im Verband Deutscher Zeitschriftenverleger VDZ. Dieser erarbeitet einheitliche Insertionskriterien.

Zeichen des Arbeitskreises Mediainformationen Fachzeitschriften

Verlage, die sich an diese Richtlinien halten, drucken auf ihre Tarife und in andere Veröffentlichungen das AMF-Zeichen als Signal der Ernsthaftigkeit objektivierter Information der Anzeigengeber.

Agla Farbe ist eine Untersuchung der Arbeitsgemeinschaft Leseranalyse Maler und Lackierer. Drei Fachverlage mit sechs Fachpressetiteln tragen sie. Die Veröffentlichung erfolgte 1989.

AIZ Integrierte Leser-Struktur-Analyse wurde vom Arbeitskreis Industriezielgruppen, einem Zusammenschluß von 14 Fachverlagen mit 23 Zeitschriften, durchgeführt und 1988 veröffentlicht.

Hochbauplaner heißt eine Studie der Arbeitsgemeinschaft Leseranalyse Architekten und planende Bauingenieure mit 10 Zeitschriften, veröffentlicht 1987. Die gleiche Arbeitsgemeinschaft erhob die

agla a + b, eine Leser-Struktur- und Empfänger-Struktur-Analyse wiederholt seit 1971, veröffentlichte sie bis 1988.

LAE wurde wiederholt durchgeführt von der Arbeitsgemeinschaft Leseranalyse Entscheidungsträger mit 23 Titeln, zuletzt 1987/88.

Aktueller Adreßverteiler

Die rund 18000 Titel des aktuellen Stamm-Leitfadens können auch ganz nach individueller Selektion z. B. für Pressearbeit abgerufen werden. Selbstverständlich ist ein Abgleich mit der eigenen Pressekartei möglich.

Für weitere Kontakte:
Print-Publications-Service GmbH
Sternstraße 61
4000 Düsseldorf 30
Tel. 02 11 / 49 41 61-64

*Tageszeitungen / Wochenzeitungen /
Redaktionsgemeinschaften
(Vollredaktionen nach Ressorts)*

Chefredaktionen	142
Chefs vom Dienst	141
Politikredaktionen	134
Wirtschaftsredaktionen	133
Kulturredaktionen	132
Nachrichtenredaktionen	133
Sportredaktionen	127
Redaktion: Technik und Wirtschaft	126
Reiseredaktionen	121
Redaktion: Medizin und Gesundheit	111
Redaktion: Auto und Verkehr	133
Bildredaktionen	133
Moderedaktionen	119
Beilagen-Redaktionen (nach Themen)	auf Anfrage
Lokalredaktionen	1.305

Anzeigenblätter

Anzeigenblätter (gesamt)	1.709
Anzeigenblätter (mit selbständiger Redaktion)	984
Anzeigenzeitungen mit kostenlosen Kleinanzeigen	41

Fachzeitschriften / Publikumszeitschriften
(auch Sachgruppen)

Amtliche Blätter

Lokale Blätter (gesamt)	1.450
Lokale Blätter (mit selbständiger Redaktion)	300

Regionale Blätter	145
Überregionale Blätter	35

Arbeitnehmerzeitschriften/Sozialwesen

Zeitschriften von Arbeitnehmerorganisationen	192
Konfessionelle, parteilose und sonstige Arbeitnehmerzeitschriften	56
Zeitschriften für ausländische Arbeitnehmer	14
Seniorenzeitschriften	43
Zeitschriften zum Sozialwesen (allgemein)	92
Zeitschriften der Sozialversicherungsträger	36
Altenfürsorge	7
Behinderten- und Krankenfürsorge	68
Jugendfürsorge	33
Zeitschriften für Arbeitslose	13
Gefangenenzeitschriften	13

Zeitschriften für Aus- und Fortbildung/Erziehung

Zeitschriften für Pädagogen (allgemein)	183
Zeitschriften für spezielle Lehrfächer	136
Zeitschriften für Sonderpädagogik	15
Zeitschriften für Pädagogen und Erzieher im außerschulischen Bereich	61
Berufsbildung	52
Fortbildung, Erwachsenenbildung	93
Hochschulen	69
Elternzeitschriften	26

Zeitschriften zum Gesundheitswesen
(ohne wissenschaftliche Fachzeitschriften)

Ärzte	177
Zahnärzte	37
Apotheker	29
Sonstige Heilberufe, Sanitätswesen, Hilfs- und Rettungsdienste	146
Tierärzte	18
Populäre Heilkunde	157

Zeitschriften für Handel und Industrie

Handel und Industrie (allgemein)	224
Zeitschriften für Mitglieder von IHK	76
Handels- und Industrie-Adreßbücher	126
Computerzeitschriften (EDV-Einsatz)	97

Zeitschriften für Handel und Verkehr

Handel (allgemein)	48
Bekleidungshandel	35
Buch- und Papierwaren-Handel	59
Drogerien	5
Export/Import	137
Geldwirtschaft	40

Versicherungswirtschaft	14
Fremdenverkehrswirtschaft	26
Lebens- und Genußmittelhandel	63
Post- und Fernmeldewesen	15
Verkehr (inkl. Verkehrserziehung)	151
Immobilienhandel	6
Bau-, Baunebengewerbebedarfs-, Holz- und Kunststoffhandel	30
Spielwaren-, Geschenk- und Sportartikel-Handel	16
Eisenwaren-, Metall, Maschinen-, Automaten-, Altmaterialien-, Fahrzeug- und technischer Handel	48
Elektro- und Elektronikartikel, Radio- und Fernsehgeräte-, Film- und Tonträgerhandel	34
Brenn- und Kraftstoffhandel	10
Kunst- und Antiquitäten-, Uhren- und Schmuckhandel	13
Möbel- und Haushaltswarenhandel	23
Medizinischer und medizinisch-technischer Handel	11
Zoologische Handlungen, Gartenfachgeschäfte und Floristen	16
Sonstige Handelszweige	12

Zeitschriften für Handwerk, Industrie und sonstige Gewerbe

Handwerk, Industrie (allgemein)	130
Bäcker	16
Bauwesen	184
Bekleidungsindustrie	33
Bergbau und Energiewirtschaft	55
Chemische Industrie	79
Druckgewerbe	47
Elektrotechnik und Installation	49
Fahrzeug- und Luftfahrtindustrie	41
Fleischerhandwerk	12
Friseurhandwerk	17
Gastgewerbe	72
Holzindustrie und -handwerk	48
Innenraumgestalter	25
Gas- und Wasserinstallation	38
Juweliere und Uhrmacher	14
Lederherstellung und -verarbeitung	20
Maschinenbau	55
Metallindustrie	68
Nahrungs- und Genußmittelindustrie	60
Optische, Foto- und Filmapparateindustrie	17
Radio- Fernseh- und Fernmeldetechnik	32
Mikro-Elektronik und Computertechnik	39
Schiffbau	12
Verschiedene Handwerks- und Industriezweige	42

Jugendzeitschriften

Jugendzeitschriften (allgemein)	142
Konfessionelle Jugendzeitschriften	105
Politische Jugendzeitschriften	67

Schüler- und Schulzeitschriften	424
Studenten- und Universitätszeitschriften	136

Konfessionelle Zeitschriften
evangelische	484
katholische	297
andere Bekenntnisse	58

Kultur- und Kunstzeitschriften
Kultur- und Kunstzeitschriften (allgemein)	83
Architektur	14
Photographie	36
Sonstige bildende Künste	49
Literatur und Theater	140
Musik und Tanz	124
Film, Funk, Fernsehen, Video	26
Mitgliederzeitschriften von Gesang- und Musikvereinen	35
Sonstige darstellende Künste	9

Veranstaltungskalender

Kunden-, Haus- und Werkzeitschriften
Kundenzeitschriften	109
Werkzeitschriften	456

Zeitschriften für Landwirtschaft, Forstwesen, Gemüse- und Gartenbau, Tierhaltung
Land- und Forstwirtschaft	131
Obst-, Gemüse- und Gartenbau	96
Tierhaltung, Tierzucht	145
Jagd und Fischerei	35

Zeitschriften für Politik, Ökologie und Wehrwesen
Politik (allgemein)	380
Kommunale Politik / Kommunale Parteipresse	654
Zeitschriften für Auslandsbeziehungen	38
Ökologie und Umweltschutz	97
Wehrkunde und -technik	52
Zeitschriften der Ehemaligen-Verbände	25

Zeitschriften für Publizistik, Werbung und Marketing
Publizistik und Medien (allgemein)	57
Journalisten	41
Marketing und Werbung	100
Messe- und Ausstellungswesen	16

Sportzeitschriften
Sportzeitschriften (allgemein)	94
Ballsport	71

Golf/Bahnengolf	13
Kampf- und Kraftsport, Body Building	15
Leichtathletik, Laufen, Mehrkampf	16
Luftsport	12
Motorsport	42
Pferdesport	40
Racketsport	31
Radsport	11
Schießsport	19
Turnen	24
Wassersport	39
Wintersport	23
Angelsport	23
Sonstige Sportarten	21
Zeitschriften von Sportvereinen	677
Autozeitschriften	
Autozeitschriften (allgemein)	84
Zeitschriften der Automobilclubs	19
Zeitschriften für Reisen, Camping, Wandern	
Reisen und Camping	84
Kurzeitschriften	76
Reise-, Städte-, Hotel- und Campingführer	107
Wandern und Bergsteigen	77
Hobbyzeitschriften	
Sammlerzeitschriften	133
Zeitschriften für Modellbau/Hobbyeisenbahn	42
Basteln und Heimwerken	9
Amateurfunk und Hobbyelektronik	32
Homecomputer	48
Schach	11
Video	13
Spielezeitschriften	33
Lotto- und Totozeitschriften	8
Sonstige Hobbyzeitschriften	23
Allgemein interessierende Zeitschriften	
Illustrierte, Magazine und allgemein unterhaltende Blätter	93
Frauenzeitschriften	170
Männerzeitschriften	20
Zeitschriften für Homophile	7
Astrologiezeitschriften	22
Feinschmeckerzeitschriften	18
Populärwissenschaftliche Zeitschriften	26
Programmzeitschriften	29
Rätselzeitschriften	33
Verbraucherzeitschriften	18

Wirtschaftsmagazine	15
Stadtmagazine	150
Faschings- und Karnevalszeitschriften	4
Zeitschriften für Geldanlage und Investment	35
Vertriebszeitschriften	
Vertriebszeitschriften (politisch)	196
Zeitschriften für Vertriebene aus ehemals deutschen Gebieten (heimatkundlich)	54
Verwaltungszeitschriften	
Allgemeine Verwaltung	90
Feuerwehr, Zivil- und Katastrophenschutz	14
Justiz, Polizei, Zoll und Bundeswehrverwaltung	52
Wissenschaftliche Zeitschriften	
Geisteswissenschaften (allgemein)	52
Archäologie, Geschichte, Landes- und Völkerkunde	121
Germanistik, Fremdsprachen, Literatur, Linguistik	89
Kirchengeschichte und Theologie	66
Kunst- und Kulturgeschichte, Musikwissenschaft	22
Philosophie und Psychologie	50
Wissenschaftliche Pädagogik, Sport- und Zeitungswissenschaft	31
Sonstige Geisteswissenschaften	35
Humanmedizin	377
Zahnmedizin	15
Veterinärmedizin	7
Natur- und technische Wissenschaften (allgemein)	30
Agrarwissenschaften	52
Astronomie, Geographie, Geologie, Hydrologie und Meteorologie	71
Biologie	111
Chemie und Pharmazie	61
Ingenieurwesen	109
Mathematik und Physik	68
Umwelttechnik	27
Staats- und Rechtswissenschaften	180
Volkswirtschaft	87
Betriebswirtschaft	20
Zeitschriften für Haus- und Wohnungswesen	112
Zeitschriften für steuer-, wirtschafts- und rechtsberatende Berufe	69
Heimat-, landes- und familienkundliche Blätter	
Bürger- und Heimatzeitschriften	254
Genealogie und Heraldik	21
Publikumszeitschriften (nach Ressorts)	
Redaktion: Aktuelles	69
Wirtschaftsredaktionen	42

Kulturredaktionen	78
Sportredaktionen	25
Reiseredaktionen	115
Redaktion: Auto und Verkehr	66
Redaktion: Technik und Wissenschaft	48
Redaktion: Medizin und Gesundheit	94
Moderedaktionen	83
Handarbeitsredaktionen	33
Redaktion: Essen und Trinken, Kochen	69
Bildredaktionen	92

Rundfunk (Hörfunk und Fernsehen)

Programmredaktionen bzw. Chefredaktionen	24
Chefredaktionen (Private Rundfunkanbieter)	174
Politikredaktionen	60
Wirtschaftsredaktionen	65
Kulturredaktionen	66
Sportredaktionen	68
Reiseredaktionen	35
Redaktion: Auto und Verkehr	47
Redaktion: Technik und Wissenschaft	33
Redaktion: Medizin und Gesundheit	34
Nachrichtenredaktionen	70
Musikredaktionen	69
Unterhaltungsredaktionen	51
Landes- bzw. Regionalstudios	97
Rundfunkprogrammanbieter (Agenturen)	13

Nachrichtenagenturen

Zentralredaktionen (nach Ressorts)

Chefredaktionen	12
Chefs vom Dienst	11
Politik	9
Wirtschaft	10
Kultur	9
Sport	8
Reise	7
Technik und Wissenschaft	8
Bilderdienst	7

Landes- und Regionalredaktionen

Landes- und Regionalredaktionen (gesamt)	112
nach Themen:	
Politik	100
Wirtschaft	73
Kultur	100
Sport	69

Sonstige Themen	65
Sonstige Anschriften	
Bildschirmtext-Agenturen	36
Buch-, Zeitungs- und Zeitschriften-Grossisten	119
Kino-Werbeverwaltungen	18
Markt- und Meinungsforschungs-Institute	129
Plakatanschlagunternehmen	99
Presse-Ausschnittdienste	13
PR-Agenturen und -Berater (gesamt)	451
Der GPRA angeschlossene Agenturen	36
Telefonmarketing-Agenturen	41
Werbeagenturen (gesamt)	1.185
dem AIW angeschlossene Agenturen	10
dem GWA angeschlossene Agenturen	162
Werbefilmproduzenten	171
Verlage mit periodischen Publikationen	4.875

Quellen und weiterführende Literatur

ad eins, Die Stadtillustrierten, Gruner + Jahr AG & Co., 1989

AMF Arbeitskreis Mediainformationen Fachzeitschriften, Verband Deutscher Zeitschriftenverleger VDZ

Anders, Hans-Jürgen: Forscher entdecken die Europa-Style-Verbraucher, w & v 1989

Andresen, Dr. Thomas: Informationsaufnahme in Tageszeitungen, planung und analyse 1989

Anzeigenoptimierung mit Testverfahren – Von der Gestaltung zur Wirkung, Vogel Verlag Würzburg 1989

Bürger, Joachim H./Joliet, Hans: Die besten Kampagnen – Öffentlichkeitsarbeit Bände 1 (1987) und 2 (1989), verlag moderne industrie

Bürger, Joachim H.: PR, Gebrauchsanleitungen für praxisorientierte Öffentlichkeitsarbeit, verlag moderne industrie, 1989

Bunte Copytests, Burda GmbH 1988

Burda GmbH: Anzeigenkontakte – Hefterstkontakt, Heftmehrfachkontakte, 1989

Computergrafik im Marketing-Support, PromotionMagazin, 1989

Die Fachzeitschrift, Informationen über Fachzeitschriften als Werbeträger, Industrie- und Handelswerbung M. Jacobs

Familienleben auf gut deutsch – Strukturen in privaten Haushalten, Burda GmbH 1988

Forschung + Planung, Gruner + Jahr AG & Co. 1989

Funktions-Analyse '88, Inhalte und Funktionen von Zeitschriften, Jahreszeiten-Verlag

Gerloff, Otfried: Blickaufzeichnung – Thesen und Erkenntnisse zum Werbemittelkontakt in Zeitschriften, Burda GmbH 1988

Grimm, Rolf: werbung im stern, Gruner + Jahr AG & Co.

G + J-Service-Leistungen 1989, Gruner + Jahr AG & Co.

G + J Anzeigen-Ticker, Gruner + Jahr AG & Co. 1989

Gutenberg-Bibel 1452, Gutenberg-Museum Mainz

Haas'sche Schriftgießerei

Horizont, Deutscher Fachverlag Frankfurt

Hossinger, H.-P.: Pretests in der Marktforschung, Physica-Verlag 1982

Industrieanzeiger, AIDA '88, Konradin-Fachzeitschriften-Verlag 1989

industrie service – Gradlinig zum Erfolg, Verlag für Technik und Wirtschaft, Wiesbaden 1989

Innovative Marktforschung, Physica-Verlag 1983

IVW Informationsgemeinschaft zur Feststellung der Verbreitung von Werbeträgern, Bonn

Jahrbuch BFF Bund Freischaffender Foto-Designer, Hamburg 1989

Koeppler, Karlfritz: Werbewirkungen – definiert und gemessen, Heinrich Bauer-Stiftung 1974

Kommunikationsleistungen, Capital Marketing Service 1989

Konstruktion & Elektronik, verlag moderne industrie

Koschnick, Wolfgang J.: Transparenz durch Gemeinschaftsstudien, Die Fachzeitschrift 1989

Labo, Kennziffer-Fachzeitschrift für Labortechnik: Das Kreuz – eine Weltanschauung? Verlag Hoppenstedt & Co.

Läge, Friedrich-Karl: Der Verbraucher von morgen – ein neuer Typ? Ceramic, Verlag Wynfrith Stein 1989

Marktforschung der Axel Springer AG 1989

maschine + werkzeug, 90 Jahre, Medial-Mail Coburg, 1989

Media Daten, Handbuch der deutschen Werbeträger, Media Daten Verlagsgesellschaft mbH

Media-Problem Kontaktdichte, Verlagsgruppe Bauer 1989

medien aktuell Zeitungen & Zeitschriften 1989, Infodienst Verlag GmbH, Hamburg

Monotype Corporation Ltd.

Nielsen Werbeforschung S + P, Frankfurt

Prodöhl, Manfred: Anzeigen-Hits, Scope, Verlag Hoppenstedt & Co., 1988

Quick: Leserschaftsforschung gestern und heute, Heinrich Bauer Verlag 1989

Redaktions-Adressen, Stamm-Verlag GmbH

Rehorn, Dr. Jörg: Anzeigen der neuen Art, w & v werben und verkaufen, 1989

Rehorn, Dr. Jörg: Zur Werbewirkung unterschiedlicher Anzeigenformate, Verkauf & Marketing 1989

Rüßmann, Karl Heinrich: Image ist Chefsache, manager magazin, 1989

Ruland Josef: Werbeträger – Einführung in die Praxis des Werbeträgereinsatzes, Verlag für Marketing

Ryssel, Christian: Wen suche ich mir als Leitbild, Werbeforschung & Praxis 1988

Schlieper, Günter: Follow up, Scope, Verlag Hoppenstedt & Co., 1988

Schirner, Michael: Werbung ist Kunst, Klinkhardt & Biermann, 1988

Scope, Das Magazin für die betriebliche Praxis, Verlag Hoppenstedt & Co.

Sonde im Markt, Arbeitskreis Kennziffer-Zeitschriften

Stamm, Leitfaden durch Presse und Werbung, Stamm-Verlag, Essen

Stern Bibliothek: Erfolg durch Resonanzen, Gruner + Jahr AG & Co., 1987

Stern Bibliothek: Media in Europe, Gruner + Jahr AG & Co., 1988

SZ Stichworte, Süddeutsche Zeitung, Süddeutscher Verlag München

Turi, Peter: Neuer Prinz, Wirtschaftswoche 1989

Typologie der Wünsche, Burda GmbH 1989

TZ: Ein Plädoyer für Leute, die lesen können, Nielsen-Ballungsraum-Zeitungen Hannover

w & v werben und verkaufen, Europa-Fachpresse-Verlag, München

ZAW Zentralausschuß der Werbewirtschaft e. V. Bonn

Stichwortverzeichnis

A

Adreßverteiler, 355
Aerospace, 252, 253
Agentur
– Bild-, 66
– Modell-, 66
Agla-
– a+b, 354
– Farbe, 353
Air Canada, 160, 161
Alevita, 89
Alfred Bantle Consultants, 287
Aluminium-, 235
– industrie, 231
AMF-Zeichen, 353
Anschrift, 151
– Firmen-, 153
– Händler-, 154, 164
Antiqua, 96, 106, 107
Antwortkarte, 178, 182f., 185
Anzeigen-
– beachtung, 306
– blatt, 309f.
– Chiffre-, 283f.
– Coupon-, 170
– Dienstleistungs-, 218ff.
– Einzelhandels-, 151
– Fach-, 151, 203ff., 309, 312
– foto, 146
– Gemeinschafts-, 232ff.
– idee, 32
– Image-, 250
– Kennziffer-, 187
– kontakt, 299
– konzeption, 67, 82
– Markenartikel-, 192
– plan, 250
– redaktionelle-, 113f., 118
– schluß, 350
– strecke, redaktionelle, 122
– Tageszeitungs-, 272, 274
– tarif, 345
– Testimonial-, 133, 138
– text, 51
– Unikat, 30
– wirkungsforschung, 297
Aral, 179
Arbeitsgemeinschaft
– Leseranalyse Entscheidungsträger, 354
– Media-Analyse (AG.MA), 329
Arbeitskreis Mediainformationen Fachzeitschriften, 353
Arcus, 291
Artikel, redaktionelle, 26
Assoziation, 88
Auflage, 311
Ausgabe, Reichweite Leser pro, 331

B

Bärenmarke, 173
Basic Homme, 101
Beachtungszeit, 305
Beihefter, 182f., 309
Beilage, 181ff., 309
Beleg, 351
Beton, 174f.
Bezugs-
– adresse, 151
– quelle, 155
Bibel, Gutenberg, 108
Bild-
– agentur, 66
– ausschnitt, 67
– unterschrift, 302
Bitburger Pils, 163
Blickaufzeichnung, 299ff., 305f.
Boulevard-Zeitung, 97, 309f.
Braun, 115
Briefing, 231
Bund Freischaffender Foto-Designer e.V., 66
Bundesministerium für Arbeit und Sozialordnung, 123
Butaris, 177

C

Carrera, 157
Casablanca, 143
Chiffreanzeigen, 283f.
Chivas Regal, 60, 61
CMA, 261
Computergrafik, 93f., 130
Corporate Identity, 282
Coupon-, 116, 167ff., 172, 174, 176, 183, 187, 204, 234, 248, 351
– Anzeige, 170

D

Daimler-Benz, 190, 250 ff., 289
Deutsche Bank, 223
Deutsche Bundesbahn, 225
Deutsche Welthungerhilfe, 105
Diebels, 78 f.
Dienstleistung, 217
Dienstleistungsanzeigen, 218 ff.
dm drogerie markt, 273
Drum, 40, 42
Düsseldorf, 32 f.

E

Einzelhandels-,
– anzeige, 151
– werbung, 150
Emotion, 189, 191
Erdgas, 56 f.
Ersatzanzeige, 351
Erscheinungsplan, 345
Esprit, 72 ff., 149
Esso, 52 f.
Europa, 323

F

Fach-
– anzeige, 151, 203 ff., 214, 309, 312
– journalist, 313
– medien-Markt, 353
– zeitschrift, 203 f., 247, 309, 311 ff., 353
—— Kennzeichen-, 185
Fachzeitschriften, Arbeitskreis Mediainformationen, 353
Farbe, 93, 129 f., 190 f., 300
– Agla-, 353
– Skalen-, 130
– Sonder-, 130
– Zusatz-, 129 f.
Fein, 207
Fielmann, 277
Firmen-
– anschrift, 153
– logo, 149, 284
Fisher, 69
Fixation, 300
Flötotto GmbH & Co. KG, 265
Format-, 169, 190 f., 302
– auswahl, 25
Formulieren, 49
Foto, 67 f., 81, 93, 200, 206, 226, 252, 268, 284, 312
– Anzeigen-, 146
– Designer, Bund Freischaffender, 66
– konzeption, 66
– modell, 131

Frubiase Calcium, 117
Fuji, 200 ff.
Funktionsanalyse, 317

G

Gag, 49, 146, 219
Gemeinschafts-
– aktion, 150
– anzeige, 232 ff.
– kampagne, 231
– werbung, 217
George Götz, 141
Grotesk-, 106 f.
– schrift, 96
Gutenberg-
– Johannes, 95, 108
– Bibel, 108
– Museum Mainz, 108

H

Händler-
– anschrift, 154, 164
– hinweis, 153 ff.
Headline, 46, 97, 146, 192, 196
Herferin, 209
Hochbauplaner, 354
Hoechst, 257

I

Idee, 29
Iduna, 218
Illustration, 81 f., 93, 130
Illustrierte, 247
Image-, 25, 130, 132, 145, 150 f., 189, 205, 226, 233, 247, 249, 250, 256, 267, 281
– Anzeigen, 250
– prägung, 248
– transfer, 133
Industrie
– Chemische, 240 f.
– Pharmazeutische, 242
Information, 49
Informationsüberflutung, 43
Integrierte Leser-Struktur-Analyse, 353
IVW-Zahlen 3. Quartal 1989, 341

J

Journalismus, 97, 304
Journalist, 26, 49, 111, 181, 313
– Fach-, 313

K

Kaiser's, 271
Kalksandstein, 244f.
Kennziffer-, 185f. 204
– Anzeigen, 187
– Zeitschrift, 187
Kommunikations-
– Strategie, 22
– kette, 248
– konzept, 82
– technik, 81
– wirkung, 247
König & Schlichte GmbH & Co., 262
Krawattenmuffel, 231
Kultfilm, 142
Kundenbriefing, 19

L

Labello, 87
Landesverkehrsamt für Südtirol, 263
Lätta, 197
LBS, 62f.
Leitfaden
– Stamm-, 354f.
Leitz, 211
Lesegewohnheit, 26
Leser-, 111, 129, 167, 254, 301, 309, 312
– Blatt-Bindung, 310
– Struktur-Analyse, integrierte, 353
– analyse, 22
– analyse Entscheidungsträger, Arbeitsgemeinschaft, 354
– interesse, 23, 46
– schwund, 311
– struktur, 183
Ligne roset, 164ff.
Literatur, 363
Logo-, 149f.
– Firmen-, 149
LTU, 218, 221
Lufthansa, 103

M

Maho, 255
Malaysia, 37
Malteserkreuz Aquavit, 135
Mängelrüge, 351
Markenartikel-, 153, 189ff., 310
– Anzeige, 192
Markt-
– Fachmedien-, 353
– erhebung, 233
– forschungsstudie, 21
— GFK, 306

McDonald's, 99
Media-Analyse, 329
– Arbeitsgemeinschaft-, 329
– 1989, 330
Mediengattung, 14
Meggle, 91
Meinungs-
– studie, 231
– umfrage, 133, 250
Miele, 213
Modeanzeige, 154
Modell-Agentur, 66
Museum, Gutenberg, 108

N

Name, 156, 158
Negativ-
– Schrift, 98, 196
– Text, 96
Netto-Werbeeinnahme, 13
Nielsen-
– Gebiete, 329
– Werbeforschung, 15
Nissan, 190, 195
Nivea, 159
Nordwestdeutsche Klassenlotterie, 266

O

Öffentlichkeit, 247f.
Orientierungskontakt, 301
Osram, 39

P

Pars, 285
Pentadecan, 119
Philip Morris, 199
Pioneer, 141
Plazieren, 168
Plazierung(s-), 182f., 269, 306, 351
– vorgabe, 295
Post, 59
Preisausschreiben, 153, 168
Preisnachlaß, 278, 351
Presse-
– meinungsbildende-, 247
– foto, 65
– kartei, 355
Print-Publications-Service, 355
Produkt-
– botschaft, 48, 81
– erlebnis, 65, 67, 88, 131
– idee, 38

367

– name, 146
– nutzen, 22, 29, 203
– vorteil, 29 ff., 47, 206
Public Relations, 111, 113, 122
Publikums-
– illustrierte, 313
– zeitschrift, 311, 314

Q

Quellen, 363

R

Rabatt, 269
Rasch, 34 f., 130
Recall-
– Test, 305
– Verfahren, 297
Recognition-
– Methode, 297, 298
– Test, 305
Redaktion, 26, 111, 113, 190, 303, 306, 310, 313
Redaktionelle-
– Anzeige, 113 f., 118
– Anzeigenstrecke, 122
Reichweite, 329, 353
Repräsentant, 350
Resonanz-, 186, 351
– beispiel, 261
Rheinisch-Westfälisches Elektrizitätswerk AG (RWE), 275
Rücklauf, 185 f.

S

Sabatini, Gabriela, 137
Saccaden, 300
Sagrotan, 121
Samson, 41
Sanitärhandwerk, 231, 237
Satzspalte, 96, 98
Schlagzeile, 45, 47 f., 50, 52, 145 f., 149, 167 f., 214, 224, 268, 274
– Zwischen-, 113
Schrift-, 95
– Negativ-, 98, 196
– art, 97
– familie, 96, 98, 106
Shell, 77
Siemens, 55
Sinn, 293
Skalenfarbe, 130
Slogan, 146, 192, 224, 282, 288, 292
Sonderfarbe, 130
Sony, 70 f.

Spanien, 227
Special Interest-, 314
– Arbeitskreis-, 314
– Zeitschrift, 311
Splitting, 154 f.
Sprengel, 193
Stadtillustrierte, 314
Staffel
– Mal-, 269 f.
– Mengen-, 269 f.
Stamm-Leitfaden, 345 f.
Star, 131 ff., 142
Stellenangebot, 281, 284, 290, 292
Stuttgarter Versicherung, 217, 229
Subheadline, 46

T

Tachistoskop, 298
Tageszeitung(s-), 247, 268, 270, 309
– anzeige, 272, 274
Tapete, 238 f.
Tausend-Leser-Preis, 329
Tausenderpreis, 329
Telerent, 171
Testimonial-, 34, 131 f., 134
– Anzeige, 133, 138
Test-
– methode, 297
– person, 299
Text, 49, 52, 145, 149, 167 f., 214, 256, 258, 268, 274
– Negativ-, 96
– anzeige, 98
Typografie, 95, 98, 102, 108, 112, 114, 250

U

Unikat-
– Anzeige, 30
– Serie, 304

V

Veltins, 83
Verbundaktion, 153
Vereinigter Küchenfachhandel, 264
Vereinte Versicherungen, 259
Verlagsrepräsentant, 312
Versalien, 95, 98, 100
Vitamin-10-Plus, 139
Vonnahme, 279

W

Welthungerhilfe, Deutsche, 105
Werbe-
– botschaft, 18, 67
– forschung
—— Nielsen-, 15
– foto, 65
– idee, 31, 38
– konzeption, 17 ff., 21 f., 29, 31, 84, 189, 247
– kurzfilm, 151
– träger, Informationsgemeinschaft zur Feststellung der Verbreitung von, 329 f., 345
– wirkung, 129
– wirtschaft, Zentralausschuß der, 13, 353
– ziel, 17

Werbung,
– Einzelhandels-, 150
Witzenmann, 215

Z

Zeichen, 149
Zeitschrift, 309
– Kennziffer-, 187
Zeitung, 111, 267, 309
Zentis, 85
Zielgruppe, 18, 21 ff., 29 ff., 43, 48 f., 51, 54, 65, 67, 113, 120, 145 f., 150, 153, 167, 169, 181, 183, 185, 189, 191, 196, 203, 205, 206, 217, 220, 224, 232, 236, 244, 247, 248, 250, 254, 256, 258, 295, 301, 314, 345, 351, 353

Mit der WELT sind Sie täglich im Handumdrehen gut informiert

DIE WELT formuliert knapp und präzise. Sie ist übersichtlich gegliedert, schnell lesbar. Sie erhalten in kurzer Zeit ein Maximum an wichtigen Informationen.

DIE WELT liefert die wichtigsten Informationen aus erster Hand. Über 90 Korrespondenten berichten von den Brennpunkten des Weltgeschehens. Die Hauptredaktion arbeitet in Bonn.

Ein großes Team anerkannter Journalisten und Mitarbeiter verdichtet das Weltgeschehen und seine Hintergründe zu einer Tageszeitung von Weltrang.

Das besondere Angebot für die Leser dieses Buches: Zum Kennenlernen erhalten Sie DIE WELT 14 Tage kostenlos und unverbindlich ins Haus.

Bitte schreiben Sie an DIE WELT, Leser-Service, Postfach 30 58 30, 2000 Hamburg 36.

Einstellungsgespräche erfolgreich führen

Beispielhafte Spielszenen zur optimalen Bewerberauswahl. Das Fundament für Ihre Personalentscheidungen, kommentiert von Horst Rückle.

VHS 60 Min.   DM 128,-

Lothar J. Seiwert
Mehr Zeit für das Wesentliche

Ein Zeitmanagement-Kurs der Spitzenklasse von Deutschlands Zeitmanagement-Experten Nr. 1.

VHS 60 Min.   DM 128,-

Horst Rückle
Körpersprache verstehen und deuten

Der einzigartige Einblick in das Wesen und die Ausdrucksvielfalt der Körpersprache.

VHS 60 Min.   DM 69,-

Wenden Sie sich mit Ihrer Bestellung an Ihre Fachbuchhandlung!

ERFOLGREICHE PR – LEICHT GEMACHT!

»PR« gibt Ihnen das Rüstzeug, ab sofort Ihre Öffentlichkeitsarbeit selbst erfolgreich in Angriff zu nehmen!

Jetzt incl. 3. Ergänzungslieferung, über 700 Seiten
DM 128,–

*A*us der Themenvielfalt ein kleiner aktueller Auszug:
- Über den Umgang mit Journalisten
- Wie schreibt man »klasse« Pressemitteilungen?
- Wo sind die besten Chancen, Produkt-PR erfolgreich zu placieren?
- Wie entscheiden Redaktionen bei der Auswahl des zur Verfügung gestellten Presse-Materials?
- Wie bekommen Sie die Kosten für PR-Aktionen in den Griff?

– Bitte wenden Sie sich mit Ihrer Bestellung an Ihre Fachbuchhandlung –

verlag moderne industrie